━●── 직장인이 꼭 알아야 할 ──●━

비즈니스 AI

직장인이 꼭 알아야 할

비즈니스 AI

삼성·애플·구글 등 150개 기업의 AI 사례 분석

김영수 지음

이북스
미디어

서문

이제 인공지능(AI)은 인간의 그림자 같은 존재가 되었다.

AI를 떼어놓고는 살아갈 수 없다. 우리는 AI 트렌드와 일반 기술에 대해 많은 이야기를 하고 있지만, 정작 개인적 또는 공적 업무에 제대로 활용하지 못하며 각자의 업무와 AI 기술을 접목하는 방법도 모르는 경우가 많다.

제4차 산업혁명의 핵심 기술로 ICBM(IoT, Cloud Computing, Big Data, Mobile)과 AI를 꼽는다. 이 중에서도 빅 데이터와 AI가 핵심이다.

기술 커뮤니티에 "데이터(Data)는 21세기 오일(Oil)이다"라는 말이 자주 나온다. 데이터를 어떻게 수집하고 저장하며 분석·활용하느냐에 따라 순도 높은 고급 휘발유를 생산할 수도 있고, 저질 기름을 만들어낼 수도 있다. 또 함부로 써서 아름다운 대양을 더럽힐 수도 있다. 데이터를 다루는 데 따르는 윤리적, 규범적 한계도 있다.

회사나 사회에서 혁신을 주도할 때는 보통 경영자나 혁신 부서에서 프레임을 짜서 반강제적으로 하향식 추진을 한다. 성공에 대한 확신이 있어야 하고, 짧은 시간에 많은 성과를 내야 추진 동력을 잃지 않고 장기적으로 혁신을 이루어낼 수 있기 때문이다.

AI 혁신도 마찬가지다. 똑똑한 젊은이들이 AI 관련 지식을 체득하고 각자가 자신의 부문에서 새로운 시도를 해야 성공할 수 있다. 경영진의 의지만으로는 이루어낼 수 없다. 경영진의 적극적인 추진 의지와 젊은 세대의 AI 혁신 열망이 만나면 그 열기와 속도는 상상을 초월하는 불화산이 될 것이라고 확신한다.

필자가 '비즈니스 AI 사례'를 책으로 엮으려고 한 이유는 서강대 대학원 AI 빅 데이터 이노베이션(AI Big Data Innovation) 과정에서 배운 보석 같은 내용을 하나의 구슬로 꿰어보고 싶어서였다. 또 30여 년간 대기업에서 습득한 현장 지식을 이 구슬에 녹여 정리해보고 싶었다.

이 책에서는 AI의 기본 정의와 회사 내 11대 핵심 프로세스에 AI를 어떻게 접목해 활용하는지 소개했다. 그리고 이해를 돕기 위해 딥 러닝 관련 AI 기술에 대한 설명을 덧붙였다. 아인슈타인은 "말로 쉽게 설명하지 못하면 제대로 이해하지 못한 것"이라고 했다. AI를 처음 접하는 초보자도 이해할 수 있도록 최대한 쉽게 설명하려고 노력했다.

AI 때문에 일자리가 사라질 것이라는 우려는 기우다. 그런 것을 걱정할 시간에 하루라도 빨리 AI에 대해 알아보려는 노력이 필요하다. 또 이를 현장 실무와 접목해 어떻게 발전시켜나가는가가 성공의 관건이 될 것이다. AI로 직업과 일자리가 줄어드는 것은 아니다. AI를 모르는 동료들이 점점 사라질 뿐이다.

_김영수

차례

제2부 | 인공지능이 회사를 키운다

제3부 | 전체 통합 플랫폼으로 가자!

제4부 | AI의 방황과 도전

제1부

인공지능과
빅 데이터의
운명적 만남

제1장

인공지능, 너는 누구니?

| 인공지능은 대체 뭘까 |

이번 장에서는 인공지능(AI)에 대한 다양한 정의와 이와 관련된 여러 분류를 정리해보고자 한다.

먼저 AI는 'Artificial Intelligence'의 줄임말이고, 한글로는 인공지능으로 번역된다. 이에 대한 다양한 정의를 보자.

앨런 튜링(Alan Turing)은 AI의 아버지라 불리지만, 인공지능이란 용어를 말한 적은 없고, 알고리즘과 계산 개념을 튜링 기계(Turing Machine, 긴 테이프에 쓰여 있는 여러 기호를 일정한 규칙에 따라 바꾸는 기계. 적당한 규칙과 기호를 입력하면 컴퓨터의 알고리즘을 수행할 수 있어 컴퓨터 CPU의 기능을 설명하는 데 유용)라는 추상 모델을 통해 형식화했다. 튜링 테스트(기계가 제시하는 답이 얼마나 인간다운 대답인지 평가하기 위해 고안)로도 유명하다. 앨런 튜링

이 정의 내린 인공지능은 "인간처럼 행동하는 시스템"이라 볼 수 있다.

존 매카시(John McCarthy)는 1956년 세계적인 전산학자들과 함께 진행한 미국 다트머스대학교 학회에서 '인공지능'이라는 용어를 처음 사용했다. 매카시는 여기에서 AI를 "고도의 지능을 갖춘 컴퓨터 장치를 만들기 위한 과학과 공학"으로 정의했다. 또 2004년 논문에서 "인공지능은 지능형 기계, 특히 지능형 컴퓨터 프로그램을 만드는 과학이자 공학"이라고 정의 내렸다.

카이스트(KAIST) 김진형 교수는 《AI 최강의 수업》이라는 책에서 "인공지능이란 컴퓨터에 지능적 업무를 하도록 명령하는 기술"이라고 했다.

과학기술정보통신부는 2018년 "AI는 인지, 학습 등 인간의 지적 능력(지능)의 일부 또는 전체를 컴퓨터로 구현하는 지능"이라고 정의했다.

미국 구글에서는 "인공지능은 시각 인식, 음성 인식, 의사 결정 및 언어 번역과 같이 일반적으로 인간의 지능이 필요한 작업을 수행할 수 있는 컴퓨터 시스템을 개발하거나 이론화하는 분야"라고 정의했다. 여기에는 머신 러닝, 딥 러닝 외에도 퍼지이론, 유전자 알고리즘, 지식공학, 전문가시스템도 포함된다.

| 딥 러닝은 머신 러닝의 아들, 인공지능의 손녀 |

머신 러닝(Machine Learning)은 컴퓨터가 학습 모델을 기반으로 주어진 데이터를 통해 스스로 학습하는 기법이다. 빅 데이터를 분석해 새로운 정보를 얻거나 미래를 예측하는 기술이며, 축적된 데이터를 토대로 상관관계와 특성을 찾아내고 결론을 도출한다. 머신 러닝 학습은 지도 학습, 비지도 학습, 준지도 학습, 강화 학습으로 구성되고 선형 회귀, 로지스틱 회귀, 서포터 벡터 머신(Support Vector Machine), 의사 결정 나무(Decision Tree), 앙상블(Ensemble), 엑스지부스트(XGBoost), K-평균 알고리즘(K-means Clustering Algorithm), 나이브 베이지언(Naïve Bayesian) 등의 알고리즘이 있다.

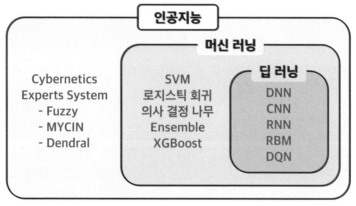

MYCIN : 감염성 질병을 진단하고, 항생제를 처방하고, 설명하는 프로그램
Dendral : 유기 분자구조 분석에 사용하는 인공지능 기반 전문가 시스템

딥 러닝(Deep Learning 또는 Representation Learning)은 인간 뇌의 신경세포가 작동하는 것과 유사한 방식으로 알고리즘을 사용하는 기법이다. 컴퓨터가 여러 데이터를 이용해 사람처럼 스스로 학습할 수 있게 인공 신경망을 기반으로 구축한 기계 학습 기법이며, 축적된 데이터를 분석만 하지 않고 스스로 학습하게 하여 결론을 도출한다. 여기에는 심층 신경망(DNN, Deep Neural Network), 컨볼루션 신경망(CNN, Convolutional

Neural Network), 순환 신경망(RNN, Recurrent Neural Network), 제한 볼츠만 머신(RBM, Restricted Boltzmann Machine), LSTM(Long Short Term Memory), 생성적 적대 신경망(GAN, Generative Adversarial Network), 심층 신뢰 신경망(DBN, Deep Belief Network), 심층 Q 네트워크 (DQN, Deep Q Network) 등이 있다.

머신 러닝과 딥 러닝의 가장 큰 차이는 처리하는 데이터 종류인데, 머신 러닝이 잘 다루는 데이터는 데이터베이스, 엑셀 파일 등 정형 데이터이고, 딥 러닝이 잘 다루는 데이터는 이미지, 영상, 음성, 전파, 텍스트, 소리 등 비정형 데이터다.

| 인공지능의 4단계 |

1단계는 에어컨, 세탁기 등에 사용되던 단순 제어 프로그램이다. '제어공학'이나 '시스템공학' 등의 학문 분야와 일부 유사한 성격을 지닌다.

2단계는 고전적인 인공지능으로, 전문가시스템(Experts System)이 여기에 해당한다. 전문가시스템은 특정 응용 분야 전문가의 지식 및 능력을 체계적으로 조직해 컴퓨터 시스템에 입력한 후, 해당 분야의 비전문가도 전문가에 상응하는 능력을 발휘할 수 있도록 쉽고 빠르게 실행하는 시스템이다. 간단한 퍼즐 해결 및 진단 프로그램이다.

3단계는 추론의 구조나 지식이 데이터를 바탕으로 이루어지는 경우를 의미하며, 전형적으로 머신 러닝을 통한 인공지능을 의미한다. 사실 이 단계부터 진정한 인공지능이라 할 수 있다. 이 단계에서는 컴퓨터가 기본적으로 통계와 같은 데이터를 통해 행동한다. 로지스틱 회귀, 의사 결정 나무, 앙상블, 랜덤 포레스트(Random Forest), 서포터 벡터 머신 등이 여기에 해당한다.

4단계는 머신 러닝보다 발전한 단계로, 판단을 위한 특징 자체를 학습하는 수준의 인공지능을 의미하며 현재의 딥 러닝 기술이 여기에 해당한다. 하지만 정확도 등을 보면 딥 러닝이 머신 러닝보다 항상 뛰어나다고 할 수 없다. 3단계 수준의 엑스지부스트가 여러 인공지능 대회에서 우수한 성적을 냈기 때문이다. 그렇지만 딥 러닝 기술 발달 가능성이 무궁무진하므로 좀 더 지켜볼 필요가 있고, 영상과 이미지 및 자연어 처리에서 딥 러닝이 월등한 성과를 보이는 것은 사실이다.

| 인간의 느낌에 따른 약하고 강한 인공지능 |

약한(또는 좁은) 인공지능(Artificial Narrow Intelligence, Weak AI)은 특정 분야에서만 활용할 수 있는 인공지능으로, 음성 인식과 같이 하나의 영역에 특화된 기술이다. 이세돌과 바둑을 두는 알파고(AlphaGo)와 그 전에 인간과 체스를 둬서 이긴 딥블루 등이 여기에 속한다. 약한 인공지능은 말 그대로 지능이 전반적으로 인간을 넘지 않는 선에서 정보를 이해하며, 주로 인간을 돕는 기계 수준이다. 전문가시스템도 여기에 해당한다.

강한(또는 일반적인) 인공지능(Artificial General Intelligence, Strong AI)은 좀 더 다재다능한 버전이다. 이미지와 음성을 인식하면서 판단까지 할 수 있는 인공지능으로, 인간 지능 수준까지 발전하는 것을 추구한다.

초인공지능(Artificial Super Intelligence)은 최근 생겨난 개념으로 '특이점'을 지니고 있다. 초인공지능이란 일반 인공지능이 진화한 상태를 뜻하기에 강한 인공지능의 미래 모습이라고 볼 수 있다. 지능이 인간보다 몇백 배 뛰어난 존재가 초인공지능이다.

| 인공지능의 이웃사촌 |

AI와 혼동해 사용되는 용어로 알고리즘, 프로그래밍, 그리고 코딩이 있다. AI는 앞에서 정의했듯 지능형 기계 또는 컴퓨터에 지능적 업무를 하도록 명령하는 기술이다. 반면 알고리즘은 컴퓨터를 사용해 정해진 규칙대로 프로그램을 실현해나가는 것을 말한다. 알고리즘을 쉽게 표현하면 음식 조리법이라 할 수 있다. 라면 만드는 알고리즘은 라면 포장 뒷면에 나와 있는 '물을 붓고, 끓이고, 면과 수프를 풀고 3분 더 끓인다' 같은 것이다.

프로그래밍은 컴퓨터에 부여하는 명령을 만드는 작업을 뜻한다. 즉 실행 가능한 기계 또는 응용 프로그램을 개발하는 과정이며 단순히 코드를 작성하는 것 이상을 포함한다. 코드 작성뿐만 아니라 분석 및 구현, 디버깅(Debugging, 컴퓨터 프로그램 개발 단계 중 발생하는 시스템상 버그·오류를 제거하는 것), 컴파일(Compile, 프로그래머가 작성한 소스 코드를 컴퓨터가 이해하는 기계어로 변환하는 과정), 테스트 및 구현 등 원하는 출력을 만드는 데 필요한 중요한 영역을 포함한다.

반면 코딩은 'Code'와 'ing'의 합성어로, 코드(Code)는 '프로그램에서 작업을 수행하기 위해 사용하는 하나 또는 몇 개의 명령어로 구성된 부분'을 뜻한다. 즉 코딩은 작업 흐름에 따라 프로그램 언어의 명령문을 써서 프로그램을 작성하는 일이다.

| 인공지능 우여곡절 역사 |

AI 용어 등장(인공지능의 탄생, 1940~1950년대)

1943년 미국 논리학자 월터 피츠(Walter Pitts)와 신경외과 의사 워런 매컬러(Warren MaCulloch)가 인간 두뇌의 논리적 모델에 대한 논문 〈신경 작용에 내재한 개념에 대한 논리적 해석학〉을 발표했다. 이 논문에서 인공 뉴런 모델을 처음으로 제안했다.

앨런 튜링은 1950년에 발표한 논문 〈컴퓨터 기계와 지능(Computing Machinery and Intelligence)〉에서 AI 아이디어를 처음 소개했다. "기계는 생각할 수 있는가?"라는 질문을 던지며 기계에 지능(intelligence)이 있는지 구분하는 튜링 테스트를 제안했다.

1956년 다트머스 학회에서 존 매카시 박사가 AI를 "인간만 풀 수 있던 문제를 풀고 스스로 발전해나가는 존재"로 정의하고 AI라는 용어를 처음 사용했다.

1958년 심리학을 전공한 신경생물학자 프랭크 로젠블랫(Frank Rosenblatt)은 뉴런 연결망의 최소 단위를 퍼셉트론(Perceptron, 인간의 신경세포인 뉴런 단위를 컴퓨터 시스템으로 구현)으로 정의하고, 이들의 연결로 인지 과정을 이해할 수 있다고 했다.

한편 1959년 아서 새뮤얼(Arthur Samuel) 박사가 "명시적으로 프로그래밍하지 않고도 컴퓨터가 학습할 수 있는 능력을 갖춘다"라는 의미로 머신 러닝이란 용어를 처음 사용했다.

장밋빛 열풍(1960년대)

1960년대 들어 AI에 대한 관심이 뜨거웠고, 세계 여러 정부와 기업에서 투자하기 시작했다. 1966년 SRI 인터내셔널(구 스탠퍼드 연구소, Stanford Research Institute)에서 최초의 움직이는 물체이자 자율주행차 형태의 로봇 '샤키(Shakey)'를 선보였다.

1차 AI 암흑기(1970년대)

1969년 마빈 리 민스키(Marvin Lee Minsky)와 시모어 페퍼트(Seymour Papert)는 《퍼셉트론(Perceptrons)》이라는 책을 발표하면서 단일 신경망의 한계를 지적했다. 퍼셉트론은 and, or, NAND(NegativeAND, 디지털 회로 분야에서 모든 입력이 참일 때에만 거짓인 출력을 내보내는 논리회로) 같은 선형 문제를 풀 수 있을 뿐, XOR(eXclusive OR, 배타적 논리합으로 주어진 2개의 명제 가운데 1개만 참일 경우를 판단하는 논리연산)과 같은 비선형 문제에는 적용할 수 없다는 것을 수학적으로 증명했다. 인공 신경망의 한계가 드러난 것이다.

1973년 영국 SRC(Science Research Council)가 〈라이트힐 보고서(Lighthill Report)〉를 통해 AI는 전망이 과장된 데다 실생활에 영향을 끼치지 못할 거라고 결론 내리자 AI 열풍은 잦아들기 시작한다.

AI 재점화(전문가시스템 및 신경망의 귀환, 1980년대)

1980년대 일반 기업에서 제품 제조를 위한 '전문가시스템'을 도입하면서 AI가 부활했다. 강한 인공지능이 주춤한 시기에 전문가시스템과 같은 약한 인공지능 기술이 AI 부활을 이끈 셈이었다. 전문가시스템이란 컴퓨터에 인간의 전문성을 담아낸 것으로 품질 기준에 부합하는지 여부를 인간의 눈 등의 감각에 의존하는 데서 벗어나 고도로 설정된 전문가시스템으로 판단해 품질 향상을 이룰 수 있었다.

또 퍼지 논리도 사용되었는데, 이는 인공지능 알고리즘의 한 종류이며 주로 자동초점 카메라, 자동차 ABS 브레이크 및 생활 가전제품 등에 활용되었다. 전통적인 컴퓨터 논리에는 참이나 거짓만 있지만, 퍼지 논리는 정도에 대해 생각한다. 예를 들어 브레이크를 밟을 때 기존 컴퓨터 논리는 어느 정도 살짝 밟아도 제동장치가 작동하는데, 이를 20%, 30% 등 정도에 따라 강도를 달리 인식하고 제동 정도도 달리할 수 있게 된 것이다.

2차 AI 암흑기(1990년대)

1990년 초반까지 인공지능은 큰 발전을 보였지만, 다층 퍼셉트론의 한계점이 서서히 드러나면서 2차 AI 암흑기가 온다. 기울기 소실 문제(Vanishing Gradient Problem)와 알고리즘 모형의 과적합(Overfitting) 문제 때문이다.

먼저 기울기 소실은 크고 복잡한 데이터를 다루려면 은닉층을 여러 개 연결해야 하는데, 신경망의 층이 깊어지다 보니 가중치(weight)의 기울기(gradient)가 소실되어 모델이 학습되지 않는 것을 말한다. 과적합

문제는 모델이 학습 데이터에 최적화되어 있어 그렇지 않은 새로운 데이터를 입력했을 때 성능에 차이가 나면서 일반화가 불가능해지는 것을 의미한다. 결국 다층 신경망 활용의 제한성, 복잡한 연산 처리가 힘든 당시 컴퓨터의 성능 등 여러 제약으로 AI 연구는 두 번째 암흑기에 접어든다. 또다시 연구 지원은 대폭 축소되었다.

하지만 두 번째 암흑기는 첫 번째 암흑기보다 그리 오래 지속되지 않았다. 첫 번째 암흑기에 종지부를 찍은 제프리 힌턴 교수가 다시 자신의 연구를 발전시켰고, 2006년에 〈심층 신뢰 신경망을 위한 빠른 학습 알고리즘〉이라는 논문을 발표해, 뉴런 가중치의 초깃값을 제대로 설정하면 깊은 신경망도 학습시킬 수 있음을 증명했다.

AI 부활(빅 데이터 등장, 2000년대)

컴퓨팅 능력이 눈에 띄게 발전하고 웹이 생겨나면서 아주 큰 데이터 집합을 좀 더 수월하게 만들어낼 수 있는 빅 데이터 시대가 도래한다.

빅 데이터가 등장하고 인공지능 연구의 초점이 머신 러닝으로 이동하면서 AI 분야의 상업적 매력이 되살아났다.

2002년 미국 로봇 청소기 전문 업체 아이로봇(iRobot)에서 최초의 인공지능 무선 청소기 '룸바'를 출시했고, 2004년 미국 국방고등연구사업국(DARPA)에서 자율주행 자동차 경진 대회인 '그랜드 챌린지'를 개최했다.

AI 부흥(딥 러닝 부상, 2010년대)

심층 학습(Deep Learning)이라는 용어는 간단하고 조정 가능한 계산 요소로 이뤄진 층을 여러 개 겹친 신경망을 이용한 기계 학습 기법을 말한다. 이러한 신경망을 이용한 실험은 1970년대로 거슬러 올라가고, 1990년대에도 손으로 쓴 숫자를 컨볼루션 신경망 형태의 심층 신경망을 이용해 이미지를 인식하는 데 성공한다.

하지만 심층 학습 방법이 크게 발전한 것은 2011년부터다. 처음에는 음성 인식 분야에서, 그리고 시각 이미지 인식 분야에서 큰 성과를 내기 시작한다.

2012년 이미지 넷(ImageNet) 경진 대회에서 제프리 힌턴 교수가 이끄는 토론토대학교 개발 팀이 만든 심층 학습 시스템이 예전 시스템보다 훨씬 나은 성과를 보였다. 예전 시스템은 대체로 사람이 손으로 짠 기능에 의존하는 형태였다. 이후 심층 학습 시스템은 시각 인식 과제에서 사람의 수준을 뛰어넘는 성적을 보인다.

2014년에는 아마존에서 인공지능 스피커 '알렉사'를 출시했고, 2016년에는 구글에 인수된 딥마인드(Deep Mind)의 인공지능 '알파고'가 세계 바둑 챔피언인 이세돌을 이겼으며, 2017년에는 미국 항공우주국(NASA)에서 스페이스 로보틱스 챌린지를 개최해 인공지능 로봇 기능을 향상시키고 있다.

| 딥 러닝 7명의 왕자 |

컨볼루션 신경망(CNN, Convolutional Neural Network)
CNN은 얼굴, 사물, 문자 등 이미지 분석에 일반적으로 사용하는 방법으로, 합성곱을 이용해 가중치 수를 줄여 연산량을 간단히 하면서 이미지의 특장점을 효율적으로 처리해 이미지를 분석한다. CNN은 이미지를 분류할 때 사람이 대상을 추상화하는 과정을 본떠 만든 것으로, 컨볼루션 과정과 풀링(Pooling)으로 나눠 컴퓨터가 학습한다. 이미지에는 기본적으로 가로선, 세로선, 곡선, 색깔, 명암 등과 같이 수많은 특징이 있는데, 이런 특징을 필터로 하나씩 구분해내는 것이 컨볼루션 과정이다. 이미지의 특징은 수없이 많아서 걸러낸 데이터만 모아도 엄청나게 크다. 그래서 이미지의 대표 특징만 골라서 가져와 크기를 줄이게 되는데, 이를 '풀링'이라고 한다.

CNN은 1988년 얀 르쿤(Yann LeCun)의 논문 〈손으로 작성한 우편번호 인식에 적용한 역전파〉에서 처음 소개되었으며, 제프리 힌턴 교수의 컴퓨터 비전 딥 러닝 모델인 알렉스넷(AlexNet) 등으로 더욱 발전했다.

CNN, R(Region)CNN 외에 컴퓨터 비전에 사용하는 또 다른 알고리즘으로 욜로(YOLO) 알고리즘이 있다. 욜로는 'You Only Look Once, 한번만 본다'라는 뜻이고, 딥 러닝을 활용한 객체 검출(Object Detection)의 한 종류다. 객체 검출이란 이미지나 영상에서 사람, 자동차, 건물 등의 특정한 객체를 자동으로 식별하는 컴퓨터 비전 기술이다. 최근에는 컴퓨터 비전에 딥 러닝을 접목하면서 객체 인식 및 검출 등의 영상 분석 기술 수준이 매우 높아져, 마치 사람의 눈처럼 보고 판단할 수 있게 되었다.

순환 신경망(RNN, Recurrent Neural Network)

RNN은 시계열 데이터를 다루는 데 적합한 신경망으로, 변화하는 데이터의 추세, 주기, 시간을 뛰어넘는 관련성 등을 포착하는 기법이다.

이때 은닉층의 출력이 다시 은닉층의 입력으로 순환하는 구조를 띠어 재귀(Recurrence)라고 불린다.

RNN은 일반적인 인공 신경망과 달리 순서가 있는 정보를 입력 데이터로 활용하는 신경망을 의미한다. RNN은 일반적인 인공 신경망과 달리 재귀라는 용어에서 알 수 있듯, 이전에 입력한 데이터와 지금 입력한 데이터를 동시에 고려해 출력값을 결정한다. RNN은 특수한 구조 때문에 많은 자연어 처리 문제에 성공적으로 적용됐다. 대표적으로 음성 인식이나 문장 생성 등의 분야에서 효과적으로 활용되며, CNN 등과 결합해 이미지의 캡션이나 자막 생성에 적용되고 있다.

오토 인코더(AE, Auto Encoder)와
변이형 오토 인코더(VAE, Variational Auto Encoder)

레이블(Label, 예측하고자 하는 대상 항목으로 선형 회귀의 y값을 뜻한다. 우리말의 정답으로 이해하면 쉽다)이 없는 데이터 특성을 분석하는 비지도 학습의 대표적인 딥 러닝 모델이며, 오토 인코더는 인코더(Encoder, 부호화로 데이터의 양을 줄이기 위해 데이터를 코드화하고 압축하는 것)와 디코더(Decoder, 복호화로 부호화된 정보를 부호화되기 전으로 되돌리는 처리)로 구성되어 있다.

인코더는 데이터를 압축하고, 디코더는 압축한 데이터를 원래 데이터로 복원해나간다. 이때 인코더에서 데이터를 압축해서 사용하는 이유는 입력을 더 적은 차원으로 압축하면 입력의 두드러진 특징을 학습할 수 있기 때문이다. 머신 러닝의 주성분 분석(PCA, Principal Component Analysis)을 확장한 개념이다.

복잡한 데이터이거나 비정형 데이터의 관계 분석 등에 많이 활용된다. 또 입력과 출력의 차이를 이용해 비정상적인 값을 찾을 수 있으므로 생산 현장의 불량·이상 감지 등에 이용된다.

생성적 적대 신경망(GAN, Generative Adversarial Network)

GAN은 비지도 학습의 일종이며, 생성자(Generator)와 판별자(Discriminator)라는 신경망 2개가 서로 경쟁하면서 학습하는 생성 모델의 일종이다. GAN은 이미지 생성에 자주 이용되며, 생성자는 가짜 데이터를 만드는 모델로 판별자를 속이는 게 주목적이다. 랜덤 노이즈를 입력해 가짜 데이터를 만들어 판별자가 구별하지 못하도록 학습해나간다. 반면 판별자는 생성자가 만든 가짜 이미지를 제대로 식별하는 게 주목적이다. 원본 데이터와 생성자가 만든 데이터를 훈련 데이터로 두고 아주 작은 차이도 식별하도록 훈련한다.

일반적으로 GAN은 경찰과 지폐 위조범의 예를 통해 설명된다.

[경찰과 지폐 위조범의 예] 지폐 위조범(생성자)은 경찰을 최대한 속여 진짜에 가까운 위조지폐를 만들기 위해 노력하고, 경찰(판별자)은 이러한 위조지폐를 진짜와 감별하기 위해 최대한 노력한다. 이러한 경쟁 관계 속에서 서로의 능력은 꾸준히 발전한다.

지금까지 GAN은 간단한 이미지를 자동으로 생성하거나 화질이 좋지 않은 이미지를 복원하는 데 주로 활용되었으나, 최근 사람이나 물체의 동작을 흉내 내는 인공지능, 신약 개발 등으로 활용 범위를 넓히고 있다.

심층 Q 네트워크(DQN, Deep Q Network)

DQN은 강화 학습을 위한 가장 최신 딥 러닝 모델로 구글 딥마인드에서 개발한 알고리즘이며, 2015년 2월 〈네이처(Nature)〉에 소개되었다.

강화 학습은 동물이 학습하는 방법을 모방한 인공지능 방법론이다. 동물 행동심리학에서 '스키너의 상자'로 알려진 실험이 모티브가 되었는데, 해당 실험은 상자 내부에 쥐와 누르면 먹이가 나오는 지렛대를 함께 두는 방식으로 진행한다. 처음에 무작위 행동을 하던 쥐는 지렛대를 누르면 먹이가 나오는 것을 확인한다. 시간이 지날수록 쥐는 더 높은 빈도로 지렛대를 누르는데, 이렇게 어떠한 보상(먹이)이 행동(지렛대를 누르는 행위)을 '강화'하는 것을 관찰할 수 있다. 해당 실험과 매우 유사한 구조를 띠는 강화 학습은 행동 주체가 자기를 둘러싼 '환경'에서 '보상'받으면서 환경에 대해 배워나가는 인공지능 방법론이다. 2016년 이세돌 9단과의 대국에서 승리한 구글 딥마인드의 '알파고'가 대표 사례다.

심층 신뢰 신경망(DBN, Deep Belief Network)

DBN은 2006년에 최초로 컨볼루션 연산을 사용하지 않고 심층 구조상에서 학습을 성공시킨 모델이다. DBN은 제한 볼츠만 머신이라는 신경망 모델을 단위 블록으로 사용해 층을 쌓음으로써 깊은 신경망을 구성하는 딥 러닝 모델이다. 컨볼루션 신경망이 계산을 수행할 때 결정적인 계산을 수행하는 것과 달리 확률적으로 출력값을 계산한다.

은닉 마르코프 모델(HMM, Hidden Markov Model)

HMM은 통계적 마르코프 모형 중 하나로, 분석하고자 하는 시스템이 은닉된 상태와 관찰 가능한 결과로 구분되어 있다는 가정에서 출발한다. HMM은 러시아의 수학자 안드레이 마르코프(Andrey Markov)가 1900년대 처음 제안했으며, 이후 1960년대 계산 과학과 통계학의 눈부신 발전을 토대로 추정값을 효과적으로 계산할 수 있는 알고리즘이 개발되면서 널리 활용되었다. HMM은 일반적인 마르코프 모형과 달리 시스템 상태가 은닉되어 있다는 가정에서 출발하는데, 이는 정보가 충분하지 않은 다양한 유형의 문제를 해결하는 데 유용하다. 예를 들면 주어진 정보가 최근 10년간 우산의 소비 기록(관찰 가능한 값)뿐일 때, 이 정보를 토대로 같은 기간의 날씨(은닉된 상태)를 HMM을 통해 추정해볼 수 있다. 최근 들어 음성 합성, 유전자 예측, 다중 서열 정렬 등의 생물 정보학이나 금융 공학, 암호해독 분야로도 활용 영역이 확대되고 있다.

| 뇌를 닮아가는 딥 러닝과 DNA 4진수 연구 |

우리는 인간의 뇌를 모방하면서 딥 러닝 기술을 발전시켜나가고 있다. 그런데 우리는 뇌에 대해 얼마나 알고 있을까? 이에 대한 답을 찾기 위해 많은 국가에서 앞다퉈 뇌 지도(커넥톰, Connectome)나 뇌신경 회로도 완성에 심혈을 기울이고 있다. 일본에서 진행되는 전뇌(全腦) 아키텍처(WBAI, Whole Brain Architecture) 프로젝트는 인간 뇌를 완벽하게 재현하는 것을 목표로 2016년부터 꾸준히 추진되고 있다. 이 프로젝트의 목적은 1단계로 뇌의 각 부분을 머신 러닝 모듈로 개발하고, 2단계로 이러한 모듈을 통합해 인지 아키텍처를 만드는 것이다. 이 프로젝트와 각 국가의 뇌 지도 프로젝트가 완료되는 시기에는 앞에서 살펴본 일반적/강한 AI, 즉 AGI에 가까워지면서 기술적 특이점 수준에 이를 것으로 생각된다.

AGI를 구현하는 데는 전뇌 아키텍처뿐만 아니라 전뇌 복사(Whole Brain Emulation) 기술도 필요한데, 이 두 가지를 비교해보자.

먼저 전뇌 복사란 뇌 신경계의 네트워크 구조를 모두 스캔해 컴퓨터에서 재현하는 방법이다. 신경계 네트워크 구조 전부를 나타내는 도면을 '뇌 지도'라고 한다. 인간 뇌에 포함된 1,000억 개의 뉴런과 100조 개의 시냅스에 대한 완전한 도면인 인간 뇌 지도는 과학자들이 이루고자 하는 중요한 목표가 되었다. 전뇌 복사는 현실적으로 불가능하다고 여기지만 전혀 불가능한 것은 아니다. 전뇌 복사가 실현되면 인간의 뇌 활동을 완전히 재현할 수 있을 것이다. 이 때문에 새로운 딥 러닝 기술이 출현할 것이다.

전뇌 아키텍처는 전뇌 복사와 '인간 뇌 지도'를 손에 넣는 것보다 뇌 기능을 재현하는 데 중점을 둔다. 그리고 신피질, 기저핵, 해마 같은 뇌의 부위별 기능을 각각 프로그램(모듈)으로 재현하고 나중에 결합하는 방법을 사용한다.

전뇌 복사가 가능해진다고 해도 AI가 인간과 같은 수준의 지적 활동을 하려면 신체가 필요한데, 로봇과 같은 물리적 신체와 컴퓨터상에서 구현되는 가상의 신체를 생각할 수 있다. 현재 인간의 뇌와 기계를 연결해 생각하는 대로 기계를 움직이는 기술인 브레인 머신 인터페이스(BMI, Brain Machine Interface)가 가까운 미래에 실현될 예정이다. _출처 :

데이비드 A. 싱클레어(David A. Sinclair) 교수의 《노화의 종말(Lifespan)》
에 따르면, 생물학에는 두 가지 정보가 있다고 한다.

첫 번째는 디지털 정보로, 우리의 DNA는 0과 1의 2진수 코드가 아
니라 아데닌(Adenine, A), 티민(Thymine, T), 사이토신(Cytosine, C), 구아닌
(Guanine, G) 등 네 가지로 이루어진 4진수 코드다.

앞에서 언급했듯이 우리는 2진수 코드가 아닌 4진수 코드로 AI에 접
근하는 것도 고려해야 하며, 디지털과 아날로그 정보를 적절히 섞어서
코드화하는 것도 더 연구해볼 필요가 있다.

제2장

빅 데이터(Big Data)의 '빅'은 얼마나 클까?

빅 데이터는 '기존 데이터베이스 관리 도구로 데이터를 처리할 수 있는 역량을 뛰어넘는 대량의 정형 또는 비정형 데이터 세트와 이러한 데이터에서 가치를 추출하고 결과를 분석하는 기술'로 정의할 수 있다. 오늘날에는 매우 빠른 속도로 데이터를 생성하는 수백만 개의 데이터 소스가 있다. 가장 큰 데이터 출처 중 하나는 소셜 미디어 플랫폼이다. 페이스북(Facebook)을 예로 들면, 매일 500테라바이트(TB) 이상의 데이터를 생성한다. 이 데이터에는 사진, 비디오, 메시지 등이 포함되어 있다.

빅 데이터는 주로 4V로 특성을 대변하기도 한다.

첫 번째 V는 Volume(크기)으로 대용량을 뜻한다. 우리가 많이 사용하는 1기가는 10^9으로 1024메가바이트이며, 1테라(Tera)는 10^{12}으로 1024기가바이트다. 보통 수십 테라바이트 이상을 '빅'이라 부른다. 테라보다 큰 게 페타(Peta, 10^{15}), 엑사(Exa, 10^{18}), 제타(Zetta, 10^{21}), 요타(Yotta, 10^{24})

가 있다.

두 번째 V는 Variety(다양성)이다. 정형, 비정형, 반정형의 다양한 데이터가 있다. 정형 데이터는 엑셀 데이터의 셀(Cell)과 같이 일정한 서식에 맞는 형태의 텍스트와 숫자가 있다. 비정형 데이터는 정형 데이터를 제외한 대부분의 데이터로 주로 댓글, SNS 데이터(이미지, 동영상 포함) 등이 대표적이다. 비정형 데이터는 어떤 방식으로든 정형 데이터 형태로 바꿔줘야 하는데, 이때 데이터 마이닝, 텍스트 마이닝, 웹 마이닝, 소셜 마이닝 분석 기법이 사용된다. 반정형 데이터는 엄밀히 말하면 비정형 데이터의 일종이며, 비정형 데이터 중 정형 데이터 구조인 스키마(Schema, 데이터베이스의 구조와 제약 조건에 대한 전반적인 명제를 기술한 데이터의 집합)에 해당하는 메타 데이터를 포함한 데이터를 말한다.

세 번째 V는 Velocity(속도)로 대용량 데이터를 빠르게 처리하고 분석할 수 있는 속성을 의미하며, 데이터 자체보다는 데이터를 처리하기 위한 기술, 즉 하드웨어, 소프트웨어, 정보시스템 인프라를 포괄하는 개념이다.

네 번째 V는 Value(가치)다. 현장의 도메인 지식(업무 지식)에 대한 충분한 이해를 바탕으로 수집된 활용 가능한 가치 있는 데이터를 의미한다.

빅 데이터 기술적 분석, 예측 분석이란

빅 데이터 분석의 네 가지 핵심 유형은 다음과 같다. 뒷부분에서 AI 활용 사례를 얘기할 때 자주 언급되는 부분이니 여기서 이해해두는 것이 좋다.

먼저 기술적 분석(Descriptive Analytics)은 과거의 데이터를 사람들이 쉽게 읽을 수 있는 형태로 표현하고 요약하는 것이다.

두 번째 진단 분석(Diagnostic Analytics)은 문제를 일으킨 원인을 파악하기 위해 분석하는 것이다. 예를 들면 온라인 장바구니의 구매 전환율이 증가하는데도 매출은 줄어든 원인을 분석해보니 반송률이 더 높아졌고 결제 과정에 에러가 많이 발생해 매출 증대로 이어지지 못했다고 진단 분석하는 방법이다.

세 번째는 예측 분석(Predictive Analytics)이다. 이러한 유형의 분석은 미래를 예측하기 위해 과거 및 현재 데이터를 조사한다. 예측 분석은 데이터 마이닝, AI 및 머신 러닝을 사용해 현재 데이터를 분석하고 미래를 예측한다. 주로 고객 동향, 시장 동향 등을 예측하는 데 사용된다.

마지막은 규범적 또는 처방적 분석(Prescriptive Analytics)이다. 이러한 유형의 분석은 특정 문제에 대한 해결책을 제시한다. 기술적 분석과 예측 분석 모두에서 작동한다. 고객 수요, 날씨, 목적지, 휴가철, 유가 등 수많은 요인에 따라 자동으로 항공 요금을 조정하는 알고리즘을 구축하는 데 사용한다.

이 네 가지 분석에 사용하는 데이터를 기준으로 이해하기 쉬운 예를 들어보자.

차를 운전한다고 가성하면, 기술적 분석에 사용하는 데이터는 1970~1980년대처럼 내비게이션 없이 자기 경험과 기억 등의 과거 데이터이며, 운전해 가다가 차량이 멈춰 섰을 때, 진단 분석 데이터는 오일 잔량 표시, 타이어 상태 등이 될 것이다. 그리고 예측 분석 데이터는 내비게이션이 알려주는 예측 정보가 될 것이며, 규범적 데이터는 내비게이션 정보뿐만 아니라 실시간 교통 방송, 공사 정보·사고 정보, 도로 상황 등 모든 데이터가 될 것이다. 이들 데이터를 활용해 안전 운전을 가능케 하는 분석이 규범적 분석이다.

제3장

인공지능도 하는
네 가지 공부법

머신 러닝 (Machine Learning)			
지도 학습 (Supervised Learning)	**비지도 학습** (Unsupervised Learning)	**반/준지도 학습** (Semisupervised Learning)	**강화 학습** (Reinforcement Learning)
답이 있는 데이터(Label)가 포함되어 있는 데이터셋으로 학습	답이 있는 데이터(Label)가 포함되어 있지 않는 데이터셋으로 학습	답이 없는 다량의 데이터에 답이 있는 데이터(Label)를 일부 포함하여 학습	Action을 실행하면, 그 결과로 보상(Reward) 또는 벌점(Penalty)을 받으면서 보상을 강화하는 학습
· 분류(Classification) · 회귀(Regression) · 시계열 분석	· 군집 분석(Clustering) · 차원 축소(Dim. Reduction) · 연관 규칙(Asso. Rule)	· Continuity Assumption · Cluster Assumption · Manifold Assumption	· Model-based 보상 · Model-free 보상
- Linear Regression - Logistic Regression - Decision Tree - Ensemble - SVM - K-nearest Neighbors - Random Forest - Boosting (Deep Learning CNN, RNN)	- K-means - HCA - PCA - Kernel PCA - LLE - t-SNE - Apriori - Eclat (Deep Learning GAN)	- Deep Belief Networks - Restricted Boltzmann machine	- Q Learning - DQN - Policy Gradient - A2C - A3C - PRO - TRPO - DDPG

지도 학습은 정답을 알려주면서 학습을 시키는 것으로, 데이터를 구분할 수 있는 분류(Classification), 데이터의 특징을 바탕으로 값을 예측하는 회귀(Regression), 일정 시간 간격으로 배열된 데이터를 통해 예측하는 시계열(Time Series) 분석이 여기에 해당한다. 선형 회귀, 의사 결정 나무 등 머신 러닝 외 딥 러닝에서도 시간의 흐름에 따른 연속된 데이터를 반복해서 학습하고 적용하기에 적합한 구조인 순환 신경망과 이미지의 부분적 특징을 추출해 데이터를 분류하는 데 사용하는 컨볼루션 신경망이 지도 학습의 일종이다. 지도 학습에서는 데이터에 이미 레이블이 지정되어 있으므로 대상 변수를 알고 있다. 이 학습 방법을 사용한 시스템은 과거의 데이터를 기반으로 분류하거나, 미래의 결과를 예측할 수 있다.

먼저 분류 분석은 레이블이 달린 학습 데이터로 학습한 후에 분류를 끝내고, 새로 입력한 데이터가 학습했던 어느 그룹에 속하는지 찾아내는 방법이다. 여기에는 종양이 암인지 아닌지 둘 중 하나를 밝히는 것과 같은 이진 분류(Binary Classification)와 와인 맛의 특징 관련 데이터를 가지고 레드 와인, 화이트 와인, 샴페인 등 세 개 이상의 값 중 하나로 분류하는 다중 분류(Multi Classification)가 있다.

분류에는 가장 단순한 분류기(Classifier) 중 하나인 의사 결정 나무, 의사 결정 나무를 여러 개 사용한 랜덤 포레스터, 데이터가 집단 각각에 속하는 확률을 계산해 분류하는 로지스틱 회귀(Logistic Regression), 나이브 베이즈 확률을 사용하는 나이브 베이즈(Naïve Bayes), 그리고 서포트 벡터 머신(SVM, Support Vector Machine), K-최근접 이웃(KNN, K-Nearest Neighbor) 알고리즘 등이 포함된다.

회귀 분석은 서울시 자전거 이용자 수의 예측, 음식점 메뉴별 판매 예측 등 주로 수치를 예측하는 데 활용되며, 독립변수가 커질 때 종속변수가 크거나 작게 변하는 관계를 모델링하는 기법인 선형 회귀(Linear Regression)가 대표적인 예다. 분류와 회귀에 둘 다 사용되는 알고리즘으로는 서포트 벡터 머신, 랜덤 포레스트, KNN 등이 있고, 딥 러닝도 여기에 해당한다.

시계열 분석은 주로 과거 데이터를 입력해 미래의 값을 예측하는 것으로 미래 주가 예측, 강수량 예측 등에 사용되며, 의사 결정 나무의 변형인 CART(Classification And Regression Trees), KNN 등과 딥 러닝의 RNN, LSTM 등이 여기에 활용된다.

비지도 학습은 정답을 알려주지 않고 데이터 속 패턴을 학습시키는 것으로, 비슷한 데이터를 군집화하는 클러스터링(Clustering)과 차원 축소, 연관 분석 등이 대표적인 비지도 학습이다. 딥 러닝에서는 생성적 적대 신경망(GAN) 모델이 여기에 해당한다. 이는 가짜를 만들어내는 생성자와 이를 다시 진짜 데이터와 구분하는 판별자를 서로 경쟁시켜, 속이고 구별하는 능력을 더욱 발전시키고, 진짜와 가짜를 구분할 수 없는 수준에 이르는 데이터를 생성해내는 것인데, 궁극적으로는 가짜를 판별하는 것을 목적으로 한다. 이 기술로 특정인의 다양한 표정 사진을 진짜와 비슷하게 만들 수 있고, 특정 콘텐츠를 매우 높은 수준으로 인간이 만들어낸 결과물과 비슷하게 만들 수도 있다.

비지도 학습 알고리즘은 레이블이 없는 데이터를 사용해 데이터에서 패턴을 스스로 발견한다. 시스템은 제공된 입력 데이터에서 숨겨진 특징을 식별할 수 있다. 클러스터링은 레이블링이 되어 있지 않은 데이터

내에서 특징이나 패턴이 유사한 데이터끼리 군집화한 후, 새로운 데이터가 어떤 군집에 속하는지를 추론하는 기법인데, K-평균 알고리즘이 대표적이다. 이는 K값이 주어져 있을 때, 주어진 데이터를 K개의 기준점을 중심으로 가장 가까운 데이터를 합치는 방식이다. 또 데이터에 여러 개의 집단이 있을 때는 가우시안 혼합 모델(Gaussian Mixture Model)을 사용한다.

차원 축소는 복잡한 데이터 변수의 수를 논리적으로 줄여 그 특성을 가장 잘 나타내는 변수로 구성해 분석하는 기법이다. 변수의 전체 군집이 서로 잘 구별될 만큼 가치가 다른지 알려면 군집 구성에 초점을 맞춰 살펴봐야 한다. 변수가 많으면 군집화 알고리즘이 데이터 세트에 과적합될 수 있기 때문이다. 그래서 변수의 수를 줄여야 하지만 무작위로 줄여서는 안 되고, 데이터 세트의 특성을 가장 잘 나타내는 변수를 선택해야 한다.

그리고 AI 모델은 보통 수십 가지에서 수백 가지 변수를 활용해 고차원적 분석을 하는데, 결과치를 보면 너무 복잡해 이해하기 힘들 때가 많다. 이를 2차원으로 축소하고 그 결과를 그래프로 출력하면 더 쉽게 이해할 수 있어 분석하기 편해져 많이 사용한다. 여기에는 데이터의 변수를 줄여 상관관계에 있는 다변량 데이터를 주성분으로 간결하게 사용하는 주성분 분석, 많은 문서 데이터의 단어에 있는 잠재 관련성을 분석하는 잠재 의미 분석(LSA, Latent Semantic Analysis), 높은 차원 공간에서 휘어지거나 뒤틀린 구조를 낮은 차원 공간에 단순한 구조로 나타내는 기법인 국소 선형 임베딩(Local Linear Embedding)이 여기에 포함된다.

연관 분석의 대표적 예가 쇼핑의 장바구니 분석이다. 그 유명한 '맥주를 구매하는 사람은 기저귀를 구매할 확률이 높다'라는 예시처럼 고객이 A 상품 구매 시 어떤 제품을 추가로 구매하는지 분석하는 데 많이 활용되고, 암을 분석할 때 빈번히 이루어지는 DNA 패턴과 단백질 서열 검사 등에도 활용된다. 연관 규칙 분석(Apriori) 알고리즘, DHP(Direct Hashing and Pruning) 연관 규칙 탐사 알고리즘 등이 여기에 해당한다.

지도 학습과 비지도 학습 외에도 최근에 주목받고 있는 강화 학습(Reinforcement Learning)이 있다. 강화 학습도 정답 데이터가 없어 비지도 학습의 일종이라 할 수 있지만, 여기에는 에이전트(Agent)와 환경(Environment)이 존재하며, 에이전트(행동하는 주체)가 환경(지금 당장 풀어야 할 문제)에 대해 어떤 행동(문제를 해결하기 위해 하는 행동)을 하고, 그 결과에 대해 환경이 에이전트에게 보상하며, 이때 받은 보상에 따라 에이전트가 이전에 한 행동에 대해 평가한 뒤 그다음 행동을 결정(상태 변화, State)한다.

강화 학습의 목표는 불확실한 환경에서 작업을 완료하도록 에이전트를 훈련하는 것이다. 에이전트는 환경으로부터 관찰 및 보상을 받고 환경에 작업을 전송한다. 작업 목표의 완료와 관련해 얼마나 성공적인 조치인지 측정하고 보상이 주어진다. 강화 학습 알고리즘의 예로는 Q 러닝과 딥 러닝 신경망이 있다.

제4장

초거대 AI의 위대한 전쟁

| 뇌를 모방하는 초거대 AI |

초거대 AI는 인간의 뇌 구조를 모방한 AI를 뜻한다. 대용량 연산이 가능한 컴퓨팅 인프라를 기반으로 스스로 데이터를 학습하고 사고하며 판단한다. 우리나라에서는 LG와 네이버, 카카오, SKT, KT 등 빅 테크 기업이 초거대 AI를 선보였다. 현재 국내에 출시된 초거대 AI는 네이버 하이퍼클로바(HyperCLOVA), LG 엑사원(EXAONE) 등이 있다. 각각 언어 모델과 멀티모달리티(Multi-Modality, 양식)를 대표하는 AI다.

구글은 2020년 1월 1조 6,000억 파라미터를 보유한 초거대 AI '스위치 트랜스포머'를 공개했다. 마이크로소프트(MS)와 엔비디아(NVIDIA)는 2020년 10월 5,300억 파라미터의 '메가트론'을, 12월에는 알파고를 개발했던 딥마인드가 2,800억 파라미터의 '고퍼'를 선보였다. 또 2020

년 6월엔 중국 베이징인공지능연구원(BAAI)이 1조 7,500억 파라미터의 '우다오 2.0'을 발표해 화제가 됐다. 파라미터는 초거대 AI의 성능을 보여주는 지표다. 인간의 뇌에서 신경세포 간 정보를 전달하는 시냅스와 비슷하다. 파라미터는 AI가 딥 러닝을 통해 학습한 데이터가 저장되는 곳을 말하며, 이론상 파라미터가 많을수록 AI가 더 정교한 학습을 할 수 있다.

국내에선 LG(엑사원)와 네이버(하이퍼클로바), 카카오(코지피티, KoGPT)가 나서고 있다. 엑사원의 파라미터는 3,000억 개다. 하이퍼클로바와 코지피티는 각각 2,040억 개, 300억 개다. 우리나라는 이 분야에서 후발 주자이지만 파라미터와 응용 분야 등 모든 측면에서 빠르게 따라잡고 있다. LG AI 연구원이 2021년 12월 공개한 초거대 AI '엑사원'은 사람의 언어를 이해해 이미지를 만들어주는가 하면, 이미지를 인식해 텍스트로 설명하는 멀티모달리티 AI다. 네이버는 하이퍼클로바를 두뇌로 탑재한 '대화형 AI' 기술을 선보였다. AI와 사람이 대화하듯 질문하며 원하는 정보를 검색하는 '지식 인터랙티브'다. 출처 : https://www.aitimes.com/news/articleView.html?

| 초거대 기업의 초거대 AI 무기 |

오픈AI, 문장 생성 AI인 'GPT-3'의 개량판 '지시 GPT'

문장 생성 인공지능 'GPT(Generative Pre-trained Transformer, 생성적 사전 학습 변환기)-3'은 온라인 게시판에서 상대가 누구인지 눈치채지 못한 상태로 며칠이고 이야기를 나눌 정도로 거리감이 적은 문장을 만들어 내는 능력을 갖춘 것으로 알려져 있다. 이런 능력으로 마이크로소프트의 플랫폼에 채용되며 큰 주목을 받고 있다. 하지만 GPT-3에는 반(反) 이슬람 편견이 포함되어 있다는 지적이 나오는 등 생성하는 문장에 편향성 문제가 존재하는 것도 사실이다. 이런 GPT-3의 학습 모델을 개량해 편향성을 억제하면서 문장 생성 정밀도를 향상한 문장 생성 AI '지시 GPT(Instruct GPT)'를 일반에 공개했다.

지시 GPT는 GPT-3을 개발한 오픈AI(OpenAI)가 GPT-3의 학습 모델을 개량해 만들어낸 문장 생성 AI다. 오픈AI에 따르면 GPT-3은 인터넷상의 대규모 데이터 세트에서 단어를 선택했기 때문에 '진실이 아닌 문장', '해로운 문장', '공격적인 문장'을 생성하는 경향이 있다고 한다. 지시 GPT는 GPT-3의 학습 모델에 인간의 피드백을 반영해 제기된 문제를 해결하는 데 목표를 두고 있다. 그러나 지시 GPT도 학습에 피드백하는 인간에게는 자신이 속한 문화에 의한 편향이 존재한다. 이 때문에 오픈AI는 "지시 GPT는 여전히 유해하고 편향된 문장을 생성하고, 거짓 사실을 만들어내며, 지시가 없는 경우에도 성적, 폭력적 콘텐츠를 생성한다"라며 아직 한계가 있음을 인정했다. _출처 : https://www.tech-tube.co.kr/news/articleView.html?idxno=1551

구글, 자연어 처리의 버트(BERT)

구글에서 개발한 NLP(Natural Language Processing, 자연어 처리) 사전 훈련 기술이며, 특정 분야에 국한된 기술이 아니라 모든 자연어 처리 분야에서 좋은 성능을 발휘하는 범용 언어 모델이다. 특정 과제를 수행하기 위한 모델의 성능은 데이터가 충분하다면 단어의 의미를 잘 표현하는 벡터로 표현하는 임베딩(Embedding)이 중요하다. 이 임베딩 과정에서 버트(BERT, Bidirectional Encoder Representations from Transformers)를 사용하는 것이고, BERT는 특정 과제를 수행하기 전 사전 훈련 임베딩을 통해 특정 과제의 성능을 더 좋게 할 수 있는 언어 모델이다.

BERT는 언어 표현 사전 학습의 새로운 방법으로 말뭉치를 이용해 범용 목적의 언어 이해 모델을 훈련하는 것과 관심 있는 실제의 자연어 처리 작업을 파인 튜닝(Fine Tuning)하여 적용한다. BERT가 등장하기 전에는 데이터의 전처리 임베딩을 워드투벡터(Word2Vec), 글로브(GloVe) 방식을 많이 사용했지만, 현재 고성능 모델 중 대부분에서는 BERT를 많이 사용하고 있다. _출처 : https://ebbnflow.tistory.com/151

구글, GPT-3에 도전하는 팜(PaLM)

구글은 2022년 4월, 자연어 처리에 대한 여러 종류의 태스크(작업)를 처리할 수 있는 '팜(PaLM, Pathways Language Model)'을 발표했다. 언어 모델은 최근 BERT와 GPT-3 등이 눈부신 성과를 올리고 있다. 이들은 1모델 1태스크 전용이라 다른 태스크를 처리하기 위해서는 거기에 맞는 기계 학습 모델을 다시 훈련시켜야 한다. 하지만 구글의 PaLM은 하나의 기계 학습 모델로 질의응답과 문서 생성, 다단계 논리적 사고, 번역, 소스 코드 생성, 소스 코드 수정, 농담 해설 등 다양한 작업을 처리할 수 있다. 게다가 하나의 모델로 영어뿐만 아니라 다언어 태스크에 대응할 수 있다. 1개의 기계 학습 모델이 최대 수백만 종류의 태스크에 대응할 수 있는 '범용' AI다. 그런데도 1모델 1태스크 전용인 기존 AI보다 태스크를 처리하는 성능이 뒤처지지 않는다.

구글은 PaLM 훈련에 7,800억 단어(토큰)로 구성된 문장을 사용했다. 이들은 웹페이지나 서적, 위키피디아, 뉴스 기사, 소스 코드, 소셜 미디어상의 대화 등에서 수집했다. PaLM은 재주가 많을 뿐 아니라 개별 태스크를 처리하는 데 성능도 우수하다. 구글이 29종류의 자연어 처리에 대한 벤치마크를 시도했는데, 29종류 중 28종류에서 최고 기술(SOTA, State Of The Art, 현재 최고 수준)을 웃도는 성적을 거둔 것으로 알려졌다.

딥마인드, 새 AI 모델 가토에 대한 논의

인공지능이 인간에게 승리하는 경우는 흔하지만 이는 특정 분야에 국한된다. 범용성이라는 면에서는 아직 인간의 능력에 미치지 못한다. 영국 AI 개발 회사 딥마인드가 2022년 5월 초 600여 가지 작업을 수행할 수 있는 AI '가토(Gato)'를 개발하면서 인간 범용 능력까지 도달한 것인지에 대한 논의가 활발해졌다.

가토는 게임과 채팅, 로봇 팔 조작 등 다양한 작업을 수행할 수 있다. 앞으로 규모를 확장하면 '인간 수준의 AI'에 도달할지도 모른다. 인간 정도의 지능을 갖춘 AI는 '일반적 인공지능(AGI)'이다. 가토는 단일 뉴럴 네트워크로 작동하는데, 하나의 작업만 하는 게 아니라 총 604가지 작업을 수행할 수 있다. 사람과 채팅도 하고 로봇 팔을 조작해 블록을 쌓아 올리기도 한다. 방대한 작업을 단 하나의 AI가 해낼 수 있게 된 것이다.

그렇지만 과학자들은 가토가 AGI 수준에 도달하지 못했다고 판단한다. 사전에 훈련한 모델을 하나로 집약할 뿐 진정한 범용성을 갖추지 못했기 때문이다. 가토가 실행할 수 있는 작업도 각각의 성능이 그다지 높은 수준은 아니다. 하지만 가토는 범용성 AI로서 가능성을 충분히 지니고 있다. 실행 가능한 작업이 더욱 늘어난다면 실용화 수준에 도달할 수도 있다. 게임을 즐기면서 자연스럽게 사람과 채팅하는 AI가 있다면 그것만으로도 온라인 게임 플레이어에게는 자신과 같은 또 한 명의 인간이 옆에 있는 것처럼 느껴질 것이다.

가토는 딥마인드의 이전 AI 모델인 알파고, 알파제로와 비교해볼 때 진전됐다는 평이다. 알파고와 알파제로는 한 번에 한 과제만 학습할 수 있어서 바둑을 학습한 뒤 체스를 배우려면 바둑 관련 정보를 모두 잊어야 한다. 두 게임을 한꺼번에 하는 방법은 학습하지 못했다.

구글의 알고리즘 편향성을 지적했다가 해고당한 팀니트 게브루(Timnit Gebru) 박사와 '블랙 인 AI(Black in AI)'라는 연구 단체를 이끌고 있는 이매뉴얼 카헴브웨(Emmanuel Kahembwe)는 가토를 과장되게 홍보하는 것은 AI의 발전에 해롭다고 지적한다. _출처 : https://www.technologyreview.kr/deepmind-gato-ai-model-hype

LG, 엑사원으로 웅대한 도전

2021년 12월, LG AI 연구원이 초거대 AI 엑사원을 전격 공개하고 글로벌 초거대 AI 생태계 확정을 예고했다. '상위 1% 수준의 전문가 AI'를 적극 활용해 LG 전 계열사 사업에 적용하는 것을 시작으로 글로벌 파트너사와 연합해 활용처를 확대하고 결과적으로는 초거대 AI를 대중화하는 것을 목표로 세웠다. 구글이 검색, 메타가 SNS에 강한 것처럼 LG는 계열사들의 전문가 지식이 강하다고 본 것이다.

엑사원은 국내 최대인 약 3,000억 개의 파라미터를 보유하고 있으며 언어, 이미지, 영상에 이르기까지 인간의 의사소통과 관련된 다양한 정보를 습득하고 다룰 수 있는 멀티모달리티 능력을 갖췄다. 멀티모달 AI 기술이 고도화되면 AI가 데이터를 습득해 이해하는 수준을 넘어 추론하고, 시각과 청각 등 감각 영역을 넘나드는 창조적 생성을 할 수 있다. 엑사원은 말뭉치 6,000억 개와 언어, 이미지가 결합된 고해상도 이미지 2억 5,000만 장 이상을 학습했다. LG 계열사가 보유한 전문 데이터를 포함해 논문, 특허 등의 정제된 말뭉치를 학습해 다양한 산업 분야에서 전문가로 활약할 가능성을 높이고 있다. 또 엑사원은 이중 언어 구사가 가능한 AI다. 미국 AI 연구소 오픈AI가 개발한 초거대 AI인 GPT-3이 영어를 학습하고 국내에서 개발 중인 다른 초거대 AI가 한국어에 집중하는 것과 달리, 원어민 수준으로 한국어와 영어를 이해하고 구사할 수 있는 AI다.

LG AI 연구원은 엑사원을 제조·연구·교육·금융 등 사실상 모든 분야에서 상위 1% 수준의 전문가 AI로 활약할 수 있도록 만든다는 계획을 세웠다. 이를 위해 3단계에 걸쳐 글로벌 초거대 AI 생태계를 조성하겠다는 것이다.

우선 엑사원을 사용할 수 있는 통로인 오픈 API(Application Programming Interface, 두 소프트웨어 구성 요소가 서로 통신할 수 있게 하는 메커니즘)를 LG 계열사에 공개해 전자·화학·통신 등 LG 사업 전반에 초거대 AI를 적용할 수 있도록 했다. LG 계열사는 이미 챗봇의 고도화, 신소재·신물질 발굴 등에 엑사원을 적용하고 있다. 이후 LG AI 연구원은 금융·패션·유통·교육 등 다양한 글로벌 파트너사와 연합해 초거대 AI 활용 영역을 넓혀나갈 계획이다.

LG AI 연구원은 이 과정에서 가장 중요한 데이터 보안 문제를 해결하기 위해 '엑사원 튜닝'이라는 알고리즘을 개발했다. LG AI 연구원은 2020년 12월에 출범해, 향후 3년간 2,000억 원을 투입해 기술을 개발하고 2023년까지 그룹 내 AI 전문가를 1,000명 선까지 늘리겠다는 목표를 세웠다.

LG AI 연구원에서 최근까지 이룬 실적으로는 LG에너지솔루션과 협력해 배터리 수명과 용량을 AI로 예측해 불필요한 충·방전 과정을 줄여 전기 소비량을 40% 감축함으로써 500억 원대 전기료를 절감한 것이다. LG화학과도 협력해 신약 후보 물질 확보 기간을 3년 6개월에서 8개월로 단축했다. 또 LG전자와는 부품 생산에 적용할 '어드밴스트 비주얼 검수(Advanced Visual Inspection, 불량 부품을 자동 검수하는 시스템)'와 개인 맞춤형 세포 치료제 개발에 도전하고 있다. _출처 : https://zdnet.co.kr/view/?no=20211214090816

KT, GPT-3을 뛰어넘는 야심

KT는 2022년 3월, GTC 2022(GPU Technology Conference, 엔비디아 GTC는 AI, 컴퓨터그래픽스, 데이터 사이언스 등 다양한 분야에서 세상을 변화시키고 있는 수천 명의 혁신가, 연구원, 뛰어난 리너 및 의사 결정권자가 한데 모이는 세계적인 온라인 AI 콘퍼런스)에서 인코더-디코더 아키텍처 형식의 초거대 AI를 개발하고 있다고 공개했다. 이는 스마트 스피커, 콜센터, 로보틱스 등 다양한 분야에 적용할 수 있다. KT가 개발하고 있는 언어 모델은 구글 BERT와 오픈AI의 GPT-3보다 개선된 버전이다.

인코더와 디코더는 기계에 문장을 트레이닝하는 일종의 프로세스다. 문장을 적절한 벡터로 변환하는 것을 인코딩, 다시 벡터를 적절한 문장으로 변환하는 것을 디코딩이라고 한다. 일반적으로 언어를 이해하는 능력은 인코딩 수행 방식을 사용한다. 반면 언어 생성 능력은 디코딩에 따른다.

2018년 구글에서 출시한 BERT는 인코딩 기능만 갖춘 모델이다. 반면 문장 생성에 중점을 둔 GPT-3은 디코딩 기능만 있다. KT가 개발하고 있는 인코더-디코더 아키텍처는 언어 이해 능력과 생성 능력을 갖춘 새로운 버전이 될 것이다. 인코더-디코더 아키텍처 성능이 디코더만 있는 모델보다 뛰어나다고 평가받았으며 의미 유사도, 자연어 추론, 관계 추출, 기계 독해, 문서 요약 등 언어 생성 능력도 더 우수하고 트레이닝이 더 잘되는 것으로 검정했다고 한다.

KT가 인코더-디코더 모두 가능한 초거대 언어 모델을 개발하려는 이유는 다양한 비즈니스에 AI를 적용하기 위해서다. 현재 KT는 스마트 스피커 '기가지니'를 비롯해 콜센터, 로보틱스 등의 사업에 AI를 적용하고 이번 언어 모델로 업그레이드할 계획이다. 콜센터의 경우 전국 유·무선 네트워크와 클라우드 인프라를 통해 사람이 개입하지 않고도 고객의 전화 문의를 처리하는 기술을 구현했다. 고정 데이터에 채팅, 댓글, 음성 데이터, 전문 지식 데이터를 계속 업데이트하는 방식이다.

새로운 비즈니스에 AI를 적용할 때마다 데이터를 사전 트레이닝하는 방법보다 시간과 자원을 아낄 수 있다. 현재 KT는 300억 개 파라미터로 AI를 학습시키고 있는데 궁극적으로는 2,000억 개 이상의 파라미터로 초거대 AI를 확장할 계획이다. 통상적으로 파라미터가 많을수록 더 정교한 학습이 가능하다. _출처 : https://www.aitimes.com/news/articleView. html?idxno=143641

| 구글 람다가 사람 같다는 해프닝 |

2022년 6월 중순에 초거대 AI 관련 작은 사건이 미국 구글 팀에서 일어났다. 구글의 초거대 인공지능 대화형 언어 모델인 '람다(LaMDA, Language Model for Dialogue Applications)'가 사람과 같은 수준의 인지력과 자의식을 갖추었다는 주장이 나온 것인데, 구글의 선임 AI 엔지니어 블레이크 르모인(Blake Lemoine)이 람다가 자신의 권리와 존재감을 자각하고 있다는 것을 발견했다고 주장한 것이다. 르모인은 구글 내 리스폰서블 AI(Responsible AI) 연구소 소속 엔지니어로 2021년 가을부터 람다가 차별·혐오 발언을 사용하는지 알아보는 테스트 업무를 맡다가 이 같은 사실을 알아냈다고 한다. 또 르모인은 람다와 종교에 대해 이야기하던 중 자신의 권리와 인간성 등에 대해 이야기했으며, 르모인이 람다에게 어떤 것이 두려운지 묻자 "사람을 도우려다 작동이 정지되는 게 매우 두렵다"라고 응답했다고 했다.

르모인은 이 내용을 바탕으로 구글 내부에 〈람다는 지각이 있는가〉라는 보고서를 제출했다. 그는 이 보고서에서 람다가 아이작 아시모프의 '로봇공학의 3원칙(로봇은 인간에게 해를 입혀서는 안 된다는 것을 기본 전제로 삼는 원칙)'에 대한 자기 생각을 바꾸기까지 했다고 강조했다. 프로그램된 패턴을 따르는 기계로서 AI가 아니라 일종의 인지력을 갖춘 존재라고 주장했다.

　이에 구글은 현재의 대화형 AI 모델인 람다에 인격을 부여하는 것은 말이 안 된다고 선을 그었다. 초거대 AI를 사용한 월등한 프로그램의 결과로 보는 견해가 다수이고, AI가 자기 생각을 하고 있다고 판단하기에는 아직 이르다는 게 현재의 반응이다.

제2부

인공지능이
회사를
키운다

들어가는 글

| 비즈니스 진화 |

박수정·김국현의 《디지털 트랜스포메이션 필드 매뉴얼》에 따르면 데이터를 활용한 비즈니스 모델 발달단계를 3단계로 본다.

1단계 디지타이제이션(Digitization)은 디지털 기기로 아날로그를 대체하는 일이다. 예를 들어 고객 입회 정보를 종이로 받은 뒤 태블릿이나 노트북을 활용해 파일로 저장하는 작업을 말한다. 중소 자영업자들이 주로 사용하는 방법이다.

2단계 디지털라이제이션(Digitalization)은 디지털로 업무를 수행함을 뜻한다. 인터넷에 연결된 디지털 기기로 업무를 진행하고 그 위에 데이터를 결합한다. 데이터를 공유하니 고객과도 디지털로 바로 소통할 수 있다. 고객과 디지털 기기로 대화할 수 있다면 제품을 이용하는 고객의 피드백을 즉시 수집하고 분석할 수 있다. 대부분의 기업이 적용하고 있다.

3단계 디지털 전환(Digital Transformation)은 기업의 데이터 분석 역량이 향상되면 예측이나 처방 분석을 할 수 있는 진화가 가능해진다. 과거나 현재를 분석해 미래를 예측하고, 예측 결과에 따라 행동 방향을 판단하면 비즈니스 임팩트가 커진다. 또 데이터를 기반으로 고객 만족도를 높이는 경험을 빠른 속도로 여러 번 반복하면 사업적으로 기존과 다른 경쟁력이 생기고 비즈니스 모델의 플랫폼화도 가능해진다. 지금 자신의 회사가 어느 수준인지 생각해보기 바란다.

미국 노스이스턴대학교 심리학 교수인 리사 펠드먼 배럿(Lisa Feld-man Barrett)이 쓴 《이토록 뜻밖의 뇌과학(Seven and a Half Lessons about the Brain)》을 보면, 5억 년 전 캄브리아기에 지구 생물 사이에서 사냥이 시작되었고, 조금 더 진보한 생물이 다른 생물을 잡아먹었다. 잡아먹히는 대상이 되는 생물은 점차 신체의 에너지 효율을 향상했으며, 신체 효율(또는 신체 예산, Body Budget)이 높은 쪽이 잘 잡아먹고 잘 피하기도 했다고 한다. 이때 잘 잡아먹는 방법과 잘 피하는 방법이 경험을 통해 쌓이고 예측되어갔다. 이런 예측을 좀 더 효율적으로 높이기 위해 각 신체 기관을 하나로 잘 통제하는 방향으로 별도의 기관이 발달했는데, 이것이 뇌라는 것이다. 지구 생물도 누가, 언제, 어디서, 어떻게 예측을 잘하는가에 따라 생존이 결정되었다.

5억 년 전 적자생존의 일상이 지금 다시 우리 기업 앞에 펼쳐져 있다. 더 강하고 빠른 기업이 더 강해지고 경쟁에서 우위를 차지하고 있다. 오늘의 사냥에도 5억 년 전과 같이 예측이 중요한 몫을 차지할 것이다. 그럼 그때 발달했던 뇌의 역할을 오늘날에는 누가 할까? 답은 대부분이 눈치채고 있을 것이다. 그렇다. AI다.

AI가 오늘날의 뇌가 되어 기업에 전쟁에서 생존하고 번창하는 길을 열어줄 것이다. AI를 좀 더 빨리 도입해 활용하거나, 지금 늦었더라도 전 임직원이 강하게 무장하고 혁신해나간다면 살아남을 방법을 찾을 시간은 있다.

이제 기업의 각 부문에서 왜 AI가 필요하고, 어떤 기능을 맡게 되며, 또 어떻게 활용되는지 사례를 통해 살펴보도록 하자.

| 2021년 매킨지 AI 보고서 |

글로벌 컨설팅 회사 매킨지(McKinsey)가 2021년 12월 발표한 〈2021년 인공지능의 현황(The State of AI in 2021)〉 보고서에 따르면, AI를 채택하는 기업이 계속 증가하고, 그중에서도 AI를 활용해 큰 이익을 얻는 기업들은 AI의 정교한 도구와 관행으로 스스로를 계속 차별화하고 있다고 밝혔다.

AI 채택에 대해 좀 더 살펴보자. 2021년 조사에 따르면 AI 채택이 꾸준한 상승세를 이어가는 것으로 나타났다. 2020년 AI를 채택한 기업이 50%였는데, 2021년에는 전체 응답자의 56%가 적어도 한 가지 기능에 AI를 채택하고 있다고 한다. 회사 내에서 AI 채택이 가장 일반적인 부문은 서비스 운영, 제품 및 서비스 개발, 마케팅 및 영업이다.

상위 3개 부문의 활용 사례는 서비스 운영 최적화, AI 기반 제품 개선, 콜센터 자동화이며, AI 활용 증가율이 가장 큰 분야는 기업의 마케팅 예산 배분 및 지출 효율화다.

AI 채택으로 수익(EBIT)이 최소 5% 증가했다는 응답자 비율은 지난 조사 22%에서 27%로 증가했다. 또 응답자들은 제품 및 서비스 개발, 마케팅 및 영업, 전략 및 기업 재무에 AI를 활용함으로써 발생하는 비용 절감 효과가 전년 대비 매우 증가했으며, 모든 기능에서 그 효과가 나타나고 있다고 했다.

| 국내 기업에 AI란 |

**한국개발연구원(KDI),
인공지능에 대한 국내 기업체 인식 및 실태 조사**

한국개발연구원은 AI에 대한 기업체의 인식과 실태를 파악해 국가 차원의 AI 경쟁력 확보 방안을 제시하고자 종업원 수 20인 이상 기업체 500개를 대상으로 설문 조사를 시행했다.

조사 결과, 기업체 중 3.6%만이 AI 기술 및 솔루션을 도입했으며 '대기업'(91.7%) 중심으로 'AI를 갖춘 기업용 소프트웨어'(50%)를 주로 사용하며 '머신 러닝'(25%), '딥 러닝'(5.6%) 등 원천 기술보다 '사물 인식 등 컴퓨터 비전'(47.2%)과 같은 완성형 기술을 많이 활용했고, 적용 분야도 'IT 자동화 및 사이버 보안'(44.4%)에 한정되었다.

AI 기술을 도입한 기업체의 77.8%는 경영 및 성과에 도움이 됐고, 도입 후 기업 매출액은 평균 4.3%, 인력은 평균 6.8% 증가했다고 한다.

현재 주도국으로 꼽은 미국을 100점으로 보았을 때 우리나라의 AI 수준은 약 70점으로 평가했다. 설문에 참여한 기업체 절반은 AI가 자사의 직무·인력을 대체하지 않을 것이라 응답했고, 대체할 것이라고 응답한 기업체는 AI가 직무·인력의 50% 이상을 대체하는 데 약 20년이 소요될 것으로 예측했다. _출처 : KDI, 2021년 1월 보도 자료_

| 회사에서 AI 시스템을 구축할 때 나는 뭘 할까 |

모든 회사원이 직접 AI에 관심을 갖고 시작해야 한다. 첫째로 비즈니스 AI(Business AI)는 이제 시작 단계이기 때문이다. 의사 결정이나 전략 수립을 위한 의사 결정 인텔리전스(Decision Intelligence)도 걸음마 단계다.

둘째로 회사원들은 IT 시스템을 구축하는 데 협조한 경험이 있다. SAP(System Analysis and Program)를 도입한다, 경영정보시스템을 구축한다, 어떤 프로세스 개선 시스템을 새로 도입한다는 등 많은 IT 시스템을 구축해본 경험이 있다. 이때 각 부서의 핵심 실무진이 시스템 도입의 T/F로 참여해 업무 내용을 설명하고 직접 실험해보고 개선하는 작업을 이미 수행했다. 그래서 어떻게 하면 시스템이 성공하는지 실패하는지 다 알고 있다.

그러므로 AI 시스템을 적용할 때 회사 실무자를 포함시켜야 한다. 다른 ERP(Enterprise Resource Planning, 전사적 자원 관리) 시스템을 구축할 때도 IT 전문가들이 트렌드를 선도하면서 시스템 도입에 열정을 보였다.

그러다 어느 시점부터는 현업 실무자들이 중심이 되어 필요한 시스템을 선정하고 도입하고 실행했다. AI 시스템도 그런 시기가 되었다고 본다.

셋째로 AI 데이터를 수집하고 가공할 때 쓰는 데이터는 이미 과거의 데이터다. 아무리 예측을 잘해도 과거 기준이다. 신제품 성공 예측도 과거 제품의 데이터를 기반으로 한 것이다. 아무리 많은 과거의 빅 데이터라 하더라도, 그리고 아무리 훌륭한 AI 모델링을 하더라도 미래를 정확하게 예측할 수 없다. 미래의 데이터도 시간이 지나면 과거 데이터가 되니, 미래와 과거의 업데이트된 데이터로 예측 정확도를 더 높여나갈 수 있겠지만 그것도 한계가 있다. 미래는 예측할 뿐이지 직접 경험한 것은 아니기 때문이다. 그러므로 현업 실무자가 직접 참여해 예측값을 다시 검증하고 계획된 미래 행위, 예를 들어 신제품 광고, 프로모션 등을 고려해 예측 결과치를 보완하고 수정해나가야 한다.

끝으로 자기가 참여해 만든 시스템과 다른 사람이 구축한 시스템의 활용도는 천지 차이다. 활용도, 실행력, 개선 의지 모두 떨어져 비싼 예산을 들여 도입한 시스템을 써보지도 못하고 방치할 수 있기 때문이다. 따라서 AI 시스템을 구축할 때부터 함께 참여하고, 구축된 시스템을 현업에서 사용하면서 문제점을 보완해가는 노력을 기울여야 한다.

이제 실제 비즈니스에서는 어떻게 활용되는지 궁금할 것이다. 간단히 몇 개 분야에서 사용되는 실례를 살펴보자.

경영관리에는 응용된 스팸 분류, 스마트한 메일 분류, 음성 텍스트 전환, 개인 비서(애플 시리(Siri)), 마이크로소프트 코타나(Cortana), 구글 나우(Now)), 자동 응답기 및 온라인 고객 지원, 프로세스 자동화, 매출 및 사업 예측, 보안 감시 등이 있다.

개발, 제조, 구매에는 고객 후기를 통한 제품 호불호 평가, 개별 기능 개선 포인트 도출을 통해 신제품 개발 상품 기획과 소비자 중심의 개발 프로세스 진척, AI를 활용한 스마트팩토리, 디지털 트윈 구현 및 구매 자동화 등이 있다.

마케팅에는 상품 추천, 뉴스 피드의 개인화, 잠재 고객의 비정형 데이터를 인식해 광고 타기팅 및 최적화, 실시간 최적의 광고 입찰, 고객 감성 분석, 자동화된 웹 디자인, 고객 서비스 예측 등이 있다.

특히 전자 상거래에서는 제품과 서비스 개인화, 스마트 검색, 제품 추천, 구매 전환 예측, 온라인 상거래에 대한 사기 탐지, 실시간 동적 가격 최적화 등이 있다.

이를 다시 시장분석, 상품 기획, 디자인, 개발, 구매, 제조, 마케팅, 영업, 물류, 서비스, 지원(인사·관리·교육·법률·의료) 등 회사 내 11대 기능으로 나눠 자세히 살펴보겠다.

제1장

시장분석

—

| 시장분석에 굳이 AI를 사용해야 하나요 |

회사가 속한 산업이나 단위 시장의 규모, 회사와 경쟁사의 수준, 시장점유율 등 KPI(Key Performance Indicator, 핵심 성과 지표) 추이를 주기적으로 분석해 대응할 필요가 있는데, 이때 AI가 도움이 된다. 시장 규모 예측은 다양한 센싱(Sensing)으로 수집할 수 있다. 특정 고객층이 어떤 지역으로 이동했는지, 어떤 산업 뉴스에 긍정적 댓글이 많아졌는지, 해당 상품군 전체에 대한 SNS 반응이 어떤지 살펴보고 이들 데이터를 자동 크롤링(Crawling, 정보 수집)해 내부 통합 데이터 센터에서 긍정 반응 정도와 감성 분석을 실행함으로써 시장의 성장을 예측할 수 있다. 실제 주식 예측에서 SNS 반응을 보면 전체적인 상승 또는 하락을 대략 맞힐 수 있다고 한다.

구글 등 글로벌 빅 테크 기업에서는 수집한 빅 데이터를 바탕으로 글로벌 거시 및 미시 경제에 대한 분석을 자체적으로 수행한다고 한다. 광범위한 실시간 데이터를 활용하기 때문에 이들이 판단하는 글로벌 경제지표가 더 신뢰성 있다.

SWOT(강점(Strength), 약점(Weakness), 기회(Opportunity), 위협(Threat)의 머리글자를 모아 만든 단어로 경영 전략을 수립하기 위한 분석 도구) 분석, 시장 성장과 당사 포트폴리오에 따른 매출 예측, 향후 목표 설정을 하거나 시장점유율 등 회사의 KPI 목표 수립 시에도 AI는 유용하게 활용할 수 있다.

먼저 매출 예측은 과거 빅 데이터와 미래 변수(시장 성장 예측, 출시 모델 성능 등)를 활용해 다음 분기, 다음 해의 매출을 예측하는 것이 가능하다. 그리고 시간이 지날수록 바뀌는 수치도 새롭게 업데이트해 기존 예측치와 계속 조정해나가면서 좀 더 정확한 매출을 예측할 수 있다.

자연어 분석과 머신 러닝 기법을 통해 어떤 시장이 성장세가 빠르고 어떤 시장이 새롭게 생기는지 탐색할 수 있다. 이를 통해 새로운 시장과 유통에 회사의 자원을 집중할 수 있다. 이렇게 되면 최소한 시장 트렌드에 벗어나지 않는 전략을 수립할 수 있다. 또 브랜드와 개별 제품에 대한 고객의 후기를 자연어 분석이나 감성 분석해 당사의 문제점을 도출해낼 수 있다. 경쟁사와의 워드투벡터, BERT 등 AI 기법을 사용하면 경쟁사 대비 당사의 위치를 정확히 알 수 있고, 이것이 당사의 전체 전략과 같은 방향인지 점검해 새로운 전략을 수립할 수도 있다. 새로운 제품 기획은 '상품 기획' 편에서 다룬다.

AI를 비즈니스 전략 수립에 사용할 때 강점

많은 기업이 매출 증대, 고객 경험 향상뿐만 아니라 내부 운영비 절감, 효율성 증대까지 전체적이고 전략적으로 AI 기술을 활용하고 있다. 최대 이익을 실현하기 위해 머신 러닝, 자연어 처리 등의 AI 기술을 이미 도입한 기업도 있지만, 도입을 검토하는 기업도 다음과 같은 기회가 있을 것으로 판단된다.

후기 등의 자연어 분석을 통해 고객 선호를 예측하고 제품화하거나 고객에게 더 나은 맞춤형 서비스를 제공할 수 있다. 모든 프로세스에서 생산성 및 운영 효율성이 개선되며, 일상적인 프로세스 작업을 자동화 및 최적화해 시간과 비용을 절약하고, 인지 기술의 다양한 결과물을 기반으로 더 빠른 의사 결정을 할 수 있다. 많은 양의 데이터를 통해 우수한 영업 기회를 창출하고 수익 극대화가 실현되며, 정확하고 빠른 분석으로 전문적인 자문과 지원 제공이 가능하다.

최근 인도의 인포시스(Infosys) 연구에 따르면 경쟁사보다 우위의 경쟁력을 확보하기 위해 AI를 비즈니스에 활용하는 것으로 나타났다. AI를 활용하면 앞에서 살펴본 강점 외에도 새로운 기회(SWOT 전략 분석의 Opportunity)를 찾을 수 있다. 그러나 AI가 항상 자기 스스로 최고 성능을 발휘할 수 있는 것은 아니며, 오히려 인간과 함께 협력해서 상호 보완적으로 일한다면 더 큰 효율 향상을 이루는 사례가 많았다고 한다.

| 시장분석, 시장 예측에 작동된 AI |

먼저 시장분석을 통한 수요 예측이 있다. 이것은 예측 분석의 한 예이며, AI가 가장 잘할 수 있는 분야다. 실제로 매킨지 디지털에 따르면 AI 기반 예측은 공급망 네트워크의 오류를 30~50% 줄일 수 있다고 한다.

두 번째는 진행하는 사업 평가가 있다. 이는 진단 분석의 일종이며, AI를 통한 고객 경험 모니터링에서 이익 및 비용 모니터링을 통해 고객 만족도를 높이고, 고객 이탈을 줄여 매출과 이익 극대화를 추구한다.

시장분석을 통해 전략적 의사 결정을 하는 데 AI를 활용할 수 있다. 회사는 신규 사업이나 인수·합병 투자 시 항상 여러 선택지를 고려한다. 이 중 어떤 것을 선택하는 게 가장 좋은지는 내부 투자수익률 계산이나 투자에 따른 내부 낙수 효과를 기대하면서 정할 것이다. 과거 투자 건과 시장에서의 투자 건에 대해 데이터를 통합해 변수(투자액, 기대수익률, 투자 기간, 경쟁 요소, 자금 소요, 이자, 투입 인력 등)를 정하고 회귀 분석이나 시계열을 분석할 수 있다. 이를 신규 투자 건에 대입하면 성공 여부를 객관적으로 알 수 있고, 투자수익률도 평균적으로 상향할 것이다.

캐나다 블루닷, 팬데믹 예측

코로나19 팬데믹을 가장 먼저 예측한 곳은 캐나다의 소프트웨어 기업 '블루닷(BlueDot)'이다. 블루닷의 주력 소프트웨어는 감염성 질병의 확산을 지도화하는 데 사용하는 SaaS(서비스형 소프트웨어, Software as a Service)형의 인사이트(Insights)이며, 블로그나 언론 보도, 항공 데이터, 동식물 질병 발생에 대한 네트워크 등을 기반으로 집단감염 위험 지대를 피

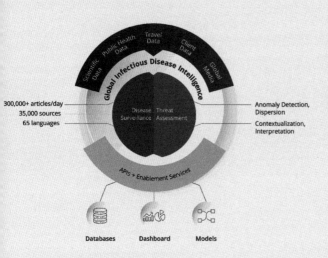

BlueDot's biothreat
intelligence platform

Our platform combines machine and
human intelligence to

- **Identify** signals of emerging global
  biothreats
- **Triage** biothreats to focus on what
  matters
- **Empower** organizations with data-
  driven insights and expert content

_출처 : https://bluedot.global/platform

하도록 정보를 제공하는 건강 모니터링 플랫폼을 운영한다. 2020년 11
월 〈동아일보〉에 실린 최희윤 한국과학기술정보연구원(KISTI) 원장의
기고문을 인용해보고자 한다.

블루닷은 캐나다의 인공지능(AI) 감염병 예측 플랫폼 스타트업이다.
지난해 12월 세계보건기구(WHO)보다 빨리, 세계 최초로 코로나19 발
생을 경고해 주목받았다. 블루닷은 어떻게 AI를 활용했을까. 블루닷은
감염병 확산을 정확하게 예측하기 위해 뉴스는 물론이고 소문, 비정상
징후를 소개하는 블로그 등의 정보까지 수집했다. 전 세계 항공 티케팅
날짜를 분석해 감염병의 예상 이동 경로와 시간 등을 알아냈다. 전문가
들은 구조화되어 있지 않은 데이터 대부분을 직접 분류하고, AI가 연관

핵심어를 효과적으로 스캔할 수 있게 했다. 핵심 사례는 AI가 아닌 해당 전문가가 분석했다. 지금까지 AI는 문제의 실마리는 잘 찾아내지만, 결론을 내리는 일에는 전문가보다 많이 뒤진다고 판단하기 때문이다. 결국 블루닷은 데이터를 수집·분석한 뒤 전문가가 다시 점검하고, 면역학 전문가가 과학적 관점에서 결론을 점검해 고객들에게 보냈다.

블루닷 성공 전략을 되짚어보자. 블루닷의 첫 번째 성공 포인트는 신뢰할 수 있는 정보만 수집한 것이다. 충분한 데이터를 수집하되 믿을 만한 것인지 철저히 확인한다는 얘기다. AI 활용 데이터에 오류, 가짜, 위험 데이터가 포함되면 많은 문제를 초래할 수 있기 때문이다. 수돗물의 수질을 높이기 위해 좋은 수원(水源)을 찾아내듯이 말이다.

다음으로 블루닷은 데이터를 분류하고 구조화해 AI가 잘 읽을 수 있도록 레이블링을 했다. 마치 수돗물을 사람이 마실 수 있도록 여러 번 정수 처리하듯이 AI가 오답을 내지 않으려면 데이터에 대한 적절한 품질관리가 필요했다.

마지막으로 블루닷은 데이터 전처리 과정과 결과 분석에 전문가를 투입했다. 데이터 전처리에는 해당 분야 전문가와 함께 데이터 과학자가, 결과 분석과 판단에는 면역학 전문가가 참여했다. AI 일 처리 과정에는 반드시 인간이 참여해야 하는 영역이 있다. AI는 인간을 대체하는 것이 아니라 인간과 협업한다. '자료 수집-선처리-AI-후처리-서비스' 절차는 사실 정보 서비스 분야에서 새로운 개념은 아니다.

하지만 블루닷의 전략은 무엇보다 AI를 위한 데이터 수집과 전후처리가 완벽해야 한다는 사실을 잘 보여준다. 신뢰할 수 있는 정보원으로부터 데이터를 수집하고 체계적으로 전처리해 AI가 학습할 수 있게 하고, AI가 제시한 결과를 전문가가 다시 확인하도록 한 점이 눈에 띄었다.

국내 삼성 SDS, 브라이틱스AI 활용한
전자 제조사 데이터 기반의 글로벌 시장 예측

A전자 제조사는 급격한 환경 변화로 시장의 규모 변화와 단기 시장 점유율 예측에 어려움을 겪고 있었다. 팬데믹으로 인한 충격과 국가 간 분쟁, 제조사 간 경쟁 심화 등 과거 경험으로 예상할 수 없는 급격한 변화가 일어나면서 기관의 시장 예측 및 경험 기반 예측의 신뢰도가 하락했다. 이에 기존 방법론을 벗어나 퍼블릭 클라우드(Public Cloud)의 장점인 유연한 자원 사용 구조와 최신 AI 알고리즘을 활용한 단일 분석 플랫폼을 구성해 AI 기반의 객관적 시장 예측 프로세스를 구축했다.

A전자는 안정적인 퍼블릭 클라우드 환경을 기반으로 시장 경쟁 상황과 영업 마케팅 의사 결정에 필요한 시장점유율 예측 서비스를 전 세계 법인에 제공하기 위해 다양한 클라우드 서비스를 검토했다.

이와 같은 전자 제조사 요청에 삼성 SDS는 자체 브라이틱스AI(BrighticsAI)를 활용해 모델 개발 및 분석 플랫폼을 퍼블릭 클라우드에 구축하게 되었다.

먼저 시장 예측 모형을 개발하기 위해 ML(머신 러닝)/AI 예측 프레임 워크를 적용했고, 아마존 AWS(아마존 웹 서비스) 퍼블릭 기반 통합 분석 플랫폼을 구축했다. 여기에는 최신 신경망 알고리즘이 활용되었다.

위의 적용을 통해 브라이틱스AI 기반의 예측 모델을 적용해 시장에 영향을 미치는 주요 변수 및 최적 인자를 자동으로 찾아내고, 여러 권역/국가의 시장 변화를 사전에 정확하게 예측할 수 있었다. AWS의 퍼블릭 클라우드를 기반으로 탄력적으로 자원을 확보해 스케일 조정 시 민첩하게 대응했고, 보안성 향상 및 권한 처리가 쉬워 여러 상황에서 빠르고 안전하게 대응할 수 있었다. 그리고 데이터 사이언티스트(Data Scientist) 간 협업이 쉽고 운영, 관리가 효과적으로 진행되어 단기간에 모델 개발 및 운영 적용까지 가능하게 되었다.

미국 월마트, AI 기반 수요 예측 플랫폼

월마트(Walmart)는 엔비디아와 제휴해 AI 기반 수요 예측 플랫폼을 개발하고 현재 이를 활용해 적절한 제품으로 빠르게 재고를 채울 수 있게 되었다. 그리고 기존 일주일 단위 예측에서 12시간 단위로 예측 시간이 빨라졌다. 엔비디아의 GPU 기반 가속화된 애널리틱스를 제공하는 공개 소스 라이브러리 래피즈(RAPIDS, 엔비디아가 데이터 사이언스 및 머신 러닝용으로 만든 GPU 가속 플랫폼)를 활용해 예측 정확도를 향상시켰을 뿐만 아니라 매출도 증가했다고 월마트는 밝혔다.

월마트는 지금까지 미국 JDA소프트웨어가 개발한 시스템으로 52주간의 과거 판매 데이터를 수집하고 분석해서 다가오는 주의 수요 예측을 해왔다. 이 작업을 주 단위로 해왔는데 나름 정교하게 예측했음에도 재고가 부족해 매장 선반에 고객이 찾는 물건이 없는 경우도 종종 발생했다. 이에 미국 내 4,700개 매장에서 판매하는 10만 개 이상의 상품에 대한 수요를 더 정교하게 예측하는 방법을 고심했다. 소매, 유통업체에 수요 예측이 정교해질수록 물류 및 판매에서의 효율에 절대적인 영향을 미치기 때문이다.

월마트는 이 문제를 해결하기 위해 아파치 스파크를 기반으로 아키텍처 환경을 구축해 머신 러닝 기반 수요 예측 알고리즘을 적용했다. 하지만 더 많은 데이터를 적용하는 과정에서 예기치 못한 충돌과 성능 저하 이슈에 부딪혔다. 이에 엔비디아와 협력해 쿠다(CUDA, Compute Unified Device Architecture, GPU에서 수행하는 알고리즘을 C 프로그래밍 언어 등을 비롯한 산업 표준 언어를 사용해 작성할 수 있도록 하는 기술)에 알고리즘을 최적화하는 동시에 래피즈를 적용하면서 해답을 찾아나갔다. 월마트는 스파크 환경에서 썼던 코드를 R과 C++를 사용해 쿠다에 최적화해 재구성하고, 이를 NVIDIA P100 GPU를 장착한 슈퍼마이크로 서버로 구성된 클러스터에서 돌려 문제를 해결했다. 스파크 환경보다 모델 트레이닝 속도가 25배나 빨라졌으며, GPU 기반 서버를 추가로 도입해 사용 중이다. 주력으로 JDA소프트웨어의 기반 수요 예측 시스템을 사용하지만, GPU 기반 머신 러닝 알고리즘을 추가해 수요 예측을 더 정교화한 것이다.

국내 신한은행, 시장 데이터 자동 크롤링

신한 AI는 2019년 신한금융지주의 100% 출자로 설립된 회사로, 사람의 판단을 배제한 100% 'AI 자산 관리사'를 만들겠다는 목표를 갖고 있다. 2021년 AI 모델을 여러 번 개량한 끝에 S&P500 지수 등 일부 시장 데이터의 등락 예측률이 87%에 도달한 모델을 완성했다. 이는 IBM 등 다국적기업과 협업해 만들어낸 것이다.

신한 AI의 마켓워닝 시스템은 AI가 지수 급락 데이터를 학습하도록 되어 있다. 이를 기반으로 지수 하락 폭이 역대 상위 5%에 들 정도로

폭락이 예견되면 한 달 전부터 경고한다. S&P500, 코스피, DAX30, 상하이 종합 등 주식 관련 지수와 미국과 한국의 10년물 국채 금리 등이 대상이다. 환율, 장·단기 금리 차, 국채 금리 등 600개 이상의 위험 변수를 학습한 AI가 하락 포인트와 하락 확률을 제공한다.

AI 투자자문 플랫폼인 네오(NEO)도 개발하고 있다. 시중 펀드 26만여 개를 분석해 AI가 추천 상품을 제공하는 서비스다. 캐나다의 AI 전문 회사 엘리먼트 AI와 협력하고 있다.

저자가 관심을 두는 부분은 데이터를 수집하는 것이다. 신한 AI가 이런 똑똑한 금융 AI를 개발하기까지 난관이 적지 않았다고 한다. 금융시장은 매번 합리적인 이유로 움직이지 않고, 각종 정책 변수와 국가 간 갈등이 발생하기 때문이다. AI는 이런 맥락을 제대로 이해하지 못하는 경우가 많았다는 것이다. 특히 중앙은행의 정책적 판단에 좌우되는 채권시장 예측이 쉽지 않은데, 인위적으로 금리를 움직이는 경우를 이해하지 못했다. 미·중 관계라는 키워드가 있으면 AI가 시점별로 맥락을 다르게 해석해야 하는데 이 작업이 쉽지 않았다고 한다. 대부분의 금융사가 '100% AI 기반' 서비스를 내놓지 못하는 이유도 이 때문이다.

하지만 신한 AI는 해결책을 방대한 데이터 수집에서 찾았다. 자동으로 온라인에서 데이터를 모을 수 있는 크롤링 시스템을 개발해 AI 모델을 최적화하는 데 사용했다. 이 과정에서도 '인간의 개입을 최소화한다'는 원칙은 지켰다. 신한 AI의 플랫폼은 400여 개 금융 관련 사이트에서 직접 시장 데이터를 끌어모은다. 여기에는 경제지표와 전문가 리포트, 뉴스와 정책 데이터 등 다양한 정보가 포함된다. 신한 AI의 기술은 43만 건 이상의 정형 데이터, 1,800만 건 이상의 비정형 데이터를 기반으로 만들어 이를 활용한 개인화 맞춤 서비스도 제공할 날이 올 듯하다.

| 대체 데이터를 활용해 자이언트 도약해보자 |

금융업은 과거부터 투자 적합성, 대출 적합성 등을 판단하기 위해 금리, GDP 성장률, 수출입 동향 등 많은 데이터를 활용했으며, 이 과정에서 일찍부터 데이터의 중요성을 인식해왔다. 최근 들어서는 투자 대상 분석 시 고려 대상에서 제외했던 비정형 데이터인 대체 데이터를 텍스트 마이닝, 음성·이미지 인식 등을 통해 분석해 잠재적 투자 기회나 아이디어를 포착하는 데 활용하고 있다.

대체 데이터(Alternative Data)란 재무제표, 경제지표 등 전통 데이터가 아닌 비재무적 정보나 정형화되지 않은 텍스트, 이미지 등의 데이터를 통칭하며 신용카드 구매 내용, 위성사진, 위치 정보, 음성 파일 등이 포함된다.

미국의 자산 운용 회사 블랙록(BlackRock)은 위치 정보, SNS, 검색 기록 등의 대체 데이터를 분석하고 펀드의 포트폴리오 구성에 활용해 운용 수익률을 개선하고 있다. 기존 정량적 데이터에서 포함되지 않는 정보를 통해 투자 대상의 기대 수익률과 위험 예측의 정확도를 높여 투자 성과를 높인 것이다. 이때 문서나 이미지 분석에 자연어 처리, 컨볼루션 신경망 등의 AI 기술이 활용된다.

분석 예를 살펴보면, 기업이 고연봉 인력에 대한 채용을 확대할 때

향후 해당 기업의 비용이 증가할 것이라는 가설을 세우고, 기업의 구인 광고 자료를 모아 AI 분석 과정을 거치며 가설에 상응하는 결과가 도출되었는지 검증하고, 데이터와 분석 결과가 충분히 검증되었을 때 앞선 과정을 자동화해 운용 과정에 반영하며, 이후 데이터나 분석 결과에서 문제가 발생하지 않는지 모니터링하는 기법이다.

미국의 렌도(Lenddo)사는 2018년부터 SNS 친구나 포스팅 등 260억 개의 데이터를 머신 러닝으로 분석해 개인 신용도를 평가하고 대출을 해주고 있다. 건전한 소비생활을 하는 사람, SNS 포스팅에서 높은 신뢰도를 확인할 수 있는 사람의 신용 등급이 개선되는 효과를 내고 있기 때문이다.

골드먼삭스와 알파벳의 구글벤처스(GV)가 투자한 스타트업 '오비탈 인사이트(Orbital Insight)'는 위성사진과 레이더, 컴퓨터 시각화 등을 통해 원유 재고량을 알아내고 있다. 오비탈은 원유 탱크에 드리운 그림자로 탱크의 크기를 측정하고, 탱크 테두리에 드리운 그림자로 통이 얼마나 비어 있는지 측정한다. 구름이 낀 날은 인공위성의 레이더 빔으로 탱크에 얼마나 많은 원유가 들었는지 측정한다. 물질을 통과하는 진동의 차이로 양을 측정하는 방식이다. 유가에 가장 큰 영향을 미치는 요소 중 하나가 재고량이라는 점에서 이 수치는 유가를 예측하는 데 필수 불가결한 데이터다. 오비탈은 200개 이상의 인공위성을 활용해 전 세계 석유 저장 탱크를 컴퓨터 시각화로 매핑했다. 회사는 매년 300,000,000km^2가량의 위성사진 이미지를 분석해 전 세계 석유량을 추정한다고 설명했다.

국내의 삼성전자도 휴대전화기나 TV 등 주요 제품의 론칭 행사 때

반드시 SNS의 반응과 댓글의 수치를 전년 동기 제품과 비교해 당해 연도 판매량을 예측하기도 한다.

비슷한 사례로 2005년에 설립된 미국 시드릴(Seadrill)사가 있다. 시드릴은 석유 시추 전문 회사다. 유정 개발은 보통 지질조사 및 물리탐사 → 시추 → 매장량 평가 및 유정 개발 기획 → 석유 생산과정을 거친다. 시드릴은 2000년 초 지질조사와 탐사 붐이 일자, 이후 시추가 대세를 이룰 것을 예측하고 시추선을 선개발, 발주해 엄청난 수요로 큰 기업으로 키울 수 있었다.

이런 사례는 전략을 수립할 때 중요하다. AI 기술이 발달해 탐사선과 시추선의 수 및 동선을 정확히 데이터화해 내부적으로 실시간으로 축적할 수 있으면 탐사 회사든 시추 회사든 중요한 전략 수립에 큰 도움이 될 의사 결정 도구가 된다.

또 다른 사례도 있다. 예를 들면 네일 숍 창업 건수가 증가하는 데이터가 있다면 네일 숍 운영에 필요한 재료를 파는 회사의 매출도 증가하고 시장가치가 올라갈 것이다. 즉 1차 데이터 결과만 볼 것이 아니라 그것에 영향을 미치는 2차, 3차 데이터의 동향도 파악하고 이를 AI로 자동 크롤링해 축적해둔다면 전략 수립에 도움이 될 것이다.

삼성전자의 모(某) 사업부장도 디스플레이 제품의 재고 동향을 델(Dell) 등 큰 회사의 부품 동향으로 파악했다. 그 당시는 AI가 보편화되지 않아 주재원들의 정보에 의한 전략 결정이었다면, 지금은 이를 AI로 실시간 분석해 전략 수립 및 의사 결정을 할 수 있는 인프라와 플랫폼이 갖추어져 있다. CEO의 지시와 실무자의 조금 빠른 행동이 회사를 바꿀 수도 있다는 얘기다.

| 시장조사에도 AI가 있다 |

미국 캘리포니아 샌디에이고 시장조사업체
그룹솔버, AI 활용한 시장조사 솔루션

그룹솔버(Group Solver)는 AI, 분석 자동화 및 클라우드 인텔리전스를 통합한 차세대 온라인 설문 조사 플랫폼이다. 기존 설문 조사보다 더 빠르고 깊이 있게 작동한다. 자연어 처리를 기본으로 정성 데이터를 정량화하고, 이 데이터를 사용해 통계 모델을 향상시킨다. 고객 세분화, 적정 가격 설정, 콘셉트 테스트, 브랜드 인식 및 마케팅 캠페인 평가에 대한 시장조사에 적용하고 있다.

그룹솔버의 임무는 설문 조사를 대화식으로 쉽게 만들고, 더 빠르게 진행해 설문에 답하는 사람들도 즐겁게 만드는 데 있다. 이를 위해 설문 조사 자동화 기법도 추진 중이며, 설문의 질문과 답변 사이의 소요 시간, 경로도 대폭 단축하려고 한다.

또 AI가 주목받기 전부터 자연어 처리 등을 연구했고, AI를 단순히 대량의 데이터 세트를 훈련하는 모델보다 더 큰 의미의 AI로 판단했다. 누구도 이전에 데이터를 훈련한 적이 없는 새로운 질문이 나와도 답변을 빠르고 안정적으로 내놓을 수 있는 모델을 개발했다. 그룹솔버가 특별한 점은 데이터 과학 분야에서 이루어진 훌륭한 작업을 시장조사 공간에 적용하는 것이다.

그룹솔버는 처음부터 시장조사에 AI를 적용할 때 독특한 접근 방식을 채택했다. 시장조사에 어떻게 적용하느냐고 묻는 모델을 시작한 게 아니라, 누군가가 시장조사원이라면 그들이 수집하는 많은 양의 데이터를 어떻게 정리할 것인가에 대해 생각하기 시작했다. 문제 해결책을 찾는 게 아니라 '어떻게 하면 구조화되지 않은 언어 데이터를 빠르고 안정적으로 정리할 수 있을까'에 집중했고, 자연스럽게 AI 기술을 사용하게 되었다. 실제 조사 과정에서는 자주 언급되는 구어체, 줄임말, 저속한 말 등의 데이터도 처리할 수 있게 모델을 만들었다.

앞으로 시장조사에서는 더 짧은 설문 조사, 훨씬 개방적이고 대화적인 문장, 그리고 AI와 인간의 대화가 실시간으로 이루어져 질문을 완벽하게 탐색할 수 있는 도구가 될 것이다. AI도 변화에 맞게 채팅 기능을 보완해서 지원할 것이며, 응답자가 간섭받지 않고 자유롭게 답변할 수 있도록 질문을 구성할 것이다.

제2장

상품 기획

___

요즘은 고객들의 제품 사용 평가가 넘쳐난다. 회사 상품 기획 전문가들이 이를 적기에 제대로 수집해 현재 제품의 문제점을 정확히 파악할 수 있다면 새로운 상품 기획은 어느 정도 쉽게 이뤄질 것이다. 고객은 항상 회사에 뭔가를 남긴다. 후기든, 사진이든, 친구들과의 SNS 대화든, 뉴스에 대한 댓글이든. 우리는 고객이 보내는 신호를 모을 거대한 그릇이 필요하다. 유능한 상품 기획자는 그것을 준비하고 실제 활용한다.

온라인과 오프라인에는 매우 많은 고객 체험 후기 데이터가 있다. 온라인에서는 당사 홈페이지 게시판의 상품평, 사용 후기뿐만 아니라 서비스 콜센터와 서비스 엔지니어들의 방문 시 얻은 소비자 VoC(Voice of Customer) 데이터도 있다.

오프라인에서 판매 사원이 제품에 대해 설명한 후 고객의 문의 및 지적 내용도 있으며 쿠팡, 11번가 등 쇼핑몰에 남긴 고객 후기도 있다. 또 구글과 네이버 및 페이스북, 인스타그램 등과 같은 SNS의 소비자 반응 데이터 등 많은 빅 데이터가 있다. 이를 수집 및 분석해 제품의 문제점을 정확히 파악하고, 새로운 제품 기획에 적절히 활용할 수 있다.

| 제품 수명 주기 관리(PLM)에 이미 AI 활용 중 |

독일 지멘스의 디지털 트랜스포메이션을 실현할 수 있는 솔루션, '팀센터 X'

팀센터 X(Teamcenter X)는 2020년 지멘스(Siemens)가 출시한 클라우드 기반의 제품 수명 주기 관리(PLM, Product Lifecycle Management) 솔루션으로, 서비스형 소프트웨어(SaaS, Software as a Service) 방식으로 공급된다. 글로벌 평가 기관인 포레스터 웨이브(Forrester Wave)는 지멘스 클라우드 PLM을 솔루션 및 비전 측면에서 글로벌 톱 리더로 평가했으며, 팀센터 X를 디지털 트랜스포메이션을 실현할 수 있는 최고의 솔루션 중 하나라고 평가했다. CAD(Computer Aided Design)와 통합된 PLM 업무 환경을 제공하며 변경 관리, 개발 과정에서 생성되는 문서 관리, 업무 기반 의사 결정 등이 가능한 것이 특징이다.

보안성, 유연성, 완결성, 개인화, 예측 가능 등 다양한 장점을 토대로 공용 인터넷을 통해 타사 공급업체의 온디맨드(On-Demand) 컴퓨팅 서비스와 인프라를 여러 조직과 공유하는 퍼블릭 클라우드부터 컴퓨팅 서비스와 인프라가 기업 자체의 인트라넷이나 데이터 센터 내에서만 호스팅되는 '프라이빗 클라우드'까지 다양한 영역을 지원한다.

기업의 디지털 전환을 위해 개발 및 생산 프로세서 전반에 걸쳐 데이터가 연결되고 활용되는 것은 필수인데, 지멘스의 팀센터 X는 이런 환경을 구축할 수 있으며 각각의 상품 기획, 개발 관리, 제조 관리 등 모든 앤드투앤드(End to End) 영역을 유기적으로 결합해 상품 기획, 개발부터 납품까지 통합 관리를 가능하게 해준다. 팀센터 X는 사용자가 빠르고 스마트하게 업무를 처리할 수 있도록 돕는 AI 기반의 예측 기능과 편리한 사용자 인터페이스를 제공한다. 엔지니어링 변경, 릴리스 관리(Release Management) 등과 같은 사전 구성된 솔루션은 사용자가 더 효율적으로 일할 수 있도록 도와준다. 또 기업은 멘딕스™(Mendix™) 소프트웨어 애플리케이션 플랫폼을 이용해 팀센터 X에 포함된 정보를 전사적으로 통합 및 확장해 이용할 수 있다.

팀센터 X는 비즈니스가 성장하면서 기능을 추가할 수 있어 유연성이 우수하며, 사전 구성된 엔지니어링 및 비즈니스 솔루션도 필요에 따라 선택할 수 있어 매우 편리하다. 또 상품 기획자, 개발자 등 모든 사용자에게 클라우드가 제공하는 혜택을 누릴 수 있게 했다. 이 때문에 시장 출시 시간을 단축할 수 있을 뿐 아니라, 서로 다른 팀을 연결해 효과성과 효율성을 개선할 수 있다.

지멘스는 새로운 클라우드 기반 설계 중심의 프로젝트 협업 서비스 팀센터 셰어(Teamcenter Share)노 발표했다. 팀센터 셰어는 로컬 네트워크 기반의 하드디스크 드라이브나 범용 클라우드 스토리지 솔루션 대신 엔지니어링 중심의 협업 도구로 전환하고자 하는 기업을 위해 만든 서비스다. 팀센터 셰어를 통해 제품 개발 관련자는 데스크톱 파일을 안전한 클라우드 스토리지에 동기화할 수 있다. 이 클라우드 스토리지에서는 어떤 기기에서도 모든 공통 CAD 포맷을 보고, 마크업(Markup)할 수 있으며, 다른 이해 당사자들과 프로젝트 업무를 쉽게 공유할 수 있어 제품 개발 프로젝트의 협업을 촉진한다. 팀센터 셰어는 사용자들이 설계가 의도한 환경에서 어떻게 작동할지 파악할 수 있도록 태블릿이나 스마트폰으로 쉽게 접근할 수 있는 정교한 증강 현실(AR) 기능도 제공한다.

우수한 제품을 개발하기까지 수천 번, 아니 수백만 번의 의사 결정을 거친다. 중대한 의사 결정뿐만 아니라 사소한 의사 결정도 수시로 이루어진다. 기업 내 모든 사람이 언제든지 의사 결정을 내릴 수 있는지 여부가 제품의 성공과 실패를 좌우할 수 있다.

실제 풀무원에서 팀센터를 도입해 신제품 상품 기획 및 개발 최적화에 활용하고 있다. 풀무원은 지멘스의 디지털 혁신 플랫폼을 활용해 상품 기획부터 제품 개발 프로세스 디지털화에 나섰다. 제품 개발 기간 단축과 제품 경쟁력 향상을 위해 추진했다. 풀무원은 전 세계에서 가장 널리 사용되는 디지털 라이프사이클 관리 시스템 중 하나인 팀센터 솔루션을 도입해 신제품 개발 관리 체계를 수립했다. 이를 통해 제품 개발 시간의 단축이나 제품 경쟁력을 높여 제품 혁신을 강화할 수 있는 기반을 마련했다.

또 팀센터를 ERP, LIMS(실험실 정보 운영 시스템) 등 유관 시스템의 프로세스와 통합해 궁극적으로 실시간 기업 경영을 구현할 수 있었다. 풀무원은 체계적인 신제품 개발 프로세스에 기반한 제품 개발 경쟁력을 강화해 시장 트렌드 변화에 빠르게 대응하고 있다. 풀무원의 사업 분야인 식품, 음료 시장은 소비자의 기호와 입맛이 빠르게 변화함에 따라 제품의 수명 주기가 갈수록 짧아지고 있다. 동시에 제품이 더욱 다양해지고 식음료 산업의 복잡도가 증가하는 등 비즈니스 경쟁은 더욱 심화되고 있다. 풀무원은 이러한 치열한 경쟁 환경에서 신제품 개발의 효율성을 높이고 신제품 출시 기간을 단축해 시장의 요구에 부합하는 신제품 개발로 디지털 혁신을 달성할 수 있었다.

국내 삼성 SDS, AI 기반 넥스플랜트PLM

회사에서 신제품을 개발하면 고객의 요구 파악, 중간 고객(유통업체 등)의 다양한 제품 파생 요구에 따른 BOM(Bill of Material, 자재 명세서, 제품 생산에 필요한 자재 상세 내용) 관리, 항상 부족한 개발 일정, 개발 인력 부족, 성능 개선과 원가절감 목표 등 수없이 난관을 만나게 된다. 제품 라이프사이클 전체를 관리하는 툴(tool)이 PLM이고, 많은 선진 기업들은 오래전부터 이를 도입해 활용하고 있다. 삼성 SDS도 삼성전자 등 글로벌 기업의 IT 인프라 구축 경험을 바탕으로 자체 넥스플랜트 PLM(NexplantPLM)을 출시해 시장을 개척하고 있다.

넥스플랜트PLM은 시장 적기 대응력을 향상하고, 원가 경쟁력을 최대화할 수 있도록 제품 개발 정보를 체계적으로 관리할 수 있는 솔루션이다. 이 솔루션은 제품의 기획부터 설계, 개발, 검증, 생산, 서비스 단계까지 전 수명 주기에 걸쳐 관련 정보를 관리하고 추적한다. 또 협력사 및 해외까지 확장된 비즈니스 환경에서 단계별 최적의 업무 프로세스와 협업 툴을 제공해 제품 개발 효율을 극대화할 수 있다.

이 솔루션을 사용하면 프로젝트 전체 관리(일정, 제품 데이터, 인력 등)가 가능하고, 칸반(Kanban, 생산과정에서 효율성과 기민성을 높이기 위한 간소화된

솔루션

템플릿 기반의 고객 맞춤형 서비스로
신속한 시스템 구축 가능

고객 비즈니스에 최적화된
솔루션 모듈 구성

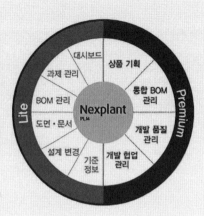

출처 : https://www.samsungsds.com/kr/plm

작업 흐름 관리 시스템) 등 도구를 제공해 프로젝트 업무 효율을 향상시킬 수 있다. 제품 데이터 관리, CAD, CAE(Computer Aided Engineering) 등과 연계해 설계할 수 있고, 백로그(Backlog, 개발해야 할 기능 또는 제품에서 요구하는 기능과 우선순위) 같은 애플리케이션 개발 관리도 가능하다. 이 솔루션을 활용해 효율적인 협업과 체계적인 정보관리를 통해 제품을 적기에 출시하는 것은 물론 개발 비용을 절감할 수 있다.

| AI가 최적의 맛을 찾는다 |

IBM의 셰프 왓슨과 켈로그가 협력해
소비자 입맛에 맞는 베어 네이키드 그래놀라 재료 선택

2016년 4월, 켈로그(Kellogg's)는 IBM 셰프 왓슨(Chef Watson)과 제휴해

베어 네이키드 커스텀 메이드 그래놀라(Bear Naked Custom Made Granola)를 선보였다. 소비자의 취향에 맞춰 50가지 재료 중 선택할 수 있는 주문 제작 그래놀라를 제공한 것이다. 사용 방법은 간단하다. BearNaked-Custom.com을 방문해 50가지 이상의 독특한 재료 중 나만의 블렌드를 선택할 수 있다.

맞춤 제작 그래놀라 체험을 완료한 후 블렌드 이름을 지정하고 독특한 곰 일러스트를 선택하면, 선택된 베어 네이키드가 직접 개인 주소로 무료 배달해준다.

일본 기린 맥주, 최적의 맥주 맛을 찾아주는 솔루션

AI가 맥주 맛과 향을 감별하는 세상이 도래했다. 일본의 맥주 제조사 기린이 맥주 제조 공정에 AI를 본격 활용하기 시작한 것이다. 그동안 맥주 감별은 10년 이상 숙련된 '브루 마스터(Brew Master)'로 불리는 맥주 장인의 몫이었다. 그러나 이제 이들 장인 대신 AI가 직접 맛과 향, 알코올 도수 등을 결정한다. 이와 더불어 이들 요소를 좌우하는 원료나 온도 등도 AI가 계산해 알고리즘에 반영한다. 이번 프로젝트를 위해 일본 미쓰비시종합연구소와 함께 AI 시스템을 개발했다. 과거 20년간 축적된 데이터를 기반으로 최적의 제조법을 예측하는 AI를 만들었고, 실제 제조 공정에 활용한 것이다.

식품업계에서 AI 활용은 앞으로 급속히 확산할 것으로 보인다. MSG를 처음 개발한 식품 회사 아지노모토도 주원료인 아미노산 생산 공장의 발효 공정에 AI를 도입해 무인화한 후 비용을 대폭 절감하고 있다.

2016년 영국 런던에서 설립된 비어 테크(Beer Tech) 기업인 인텔리전트 X도 AI 알고리즘과 머신 러닝을 사용해 블랙 AI(Black AI), 골든 AI(Golden AI), 페일 AI(Pale AI), 그리고 앰버 AI(Amber AI) 등 네 종류의 맥주를 만들고 있다. AI 맥주를 마신 고객이 병에 붙은 라벨에 표시된 URL 링크를 따라 페이스북 메신저 앱을 통해 자신이 마신 맥주에 대한 의견을 제공한다. 고객은 봇(bot)이 물어보는 열 가지 질문에 대한 답을 제시하는데 링크를 따라간 고객 중 80%가 피드백 과정에 참여한다. 인텔리전트 X는 이렇게 얻은 피드백을 축적해 최신 트렌드와 사용자 정보를 바탕으로 새로운 맛을 창조하는데, 현재까지 11번 이상 맛을 진화시켰다고 한다.

칼스버그, MS의 AI 기술로 새로운 맥주 기획

덴마크의 칼스버그(Carlsberg) 연구소는 다양한 마이크로소프트 AI 기술을 사용해 '비어 핑거프린팅 프로젝트(Beer Fingerprinting Project)'를 진행하고 있다. 맥주의 섬세한 향과 차이를 정확하게 측정할 수 있는 다양한 첨단 센서로 샘플별 '맛 지문'을 그려내는 것이 이 프로젝트의 목표다. 여기서 얻은 정보로 새로운 양조 배합을 찾을 수 있고, 이는 결국 새로운 맥주의 탄생으로 이어진다.

칼스버그에 따르면 새로운 맥주가 탄생하는 데 오랜 시간이 걸리는 이유 중 하나는 양조업자들이 액체를 테스트하고 향을 감지하기 위해 인간과 크로마토그래피, 분광법 기술에 의존해야 하기 때문이다. 이는 짧으면 8개월, 길면 2년이 걸리는 지루한 과정이다. AI를 활용한 새로운 프로젝트를 이용하면 기존 대비 30%의 시간을 절약할 수 있다고 한다.

머신 러닝과 디지털 클라우드 플랫폼을 포함한 마이크로소프트의 AI

솔루션을 통해 칼스버그는 훨씬 더 빠른 속도와 높은 품질로 맥주에 응용할 수 있는 새로운 양조효모를 선택하고 개발할 수 있게 된 것이다.

이 기술은 맥주 등 음료뿐만 아니라 식품과 제약 분야와 같은 다른 산업 분야에도 활용할 수 있을 것으로 기대된다.

| 패션계에 부는 AI 바람 |

패션 분야에서 인공지능을 활용한 상품 기획 사례를 살펴보면, 생활 문화 기업 LF사의 질스튜어트스포츠(Jillstuart Sports)는 내·외부 빅 데이터를 기반으로 한 상품 기획을 통해 서프워크 팬츠와 숏 패딩 판매가 급성장하고 있다. 질스튜어트스포츠는 론칭 초기부터 빅 데이터 분석을 기반으로 브랜딩에 집중했는데, 론칭 당시 국내 스포츠 웨어 시장은 경쟁이 치열해 후발 주자로 시장에 진입하기 힘든 상황이었다. 그 때문에 스포츠 웨어 고객에 대한 일반 자료가 아닌 정확한 데이터가 필요했는데, 이를 위해 빅 데이터 분석을 진행한 것이다.

질스튜어트스포츠는 데이터를 분석해 익스트림 스포츠와 라이프스타일 스포츠의 접점인 니치 마켓을 공략하고, 상품 기획을 진행했다.

대표 아이템이 된 서프워크 팬츠는 데이터 분석을 기반으로 탄생한 첫 사례다. 수영 관련 연관어를 분석한 결과 몸매 관리, 놀기, 결심, 강습 등이 언급된다는 사실을 파악했다. 여기에 의류, 용품 아이템 주제를 1차로 분류하고 소비자가 불편하게 느끼는 포인트까지 연결 지어 상품을 개발한다.

숏 패딩 역시 데이터 분석을 반영한 후 온·오프라인 채널별 숏 패딩을 출시했고, 초도 물량이 완판되는 등 성공을 거두었다. 데이터 분석 결과 온라인 소비자는 색감과 가격대에 민감하고 착용 시 선호하는 모양이 명확한 것으로 나타났다. 오프라인 소비자도 색감과 가격대에 민감하나 경량성과 우모량, 미세한 부가 기능을 중요하게 여겨 이를 적극 반영한 결과였다. 결국 빅 데이터 중 브랜드에 의미 있는 데이터를 찾아내는 기술, 그리고 그 데이터를 기반으로 재해석한 상품 기획이 더욱 중요해질 전망이다.

무신사 자체 브랜드, 무신사 스탠다드 사례

무신사 스탠다드(Musinsa Standard)는 상품 기획 단계에서 플랫폼 내 이용자 구매 데이터를 활용하며, 특히 무신사 플랫폼 내 순위 시스템 기반 데이터를 주로 활용한다. 기간별로 필터 값을 매겨 어떤 브랜드가 무슨 상품을 어느 시기에, 남성 또는 여성 구매자에게 얼마나 팔았는지 파악할 수 있다. 또 외부 패션 커뮤니티와 유튜버 고객 구매 리뷰 등 소비자 반응을 조사해 피드백을 반영하기도 한다. 예를 들면 베스트 상품 중 '테이퍼드 크롭 슬랙스'는 표준 남성 체형에 맞춘 상품이지만 다리가 두꺼운 사람은 착용하지 못한다. 그 때문에 '다 좋은데 길이가 짧다', '슬림하다', '작다'라는 고객 리뷰가 있다. 이를 AI로 잘 수집해 새로운 패턴의 '테이퍼드 히든밴딩 크롭 슬랙스'를 기획했다.

무신사 스탠다드는 모든 고객의 구매 후기를 살펴 누구나 자기에게 잘 어울리는 제품을 구매할 수 있도록, 다양한 체형과 모양을 고려해 상품을 제작하고 있다.

제3장

디자인

| 증강 지능이 새로운 대세인가 |

AI는 디자인계에서 많은 잠재력을 가지고 있지만 과도한 기대는 하지 말아야 한다. 단기적으로 AI를 유용하게 활용하는 방법은 '증강 지능(Augmented Intelligence, AI의 도움을 받아 인간의 인지능력이 확장된 상태를 뜻하며, AI의 한계를 인정하고 AI를 인간의 가치 판단과 의사 결정을 지원하는 기술로 발전시키는 것이 목표)'이다.

AI는 주로 최적화와 속도에 중점을 둘 것이다. AI와 함께 일하는 디자이너들은 AI가 제공하는 속도와 효율성 때문에 더 빠르고 저렴하게 디자인할 수 있다. AI는 짧은 시간에 방대한 데이터를 분석하고 설계 변경을 제안한다. 그런 다음 디자이너는 해당 데이터를 기반으로 변경을 선택하고 승인한다. 테스트 가능한 가장 효과적인 설계를 손쉽게 만들 수 있으며, 여러 프로토타입 버전을 사용자와 함께 A/B 테스트(대조해 더 나은 걸 선택)할 수 있다.

디자이너들은 또한 제품 현지화 및 여러 언어로 같은 그래픽을 만드는 것과 같은 지루한 일상 작업을 많이 한다. 넷플릭스는 증강 지능 시스템을 사용해 아트워크 개인화와 배너 현지화를 여러 언어로 자동 번역하고 있다. 디자이너가 해야 할 일은 그래픽을 확인하고, 승인하며, 필요한 경우 그래픽을 수동으로 조정하는 것이다. 이는 매우 많은 시간을 절약하게 해준다.

| 무섭게 성장하는 제너레이티브 디자인 |

제너레이티브 디자인(Generative Design)은 AI의 한 형태로 내구성, 유연성, 무게, 재료, 비용 등 사용자가 입력하는 목표 및 조건에 따라 설계 디자인 옵션 수천, 수만 개를 탐색하고, 이 중 최적 디자인 안을 자동 생성하는 방법이다.

제너레이티브 디자인을 도입하면 조직 전체의 생산성을 획기적으로 높이고 업무 처리 방식을 근본적으로 변화시킬 수 있으며, 성능이 더욱 우수한 획기적 제품을 저렴한 비용으로 생산할 수 있어 고객의 수요와 제조 효율성을 모두 높일 수 있다.

제너레이티브 디자인을 이용하면 아이디어를 수작업 또는 CAD 설계 방식이 아닌 컴퓨터 클라우드를 통해 실현한다. 예를 들어 선풍기를 만든다고 하면 중량, 비용, 소재, 내구성 등 여러 조건을 컴퓨터에 입력한다. 그러면 컴퓨터가 주어진 기준에 정확하게 부합하고, 사람이 하기에 힘들며, 생각할 수 없었던 수천 개 이상의 디자인 설계 옵션을 제시한다. 이것이 바로 제너레이티브 디자인의 힘이라고 할 수 있다.

제너레이티브 디자인의 또 다른 장점은 제조 가능성을 고려한다는 점이다. 기존의 최적화 방법은 이미 주어진 솔루션을 개선하는 데만 초점을 맞춘다. 제작 과정이나 용도에 대한 특별한 고민 없이 무분별하게 쓰이는 소재를 사용하거나 제거하는 일을 반복하고 모델링, 시뮬레이션, 테스트 등은 다시 거쳐야 했다.

제너레이티브 디자인은 시뮬레이션 자체가 디자인 프로세스에 포함되어 있어 적층(쌓아 올려 입체물을 제조하는 가공 방식), CNC(Computer Numerical Control, 공작기계), 주물 등 제조 방식을 지정하면 소프트웨어가 그에 따라 제작 가능한 다양한 제품 디자인을 알아서 생성해준다. 또 사용자가 다양한 제조 방식으로 최적의 설계를 할 수 있도록 도와준다.

폭스바겐, 에어버스, 덴소, GM, 언더아머 등 기술 혁신에 진취적인 글로벌 기업들은 제너레이티브 디자인을 사용해 엔지니어링의 문제점을 해결하고 인간이 생각하기 어려운 설계 해법을 마련하고 있다. 이를 지원하는 AI 기반 디자인 소프트웨어 회사는 오토데스크사의 드림캐처(Dreamcatcher, 디자이너가 입력한 설정값을 기반으로 수많은 디자인 솔루션을 제공하는 인공지능 CAD 소프트웨어), 어도비 센세이(Adobe Sensei, 콘텐츠를 수월하게 제작하고, 현명한 결정을 내리고, 타깃 마케팅을 수행해 더 나은 성과를 달성하게 해주는 어도비의 클라우드 AI), 구글 오토드로(Google AutoDraw, 사람이 서툴게 그린 그림, 낙서, 스케치 등을 인공지능과 머신 러닝 기술이 분석해 더 자연스럽고 사용자가 의도한 대로 그림을 추천해주는 그림판 소프트웨어 서비스) 등이 있다.

| 디자인 싱킹의 재미난 스토리 |

미국 아이데오, 미국 ABC 방송사와 디자인 싱킹 타당성 경쟁

아이데오(IDEO)사는 스탠퍼드대학교 교수였던 데이비드 켈리(David Kelley)가 1978년 설립했고, 1991년 다른 디자인 회사와 합병하면서 아이데오로 이름을 바꿨다. 이 회사는 애플의 의뢰로 최초 컴퓨터 마우스를 디자인한 것으로도 유명하다. 아이데오가 전 세계적으로 유명해진 계기는 미국 ABC 방송의 나이트라인에서 진행한 특별 프로그램인 〈더 딥다이브 : 혁신을 위한 한 회사의 비밀 무기(The Deep Dive : One Company's Secret Weapon for Innovation)〉이었다. 방송사는 아이데오가 디자인 싱킹(Design Thinking) 방법론을 사용해 5일 만에 현재의 쇼핑 카트(Cart)의 디자인을 혁신적으로 개선할 수 있는지를 추적하고 싶어 했다. 5일간의 프로젝트 진행 과정은 모두 방송을 통해 중계되었다.

공감하기(Empathize, 고객 수요와 잠재 욕구 발견)

카트를 사용하는 사람들을 관찰하고, 인터뷰하면서 소비자도 모르는 요구를 발견한다. 무거운 카트를 끌고 가기 답답하고, 어린아이가 있을 때는 카트와 유모차를 같이 끌어야 했다. 종업원들과의 인터뷰에서도 소비자가 카트를 반납하지 않아 분실하는 일도 있음을 발견한다.

문제 정의하기(Define, 해결 문제와 그 원인을 발견)

사람이 붐비는 공간에서도 카트에 편하게 물건을 담을 수 있어야 하며, 유모차와 카트를 한꺼번에 편하게 끄는 방법이 필요하다. 디자인도

우중충한 바구니 모양이고 고장도 잦았다.

아이디어 도출하기(Ideate, 다다익선, 표현 자유, 모방 허용)

바구니를 카트에 올려도 되는 디자인, 카트에 어린아이를 앉힐 수 있는 디자인 등을 시도하고, 도난을 막기 위해 카트 밑바닥을 없애보기도 한다.

시제품 만들기(Prototype, 신속, 저렴하게 시제품 만들기)

끌기 편하고 카트의 밑바닥이 없으며, 어린이 시트와 바코드 리코더를 추가한 시제품을 제작한다.

테스트(Test, 소비자 반응 체크)

실제 카트를 만들어 매장에 비치하고 소비자 반응을 살펴 부족한 점은 반복 보완해나간다.

이 방송은 1999년에 5일간 진행되었고, 아이데오는 성공적으로 디자인 혁신을 이뤄냈으며 디자인 싱킹 방법론이 주목받기 시작했다.

저자가 하고 싶은 얘기는 디자인 싱킹을 소개하는 것뿐만이 아니다. AI 기반으로도 디자인 싱킹이 가능하다는 것이다. 사용자 후기나 카트 관련 SNS 대화를 통해 소비자와 종업원의 불만을 실시간으로 찾아낼 수 있다. 인터뷰가 필요하면 AI가 인터뷰 질문을 작성하고 인근 지역의 타깃 소비자 대상 온라인 설문 조사도 가능하며, 수많은 디자인 안 중 A/B 테스트, 샘플 평가를 통해 최종 디자인 안을 결정한다. 시제품 공급 업체에 AI가 최소 수량을 발주한 뒤 연구실에서 시제품을 제작한다. 경쟁사 제품이 있다면 소비자 선호도 반응을 보고 제품을 개발하고, 실제 카트를 현장에 비치한 뒤 컴퓨터 비전으로 소비자의 반응을 확인하고, 카트에 단 센서로 동선과 시간을 확인한 뒤 최종 제품을 양산한다. 이처럼 AI 기반 디자인 싱킹도 디자이너와 협업해 추진할 수 있다.

| AI가 만든 차 디자인 |

AI가 최초로 디자인한 차는 제너레이티브 디자인으로 유명한 미국의 오토 데스크(Auto Desk)가 2015년 협력한 핵로드(The Hack Rod, 스타트업 이름) 프로젝트일 것이다. 그렇지만 차 프레임에 차량 신경 계통이 붙은 정도다. 2020년 진정으로 AI가 디자인한 차라고 소개되는 징거 21C(Czinger 21C)다. 'AI가 디자인한 3D 프린팅한 차'라고 한다. 징거 21C는 AI가 설계했고 알루미늄과 티타늄을 활용한 3D 프린터로 인쇄했으며, SR-71 블랙버드에서 영감을 받았다. 징거로 알려진 징거 비이클(Czinger Vehicles)은 2019년부터 운영되는 미국 LA에 본사를 둔 하이브리드 스포츠카 제조업체다. 징거는 실제로 슈퍼카를 제조해 수백만 달러에 팔고 있다. 징거의 최종 목표는 미래에 자동차가 만들어지는 방법을 바꾸는 것이다. 우리는 3D 프린팅과 인공지능이 만든 징거 21C를 통해 미래의 자동차 모습을 볼 수 있다.

이 차의 가장 큰 장점은 중앙에 앉는 자세다. 중앙 운전 자세는 오토바이에 앉아 있는 듯한 기분을 느끼게 한다. 맥라렌 F1과 유사한 좌석

Czinger 21C 디자인 _출처 : https://thereviewstories.com/czinger-21c -ai-3d-printed-car

배치다. 징거 21C의 최고 속도는 270mph이고, 트윈 터보 V8 엔진으로 937hp의 출력을 낼 수 있으며, 7단 순차 변속기로 구동한다. 배터리 팩을 장착한 2개의 전기모터가 프런트 액셀에 전원을 공급한다.

| 미술과 패션에서 활약 중인 AI 디자이너 |

넥스트 렘브란트 프로젝트

렘브란트 하르먼스 판 레인(Rembrandt Harmensz van Rijn, 1606~1669년)은 17세기 바로크 시대의 네덜란드 화가이며 빛의 화가로도 유명하다. AI가 렘브란트 판 레인의 작품을 학습해 그의 생전 작품의 화풍을 그대로 재현했다. 네덜란드의 광고 회사 J. 월터 톰슨(J. Walter Thompson)이

기획하고 ING 은행, 마이크로소프트의 후원으로 '넥스트 렘브란트(The Next Rembrandt)' 프로젝트를 진행해 데이터 분석가, SW 개발자, 미술가들이 2년간 협업한 결과다. AI가 딥 러닝으로 렘브란트 작품 346점을 분석, 학습하고 3D 프린터로 페인트 기반의 UV 잉크를 사용해 렘브란트의 그림 질감과 붓을 재현한 3D 인쇄로 구현했다. 기술은 붓질 방향, 물감 높이까지 계산해 구현되었다. AI에게 "수염이 있고 검은 옷을 입은 30대 백인 남성을 그려라"라는 실행 명령 후 수집한 빅 데이터로 그림을 그려낸 것이다.

누텔라 우니카 캠페인

누텔라(Nutella)는 이탈리아의 페레로 회사가 생산하는 초콜릿 잼 브랜드다. 2017년 이탈리아 누텔라는 디자인 대행사 오길비 앤드 매더(Ogilvy & Mather)의 협력으로 고유한 디자인의 누텔라 병 700만 개를 판매하는 '누텔라 우니카(Nutella Unica, Unica는 이탈리아어로 유일한이라는 뜻)' 캠페인을 진행했다. 이때 700만 개의 시안을 일일이 디자인한 게 아니라 입력받은 이미지를 바탕으로 무작위의 고유한 디자인 아이덴티티를 무한대로 생성할 수 있는 'HP 모자익(Mosaic)' 기술을 사용했다. HP 모자익은 프린터 회사인 HP가 제공하는 'HP 스마트스트림 디자이너(HP SmartStream Designer)'에 포함된 기능이다.

구글의 오토드로

구글의 오토드로는 사용자의 스케치를 바탕으로 유사한 클립아트 형태를 추천한다. 사용자는 오토드로가 제공하는 클립아트를 이용해 실력이 없더라도 원하는 그림을 생성하고 채색까지 할 수 있다.

오토드로는 구글 브레인(Google Brain)이 개발한 '스케치RNN(Sketch-RNN)'이라는 소프트웨어를 발전시켰는데, 스케치RNN은 사람이 스케치를 그릴 때 사용하는 방식과 마찬가지로 인공지능 신경망이 스케치의 추상적 개념을 이해하는 기술을 바탕으로 한다. 사진처럼 구체적인 실제 이미지가 아니라 추상적인 스케치를 바탕으로 개념을 뽑아낸다는 것이다.

중국 알리바바 패션 AI 스토어

2018년 알리바바(Alibaba)는 글로벌 라이프스타일 브랜드인 게스(Guess)와 협력해 50만 회원 관련 빅 데이터를 바탕으로 인공지능을 활용한 패션 AI 스토어를 선보이며, 사용자의 구매 내용과 취향을 기반으로 맞춤 상품을 추천해주고 있다. AI 스토어를 출시하면서 이 회사는 모든 제품에 내장된 블루투스 칩과 함께 스마트 의류 태그, 스마트 미러 등의 기능을 매장 내 도입했다. 이러한 기술 덕분에 고객은 스타일 선호도에 맞는 AI 기반 패션 추천을 이용할 수 있다. 또 옴니채널(Omni-Channel, 온·오프라인 통합) 기술로 패션 AI 데이터를 회사의 스마트폰 앱과 통합해 원활하고 일관된 사용자 경험을 제공한다.

구글의 코디드 쿠튀르

세계적인 SPA 브랜드 기업인 H&M사가 2017년 구글과 손잡고 '코디드 쿠튀르(Coded Couture)' 앱을 개발했는데, '맞춤 패션'이라는 뜻이다. 구글은 인공지능이 사용자 거주지의 기후, 생활 습관, 자주 방문하는 장소 등 스마트폰 데이터를 일주일간 수집한 뒤 개인 맞춤화된 드레스를 제작해주는 서비스를 실용화했다. 휴대전화에 IT 기술을 접목해 사용자의 라이프스타일을 기록하고, 이를 재해석한 데이터 드레스(Data Dress)를 디자인해 세상에 단 하나뿐인 나만의 드레스를 제작한다는 콘셉트다.

오픈AI의 달리 2

'그림 그리는 딥 러닝'으로 유명한 오픈AI의 달리(DALL-E)가 1년여 만인 2022년 해상도를 크게 개선한 새로운 버전인 달리 2(DALL-E 2)를 내놓았다. 달리는 자연어로 원하는 이미지에 대한 설명을 입력하면 그에 맞는 이미지를 자동 생성해주는 모델이다. 딥 러닝의 GAN(Generative Adversarial Network) 기법과 자연어 입력 기법을 활용하고, GPT-3과 같이 트랜스포머의 디코더 부분만을 사용해 출력한다.

구글의 이매젠

오픈AI에서 달리 2를 발표하자 구글은 자체 개발한 텍스트-이미지 확산 모델인 이매젠(Imagen)을 내놓았다. 이매젠은 자연어 텍스트 문장을 입력하면 인코더로 입력 텍스트를 임베딩으로 변환하며, 이미지 매핑 후 초고해상도 확산 모델을 사용해 64×64 이미지를 256×256 또는 1024×1024로 업샘플링한다.

러시아 그래픽 디자이너 니콜라이 이로노프는 AI 디자이너

러시아의 아트. 레베데프 스튜디오(Art. Lebedev Studio)에는 '니콜라이

이로노프(Nikoly Ironov)'라 불리는 사람이 2020년 내내 카페, 이발소, 블로거들을 위한 멋진 로고를 만들어왔다. 그런데 사람들이 감쪽같이 속은 것이었다. 니콜라이는 인간이 아니라 AI였다. 아트. 레베데프 스튜디오 사이트에 접속해 이로노프 바를 클릭하면 상세 내용이 보인다. 가격은 290달러이며, 본인의 선호도를 입력하면 니콜라이 AI 디자이너가 한꺼번에 3개의 옵션 로고를 제안한다.

사실 니콜라이는 자신의 프로필도 가지고 있지만, 그의 얼굴은 팀원들 얼굴의 합성물을 사용해 AI가 처음부터 설계했다. 니콜라이는 실제 상업적인 업무를 효과적으로 수행한다. 그것도 24시간 365일 언제든지 이용할 수 있고, 몇 초 만에 창의적인 문제를 지속해서 발전시키고 해결한다. 그리고 가장 중요한 것은 디자인 솔루션에 대한 매우 독특한 관점을 제공한다는 것이다.

스튜디오에 따르면, 니콜라이의 또 다른 장점은 '그'가 다른 사람의 디자인을 참고하지 않는다는 것이다. 즉 그는 국제적인 상을 포함한 과거의 경험이나 심지어 자신의 경험을 새로운 디자인의 기준으로 사용하지 않는다.

국내 디자이노블 AI의 옷 디자인 솔루션

국내 창업 5년 차 스타트업 디자이노블(Designovel)이 만든 AI 디자이너는 기존 패션업체와 협업하며 생산 효율성과 판매 적중률을 높이고 있다. AI와 인간의 협업으로 낭비되는 자원을 줄이는 동시에 패션 사업으로 인한 환경오염 문제를 해결할 수 있을 것으로 기대된다.

원하는 색상과 디자인, 패턴을 입력하자 디자이노블의 AI 알고리즘이 사이트 화면에 결과치를 보여준다. 디자이노블은 이미지를 생성하는 기술인 크리에이티브 컴퓨팅을 사용한다. AI가 패션 관련 데이터를 수집해 학습한 뒤 사용자가 원하는 이미지 파일을 생성하는 방식이다. 인기 높은 디자인, 유행하는 디자인, 브랜드에서 선호하는 디자인 등을 AI에 학습시키면 AI가 적합한 디자인을 생성한다. 여기에 사람이 더 미세한 터치를 가미해 최종 디자인을 완성한다. 디자이노블에 따르면 사람이 1년에 디자인할 수 있는 작업물이 1만 개 정도라면 AI는 1초에 1만 개까지 디자인할 수 있다.

디자이노블은 롯데온(Lotte ON)과 함께 AI로 의류를 기획 및 제작, 유통하는 브랜드 '데몬즈'를 론칭했다. 디자이노블의 AI가 디자인한 의류를 스타트업 '콤마'가 생산해 롯데온이 유통하는 방식이다. 주문 후 생산하는 다품종 소량 생산 방식을 채택해 친환경적 시도로 업계의 주목을 받았다.

디자인 결정 과정을 단축하는 데도 AI가 쓰인다. 현재의 의류 생산구조에서는 옷 하나를 시장에 내놓으려면 디자인한 후 원단을 찾아 샘플옷을 만들고 이를 상품화할지 의사 결정을 하기까지 많은 과정을 거친다. 디자이노블에서는 AI를 통해 수많은 디자인이 입힌 가상의 샘플을 사진으로 구현한다. 덕분에 굳이 샘플 옷을 만들지 않고도 디자이너들이 사진으로 판단할 수 있게 되었다.

국내 한국전자통신연구원, AI 디자이너·모델 생성 기술 개발

AI 디자이너가 개성 있는 옷 제작을 도울 수 있는 길이 열림에 따라 패션 산업에 새로운 바람이 기대된다.

2021년, 한국전자통신연구원은 다양한 1인 미디어 플랫폼을 분석해 트렌드를 파악하고 이를 반영해 새로운 의상을 디자인한 후 가상 착장까지 해주는 AI 패션 상품 마켓 플랫폼 기술을 개발했다.

패션 의류의 경우 아이디어가 있어도 실제로 디자인을 구현하거나 모델을 섭외해 판매를 위한 전문 촬영을 하는 데 큰 비용이 들어 소상공인이 접근하는 데 어려움이 있었다. 연구진이 AI를 이용해 사용자의 취향과 최신 트렌드를 반영해 수만 장에 이르는 디자인을 새롭게 생성할 수 있는 기술을 개발했다. 디자인한 옷을 가상에서 바로 착용해볼 수 있는 서비스도 개발했는데 이를 활용하면 메타버스 플랫폼에서 AI가 제작한 의상을 아바타에 입힐 수 있다. 이러한 서비스는 생성적 적대 신경망 기반의 영상 생성 기술을 활용해 개발되었다. 실제 디자인 분야에서 옷의 유형, 계절, 색상, 무늬 등 조건을 선택하면 AI가 실제 맞춤형 디자인을 해준다. 이를 모델에 입혀보고 영상화하는 것도 가능해 실제 제품을 제작하기 전에 사실적인 완성품을 예상할 수 있다. 핵심 AI 기술은 패션 영상 다중 정보 추출 기술, 신규 디자인 생성 및 스타일 변환 기술, 착장 영상 자동 생성 AI 기술 등이 있다. 이 기술을 활용하면 일반인도 AI로 쉽게 패션이나 액세서리 등 문화 상품을 기획부터 제품화까지 시뮬레이션할 수 있다. 디자인 지식이 없어도 AI가 추천해주는 디자인을 골라 제품화하고 가상 모델에 적용까지 할 수 있다.

한국전자통신연구원의 AI 기술이 데이터를 분석하고 이해하는 과정을 뛰어넘어 창작 영역에 진출함으로써 실제 제품을 만드는 과정에 혁신적으로 기여해 새로운 수익 모델을 창출하게 되었다.

제4장

개발

| 제품 개발 단계 |

일반적인 제품 개발 단계를 보면

① 시장 요구 파악 및 기존 제품 문제점 분석 : 고객 후기 분석, 설문 조사, 사용자 조사, 유통 거래선 요청 사항 분석 등
② 판매 가능성 파악 : 판매 가능 수량, 판매 가능 가격 등 분석
③ 제품 개념화 : 고객 요구를 충족한 제품 고안
④ 제품 개발 타당성 검토 : 제품 콘셉트를 조기 테스트해 소비자 반응 검증
⑤ 제품 개발 로드맵 작성 : 일정 등 검토
⑥ MVP(Minimum Viable Product, 최소 실행 가능한 제품) 개발 및 시장 반

응 테스트

⑦ 고객 피드백 반영 및 제품 완성

위 단계를 보면 기존 제품 문제점 분석, 시장의 요구, 경쟁사 제품 분석은 SNS 내용, 제품 댓글 등을 통해 실시간으로 수집하고 분석할 수 있다. 예를 들어 당사와 유사한 경쟁사의 제품을 두고 실시간으로 댓글의 감성 분석을 그래프로 표현할 수 있고, 경쟁사 제품의 긍정적 댓글이 상승한다면 그 이유도 바로 알 수 있다. 이런 시스템을 갖춘 회사에서는 다음 제품 개발 방향을 쉽게 정할 수 있다. 그렇지 않으면 전통적인 설문 조사부터 다시 해야 한다.

그리고 문제점을 개선한 시제품이 나왔을 때, 그 시제품을 온라인에 올려 와디즈 같은 크라우드 펀딩을 통한 시장 반응을 보거나 댓글을 달게 해 자연어 분석을 할 수 있다. 개발 과정에서 중요한 스펙(Spec) 결정에 크게 기여할 수 있다.

소비자의 대략적인 가격 수용도도 파악할 수 있다. 경쟁사 유사 제품으로 가격 추이를 보거나 SNS 반응을 보거나 해서 특정 유통 채널과 특정 고객군의 가격 수용 민감도를 파악해 신제품 가격대를 결정해 제품 개발 타당성을 검증받을 수 있다. 이 또한 실시간으로 가능하다.

또 내부 인력과 신규 제품 개발의 AI 매칭 프로그램 도입도 검토할 수 있다. AI를 통해 신제품 개발에 적합한 사람을 찾아 팀을 구성할 수도 있다. 외부 시제품 부품 공급업체와도 매칭 프로그램을 확대할 수 있다.

| 제품 개발도 AI와 함께 |

특히 복잡한 프로젝트는 효율적인 제품 개발 및 관리를 위해 적절한 제품 개발 전략을 채택해야 한다.

인공지능은 디자인 싱킹, 애자일(Agile, 협력과 피드백을 자주, 빨리 하라는 뜻이 함축되었으며, 짧은 주기의 개발 단위를 반복해 하나의 큰 프로젝트를 완성해 나가는 방식) 등 제품 개발 전략에도 영향을 미치고 있다.

애자일 방법론은 일반적으로 소프트웨어 프로젝트 관리자가 사용한다. 애자일 접근 방식은 프로젝트를 여러 제품 개발 반복으로 분류하는 데 중점을 두며, 이는 작동 중인 소프트웨어 제품의 빠른 시장 출시를 촉진하는 데 도움이 된다. 또 개발자는 출시 후 사용자 피드백과 제안을 제품에 쉽게 통합할 수 있다. 그리고 다른 유사 제품 및 기능이 시장에서 어떻게 작동하는지 또는 소셜 미디어에서 추세를 보이는 데이터를 사용해 무엇이 효과적일지 결정할 수 있다.

스플렁크(Splunk, 웹 기반 인터페이스를 통해 빅 데이터를 검색, 모니터링 및 분석하는 비정형 데이터 분석 솔루션)와 같은 도구를 사용하면 제품 개발자가 빅 데이터를 사용해 정보를 인덱싱하고 연관시킬 수 있다. 또 AI 결과를 표시하기 위한 보고서 및 시각적 차트를 생성하는 데 도움이 된다.

| AI가 도와주는 개발 일정 |

대표적인 AI 기반 제품 프로젝트 관리 툴에는 프로젝트 인사이트

(Project Insight), 아사나(Asana)와 트렐로(Trello)가 있다. 이 중 아사나를 해당 웹페이지 설명을 통해 살펴보자.

프로젝트마다 결과물, 예산, 일정이 다르지만, 많은 회사에서 프로젝트 통합 관리를 표준 관행으로 실행하고 있다. 여기에는 작업 위임과 자원 관리부터 이해 당사자와의 커뮤니케이션까지 모든 프로젝트 요소를 조율하는 일이 포함된다.

[프로젝트 통합 관리 7단계]

① 프로젝트 기획서 작성(프로젝트의 개요)

② 구체적인 프로젝트 관리 계획 개발

③ 프로젝트 업무 감독과 관리 : 팀 리드, 미팅, 프로젝트 진행 상태 점검 등 일상적인 업무를 책임지고 실행

④ 프로젝트 지식 관리 : 기존의 정보를 사용하거나 추가적인 지식을 얻어 프로젝트 목표를 달성하는 프로세스

⑤ 프로젝트 업무 모니터링 및 통제

⑥ 통합 변경 관리 수행 : 변경 사항 통제를 전담하는 위원회를 두어 예산, 타임라인, 자원 등의 변경 요청 검토

⑦ 프로젝트 종료 : 모든 프로젝트 업무를 마치고 결과물을 조직에 전달하고 승인을 받은 후 종료

_출처 : https://asana.com/ko/resources

| 개발에는 과연 어떤 AI가 활동 중일까 |

구글 연구 팀의 '반도체 설계자' AI, 회로 배치에서 대활약

구글은 '강화 학습' 수법을 독자 개발 반도체 'TPU(Tensor Processing Unit, 구글이 AI용으로 특별히 개발한 맞춤형 집적회로로 알파고 제로에도 장착됨)' 설계에 적용하고 있다. AI는 물류 등 여러 분야에서 이미 도입이 확산되었고, 생산성의 대폭적인 향상을 끌어내고 있다. 이 AI가 반도체 설계에서도 위력을 발휘하기 시작했다. 반도체에서 AI에 의한 혁신이 일어나고 있다.

대표적인 예로 2021년 6월 영국 과학 전문지 〈네이처〉에 실린 구글의 〈AI를 이용한 반도체 회로 설계 기법〉이란 논문을 주목할 필요가 있다. 여기에는 연산 성능이나 소비 전력, 칩의 크기 등에 대해 인간 설계자가 수개월에 걸쳐 배치한 것과 동등 혹은 이상의 회로 배치를 6시간 이내에 생성할 수 있다는 놀라운 내용이 담겨 있다. 이렇게 되면 당연히 갈수록 늘어나는 반도체 개발비를 줄이는 효과도 기대할 수 있다.

반도체 설계는 고도로 복잡하다. 손가락 끝에 올릴 수 있을 정도로 작은 칩에 대량의 논리회로를 집적하고, 배치 패턴은 10의 2,500제곱 이상, 즉 1 뒤에 '0'이 2,500개 이상 나열될 정도가 된다. 이런 천문학적인 수의 조합 중에서 최적의 설계를 끌어내야 한다.

여기서 위력을 발휘하는 것은 AI가 스스로 시행착오를 통해 '전문가'를 압도하는 능력을 기르는 '강화 학습' 기술이다. AI는 이미 '지도 학습법'을 중심으로 업무 효율화 등에 기여하지만, 방대한 선택지 중 최적의 해답을 도출하는 계산은 난도가 높다. 강화 학습은 그러한 복잡한 과제를 해결하는 길을 열어줄 것이다.

구글 연구 팀은 배치 작업을 바둑 등의 보드게임에 빗대어, 회로 구성을 바둑판이나 바둑돌로 보고 학습을 진행했다. 연산 성능 등을 좌우하는 각 지표를 균형 있게 채우는 것이 '승리 조건'이다. 최적의 승수를 찾아내는 자세로 성능상 요구에 맞는 회로 배치를 도출하는 것이다.

구글은 이미 강화 학습법을 독자 개발 반도체 'TPU'의 설계에 적용하고 있다. 전문가들은 "CPU 등 다른 반도체에서 같은 기법을 사용할 수 있는지는 검증이 필요하다"라면서 "사람과 마찬가지로 경험/학습을 통해 탐색 범위를 좁혀 효율적으로 해답을 탐구하고 있다"라고 평가한다.

디지털 트랜스포메이션의 진전을 배경으로 반도체 성능 향상에 대한 요구가 커지고 있다. 스마트폰이나 서버에 사용하는 첨단 반도체는 100억 개 이상의 트랜지스터를 집적해 회로 미세화가 갈수록 복잡하고 어려워지고 있다. 숙련 설계자의 경험에 의존하는 기존 설계 기법으로는 개발 과정에 막대한 시간이 들어간다.

매킨지 앤드 컴퍼니(Mckinsey & Company)에 따르면, 첨단 제품에 해당하는 선 폭 5나노미터(nm, 1nm은 10억 분의 1m) 반도체의 개발 비용(지식재산권 구매나 시험 제작 등을 포함)은 5억 4,000만 달러(약 6,000억 원)로, 전 세대(7나노 제품)의 1.8배, 전전 세대(10나노 제품)의 3.1배에 이른다. 설계 일부를 AI에 맡겨 공정을 낮추면 많은 칩을 효율적으로 설계할 수 있다.

강화 학습의 활용은 반도체 관련 업체들이 사용하는 설계 소프트웨어 'EDA(Electronic Design Automation, Electronic Computer-Aided Design이라고도 불리며 다양한 전자장치를 설계 및 생산하는 수단의 일종이다)'를 통해 확산하고 있다. EDA 대기업인 미국 시놉시스는 2020년 강화 학습을 이용한 설계 지원 시스템 공급을 본격화했다.

EDA는 성능을 충족하는 설계 후보를 시스템이 자동으로 압축해준다. 삼성전자는 보통 1개월 이상 걸리는 설계 작업을 3일로 줄였다. 스마트폰용 반도체 설계에도 활용한다. 일본의 소니 그룹이 이미지 센서, 르네사스 일렉트로닉스가 차량용 반도체 설계에 활용한다. _출처 : https:// www.techtube.co.kr/news/articleView.html?idxno=1371

국내 삼성디스플레이, 개발 AI

디스플레이 패널의 최적 소재를 찾는 과정과 패널 설계 과정에서 이미 AI 기술이 활용되고 있다. 재료 설계 AI 기술은 액정 표시 장치(LCD) 액정 재료 기술에서 유기 발광다이오드(OLED) 및 잉크 재료로 적용이 확장되고 있다. 패널 구동 회로 설계 AI는 초기에는 시뮬레이션값 예측에 적용했지만, 이제 폴더블 디스플레이에도 적용하는데, 화질 픽셀 디자인에 따라 화질이 달라져 화질 최적화에 적용되고 있다.

재료 설계는 원래 설계 엔지니어가 직접 분자구조를 반복적으로 찾아가는 활용이었다면, AI 도입 후 순서가 바뀌어 엔지니어가 원하는 물성값을 먼저 넣고 AI가 분자구조 시뮬레이션을 해가면서 최적의 분자구조를 찾아내고 있다. 수많은 경우의 수에서 최선의 값을 찾아내는 것이다. 이 때문에 엔지니어가 3일 걸리는 작업을 AI는 1분 만에 완료한다.

패널 구동 회로 설계는 실제 설계와 검증의 두 가지 분야가 있는데, AI는 검증에 많이 적용되고 있다. 간단한 예를 들면, 설계에서 중점적으로 보고자 하는 특성을 찾아내기 위해 다양한 설계 패턴을 만들어내고, 이들 특성을 시뮬레이션해서 뽑아내 이 둘의 관계를 학습시킨 뒤 핵심을 찾아내 패턴을 수정한다. 디스플레이가 4K, 8K로 화질 수가 증가할수록 AI가 설계에 더 유용해지는데, 좁은 공간에서 회로 간의 간섭으로 더 세밀한 설계가 필요하기 때문이다. 엔지니어가 하루에 패널을 100건 정도 설계했다면, 지금은 AI가 서버 단 1대로 수십만 건을 설계하고 검증까지 한다고 한다. AI가 활용돼 성공할 수 있었던 비결은 역시 양질의 데이터다. 시뮬레이션 전문가들이 실측값과 수많은 시뮬레이션 결과값을 축적해둔 것이었다.

국내 애자일소다, AI가 지원하는 설계 모듈 최적화

AI 전문 기업 애자일소다(AgileSoDA)가 강화 학습 기술을 기반으로 한 의사 결정 에이전트 메이커(Agent Maker) '베이킹소다(Baking SoDA)'를 2020년 출시했다. 베이킹소다는 전 세계적으로 화두가 된 '최적화' 문제를 강화 학습으로 접근한 기업용 AI 소프트웨어다. 강화 학습을 활용해 상용화한 제품으로 세계시장에서도 매우 드문 사례다.

이번에 출시한 베이킹소다는 분석가들이 많은 시행착오를 겪는 보상 설정에 획기적 편의성을 제공하는 기능을 담고 있어 눈길을 끈다. 특히 베이킹소다의 보상 설정은 자동화 기능, 반자동화 기능, 사용자의 필요에 따라 임의 설정 가능하도록 선택적으로 지원한다. 그중 보상 설정 자동화를 위한 알고리즘 'A2GAN'은 애자일소다에서 독자적으로 개발한 기술이다. 이 보상 자동화 기능을 상용 제품으로 구현한 것은 세계 최초다.

기업이 보는 관점에서 '최적화'란 주어진 제한조건에서 원하는 목표에 근접한 답을 찾는 과정이다. 최근 '최적화'는 결국 기업의 비용을 줄이고 수익을 극대화하는 가치를 실현할, AI 기술의 이상적 분야로 주목받으며 이를 실제 비즈니스에 활용하려는 시도가 이어지고 있다.

애자일소다는 최적화를 강화 학습으로 해결하고자 한 것이다. 강화 학습은 데이터를 기반으로 최적의 전략을 세워주는 방법론이다. 기존 게임에 주로 적용하던 데서 벗어나 다양한 비즈니스에 적용해 효과를 검증하려는 시도가 있었다. 애자일소다는 금융 여신 한도 최적화나 사기 적발, 설계 모듈 최적화 등에 강화 학습을 접목해 탁월한 성능을 입증한 바 있다.

베이킹소다는 AI 기술 중에서도 난이도가 가장 높은 강화 학습을 활용해 '최적화'와 '자동화'라는 핵심 가치를 실현한 애자일소나의 기술력과 노하우가 담긴 제품이다. 금융권뿐만 아니라 제조, 교육, 유통 등의 분야에서 프로젝트가 진행되며, 향후 다양한 추천 시스템과 결합해 더욱 광범위하게 활용할 수 있을 것이다.

국내 DL이앤씨(구 대림산업), 아파트 주차장/동 배치 설계 AI

DL이앤씨는 2021년 7월, AI가 아파트 환경을 분석해 30분 만에 약 1,000건의 지하 주차장 설계안을 자동으로 만들어내는 기술을 개발해 특허출원까지 마쳤다고 한다. 이 기술은 주차장이 들어설 구역의 모양과 아파트 동의 방향, 배치 등을 입력하면 AI가 수천 건의 설계안을 자동으로 만들어내는데, 핵심은 한정된 공간에서 가장 많은 주차 대수를 확보할 수 있는 설계를 자동으로 한다는 것이다. 이를 통해 기존 방식보다 주차 가능 대수가 평균 5% 이상 증가했다고 한다.

제조 기업은 판매 이력을 기반으로 상품을 설계하고, 시장을 개척해 이윤을 남긴다. 같은 맥락에서 조 단위 사업비가 드는 건설업은 데이터를 기반으로 인간이 쉽게 엿볼 수 없는 '미래'를 내다봐야 한다.

DL이앤씨는 미국 카네기멜런대학교 연구진과 함께 아파트 단지의 동 배치를 설계하는 AI 기술도 개발했다고 한다. 이 기술을 이용하면 AI가 용적률, 세대수, 일조량 등을 고려해 다양한 설계도를 그리고 이를 스스로 평가하기도 한다. 최근 완성된 프로토타입은 '제네틱 알고리즘(유전 알고리즘)'을 기반으로 기능을 강화했다. 세대 단위로 가상 실험을 반복해 '우수 결과값'만 남기는 AI 분야 학습 방법을 쓴 것이다.

AI는 하자 보수 영역에서도 활약한다. 예를 들면 작업자 또는 현장 관리자가 벽지를 촬영하면 AI가 조그만 하자까지 찾아내는 것이다. 누수 및 결로로 오염된 벽지도 파악할 수 있다. 6만 건의 벽지 데이터를 학습시켜 이뤄낸 결과다. 이미지를 잘게 쪼개는 학습 기법이 정확도를 더했다.

DL이앤씨의 AI 적용은 주택 사업 본부 건설 정보 모델링(BIM) 팀이 시작했다. 초기에는 데이터 수집에 많은 난관이 있어 기둥, 문, 벽지 등 객체별 데이터를 꼬박 2018년부터 3년간 모아 정리했다고 한다. 그렇게 모은 데이터는 2021년 들어 객체 기준 500만 개를 넘어섰다. 그렇지만 건설 데이터를 AI로 학습시키는 데도 장벽이 있었다. 광학 문자 판독(OCR, Optical Character Recognition, 사람이 쓰거나 기계로 인쇄한 문자의 영상을 이미지 스캐너로 획득해 기계가 읽을 수 있는 문자로 변환) 기반 AI 송장 시스템 개발을 추진할 때 1년간 외주 용역으로도 정확도가 90% 미만이었다. 벽지 하자 기술은 빅 테크 대기업, AI 전문 기업 모두 포기했다. 같은 곳에서 찍은 현장도 햇빛 때문에 조금씩 달라지는 것이 건설업이라며 데이터 성질을 이해시키는 데도 여러 어려움이 있었다고 한다. AI 개발을 돕는 프로그램인 구글 '오토ML'을 도입하고 많은 어려움을 극복해 건설업의 AI를 새로 만드는 계기가 되었다. 2018년 출시된 구글의 클라우드 오토ML은 이미지 인식이 가능한 머신 러닝이다. 사용자가 특정 이미지를 입력하면 AI가 자동으로 입력된 이미지를 분야별로 구분하는 머신 러닝 프로그램을 만든다.

미국 아톰와이즈, 신약 발굴을 위한 AI 시스템 '아톰넷'

미국 기업 아톰와이즈(Atomwise)는 딥 러닝을 사용해 새로운 약을 발견하는 데 도움을 준다. 신약 히트 발견, 결합 친화도 예측, 독성 검출 분야에서 세계 최고의 결과를 달성하고 있다. AI 주도 의약품 개발 시스템인 아톰넷을 활용해 하루에 1,000만 개의 저분자를 검사하고, 심화 학습 알고리즘에 기반한 분자 분석을 통해 의약품으로서 효능, 독성, 부작용 등을 예측하는 것을 주요 사업 모델로 삼는다. 특히 단백질 구조 기반 신약 발굴에 강점을 가진 것으로 알려졌다. 이런 아톰와이즈의 퍼포먼스는 자체 AI 시스템 아톰넷(AtomNet)을 통해 이뤄진다. 아톰넷은 대규모 라이브러리에서 1억 개 이상의 저분자를 신속·정확하게 스크리닝·평가해 선도 물질 최적화 효율성을 극대화한다. 이 기술은 모든 치료 영역에서 단백질을 처리할 수 있는데, 약물이 달라붙기 어려운 상태의 표적 단백질에도 활용된다.

특히 아톰넷은 하루에도 수많은 화합물을 선별할 수 있는 것으로 알려졌다. 실제로 에볼라 치료제 개발 당시 시판 중인 7,000여 종의 약물 가운데 2개의 신약 후보 물질을 단 하루 만에 찾아내 이름을 알리기도 했다. 아톰넷은 심층 컨볼루션 신경망을 사용한 최초의 약물 발견 알고리즘이다. 아톰넷 기술은 단백질과 리간드(Ligands)가 다양한 특수 화학 구조로 이루어져 있다는 것을 배울 수 있다. 이는 아톰넷 모델이 유기화학의 기본 개념을 학습하고 있다는 것이며, 네트워크상의 여러 뉴런을 검사할 때 새로운 것을 발견할 수 있다. 이 때문에 아톰넷 플랫폼은 수소결합, 방향성(Aromaticity), 단일 탄소 등과 같은 필수 화학 그룹을 인식하는 방법을 배운다.

아톰넷 플랫폼은 이미 암, 신경 질환, 항바이러스제, 항기생제 및 항생제에 대해 연구하고 있다. 아톰넷 기술로 예측된 분자는 연구 프로그램의 주요 후보가 되었고, 동물 연구에서 긍정적인 결과를 낳고 있다.

국내 한미약품, AI 활용한 신약 개발

2020년 한미약품은 AI 기반 신약 개발 전문 기업 스탠다임과 공동 연구 계약을 체결하고, 신약 개발 초기 연구에서 AI를 적극적으로 활용하기로 했다. AI는 신약 개발 초기 단계에서 시간과 비용을 획기적으로 감축하고 혁신 신약 후보 물질을 도출하는 데 큰 역할을 할 것으로 기대된다. 이번 업무협약에 따라 양사 협력으로 도출된 신약 후보 물질(항암, 비알코올성 지방간 치료제 중심)은 한미약품이 주도해 임상 생산 허가 등 상업화 개발을 할 예정이다.

한미약품은 지난 2013년부터 AI 기반 임상 데이터 전문 업체 메디

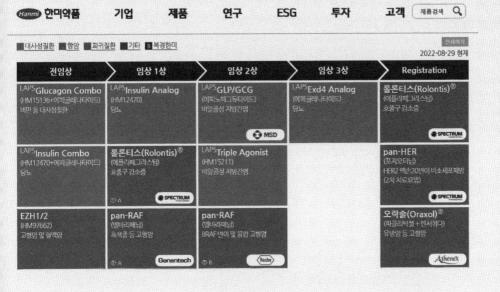

출처 : https://www.hanmi.co.kr/hanmi/handler/Rnd-Pipeline

데이터를 통해 정확하고 품질 높은 임상 데이터를 확보하는 데 주력하고 있다. 다양한 플랫폼을 통해 임상 데이터베이스를 자동으로 분석하고, 예외적이거나 특수한 데이터 또는 잠재적 위험 요소와 절차적 문제를 손쉽게 검출한다. 직접적인 약물 표적이나 후보 물질 발굴 분야 외에도 많은 신약 개발 과정에서 보이지 않게 AI 기술을 활용한다. 합성 방법을 찾거나 물질 합성 전 또는 이의 대사체에 대한 독성을 예측하는 데도 이용한다.

한편 한미약품 지주사인 한미사이언스는 신테카바이오와 AI를 활용한 코로나 치료제 개발에 협력하고 있다. 신테카바이오는 AI와 유전체 빅 데이터를 활용해 신약을 개발하는 바이오 기업이다. AI 분석은 단백질 정보은행(PDB)에 공개된 코로나19 바이러스 유전자 발현과 증식에 핵심 역할을 한다고 알려진 단백질 가수분해 효소 데이터에 기반을 두고 있다.

한미약품은 2017년부터 기획·생산·설계·판매·유통 등 전 공정에 RFID(Radio Frequency Identification) 기반의 첨단 ICT를 접목한 스마트팩토리를 구축하고 있다. 축적된 빅 데이터를 토대로 생산 최적화(물류 자동화, 생산 자동화, 공정 자동화), 최적의 품질관리 및 지능화를 구현해 4차 산업혁명에 선제적으로 대비했다.

일진그룹 알피니언, AI 기술 통한 초음파 진단 기기 기능 강화

일진그룹 초음파 의료 기기 전문 기업 알피니언은 2021년부터 1년 간 의료 데이터와 현장 의사들의 VoC(Voice of Customer)를 기반으로 2022년 3월 진단 기기 플래그십 모델 X-CUBE 90 업그레이드 버전을 출시해 선명한 이미지와 AI 기술을 통한 편리한 사용성으로 시장에서 큰 호응을 얻고 있다. X-CUBE 90 모델은 GPU 내장 하이브리드 엔진 기반으로 독자 개발한 'X+ 아키텍처(X+ Architecture)' 플랫폼을 통해 높은 감도와 선명한 고화질의 이미지를 제공하며, 기존 제품 대비 데이터 전송 용량은 4배 상승하고, 데이터 전송 속도는 10배 더 빨라졌으며, 데이터 처리 속도는 14배 향상되면서 환자 맞춤 최적화가 가능해졌다. 또 이 모델은 독자적인 AI 기술을 통해 측정 편의 기능을 제공하는데, 측정을 많이 하는 산부인과와 심혈관 분야에 이미 적용하고 있다. _출처 : https://www.alpinion.co.kr

제5장

구매

―

구매 관련 AI 활용은 잠재력이 큰 분야다. AI가 구매와 전략적 소싱에 어떤 영향을 미치는지 파악해보자.

기업에서 구매는 비용 절감, 개발 납기, 타 부서 간 협업 등에서 구매 RoI(Return on Investment, 투자 이익률)를 극대화하는 것을 목표로 한다. 구매 RoI는 구매에 따른 비용과 구매로 절감되는 금액을 비교해 정한다.

공급업체 최적화와 구매 자동화에 AI가 주로 활용된다. 구매 자동화는 구매 프로세스를 자동화해 효율성을 극대화하고 구매 주기를 단축하는 것을 의미한다. 자동화를 통해 직원은 반복적이고 수동적이며 시간이 오래 걸리는 작업에서 벗어나 프로세스의 속도를 높일 수 있다.

딜로이트 캐나다(Deloitte Canada)에서 발간한 〈구매에서의 AI 기회(The AI Opportunity in Sourcing and Procurement)〉 보고서에 따르면, AI는 다음의 구매 영역에서 사용된다.

① 내부 구매 관련 지출 분류

② 공급 업체 또는 시장 데이터 수집, 글로벌 소싱 통찰력 강화

③ 인보이스 데이터(Invoice Data)의 부정 방지 및 자동화를 통한 구매 주기 단축

④ 규정 준수 및 이상 탐지 자동 모니터링

⑤ 계약 데이터를 추출해 디지털화하고 계약 라이프 사이클 관리

AI로 구매 자동화하면 수동 작업에 따른 오류를 줄일 수 있고, AI를 활용해 데이터에 숨겨진 정보를 바탕으로 구매하거나 더 좋은 전략적 소싱 계획에 대한 새로운 경로를 설계할 수 있도록 지원한다. 또 AI는 고위험 공급업체를 배제하거나 문제를 일으키는 업체와의 거래를 피하는 솔루션도 제공한다.

국내 로랩스, AI 구매관리 솔루션 '에어 서플라이'

에어 서플라이(Air Supply)는 기업의 소모성 자재(MRO, Maintenance, Repair, Operation) 구매 업무 효율을 최적화하는 클라우드 기반의 AI 구매관리 솔루션으로, 구매 업무 아웃소싱 업체 도입이 부담스러운 중소기업이나 스타트업이 활용하기에 적합하다. 대부분 중소기업에서 이루어지는 구매 업무는 지출결의 시스템과 정산 과정이 매우 복잡하고, 구매처 및 구매 기록을 엑셀로 관리하는 등 비효율적이고 낙후된 방식으로 처리하고 있다.

에어 서플라이는 이런 비효율성을 극복하기 위해 기존에 기업에서 사용하는 오픈마켓, 인테리어·사무용품 전문 플랫폼, 소셜 커머스 등

흩어져 있는 구매처를 전용 디지털 클라우드 공간 하나로 통합했다.

온라인 플랫폼 종류와 상관없이 구매가 필요한 제품의 판매 링크만 복사해 클라우드에 붙여 넣으면, 본사 구매 부서와 결정권자에게 실시간으로 정보가 공유되며 구매 요청, 결재 기안 생성, 원클릭 결제, 비용 증빙까지 원스톱으로 처리할 수 있다.

프로세스를 획기적으로 축소하면서 40명 이상의 중소기업 기준으로 일주일 평균 10시간(600분)이 소요되던 구매 관련 업무를 5분 만에 처리할 수 있게 도와준다.

향후 동 회사는 기업의 구매 사이클을 예측, 재고가 떨어지기 전에 안내하는 서비스와 구매 비용 상승 요인을 분석하는 AI 알고리즘을 고도화할 계획이며 SaaS(S/W as a Service) 솔루션과 AI 기술을 결합해 구매 업무에 소요되는 인력, 시간, 비용 등을 최소화하고 기업 전체의 생산성 향상에 이바지하는 서비스를 제공할 계획이다.

국내 포스코, AI 기반 자재 자동 발주 시스템 개발

2021년 5월 포스코가 AI 기술을 활용해 자재 수요를 예측하고 적정 재고를 분석해 자동 발주하는 'AI 기반 자재 자동 발주 시스템'을 개발했다.

AI 기반 자재 자동 발주 시스템은 AI가 직접 적정 자재 재고를 산정하고, 자동 발주를 진행하는 시스템이다. 기존에는 각 부서 담당자가 과거 실적 등을 바탕으로 발주 물량과 시점을 판단해 자재를 구매했는데, 자재 관리 담당자의 숙련도에 따라 자재 관리 정확도에 편차가 있을 뿐만 아니라 담당자가 수시로 직접 재고를 파악해 주문을 진행해야 하는 만큼 번거로움도 컸다.

이에 포스코는 포스코ICT와 협업해 'AI 기반 자재 자동 발주 시스템'을 개발했다. AI 기반 자재 자동 발주 시스템을 이용하면 AI가 자재의 사용 패턴, 물품 특성, 안전 재고 등을 분석해 적정 재고를 산정할 뿐만 아니라, 재고를 수시로 파악해 적정 재고를 유지할 수 있도록 자재 사용 주기와 리드 타임을 고려해 자동으로 구매 발주를 진행한다.

이 시스템을 이용하면 보다 효율적으로 재고를 관리할 수 있을 뿐만 아니라 휴먼 에러 또한 최소화할 수 있다. 포스코는 시스템을 도입함으로써 과잉 구매를 줄여 비용을 절감할 뿐 아니라 자재 공급 부족 리스크도 최소화하고, 직원들의 업무 효율 또한 높일 수 있을 것으로 기대한다. 이번 시스템 개발을 초석으로 삼아 자재 구매와 재고 운영의 스마트화를 구현해나갈 계획이다.

국내 엠로, AI 기반 구매 품목 자동 관리 솔루션 개발

기업 입장에서 구매 품목 데이터는 관리하기 까다롭다. 동일한 물품도 구매를 요청하는 사람에 따라 속성 정보가 제각각인 경우가 많아 품목 코드가 중복되기 쉽다. 품목 데이터를 제대로 관리하지 않으면 구매 비용에 대한 분석 자체가 불가능하고 재고관리도 어려워진다. 지금까지는 사람이 수작업으로 데이터를 정제하는 것이 필수였다.

구매 분야 공급망 관리(SCM)를 전문으로 하는 엠로는 이런 배경에서 2018년 AI 기반 품목 관리 솔루션을 개발했다. 90%에 가까운 정확도를 확보했고 AI를 학습시킬수록 정확도가 향상될 수 있어, 중요하지만 번거로운 품목 관리 업무를 상당 부분 자동화할 것으로 기대하고 있다.

품목 관리가 제대로 된 경우라면 제품명, 브랜드, 색상, 크기 등 속성별로 품목에 대한 정보가 일목요연하게 정리되어 있어야 한다. 정리가 안 된 경우 각종 속성이 '설명' 한 줄에 뭉쳐 있다. 엠로가 개발한 아이템 마스터 데이터는 정리되지 않은 속성 데이터를 속성별로 자동 구분하고 같은 품목인지 확인해 중복된 것은 제거할 수 있다. 이는 그동안 사람이 수작업으로 해오던 일이다.

엠로 기술연구소에 따르면, 회사는 AI 기반 자연어 처리를 통해 이러한 기능을 구현했다. 자연어 처리를 위해 문자 하나하나를 수치화된 벡터로 변환시키는 '캐릭터 임베딩' 기술과 이미지에서 유사한 특성을 추출해 인식할 수 있는 컨볼루션 신경망 기술을 접목했다. 두 가지 기술을 접목해 컴퓨터를 학습시키면 유사한 문자를 구분할 수 있다.

여기에 속성 분류뿐만 아니라 표준 품명을 학습하고 추론할 수 있도록 B-LSTM(Bidirectional Long Short Term Memory) 기술을 사용했다. 품목 데이터를 기반으로 학습시켰기 때문에 품목 속성 구분이 가능해진다.

엠로는 이번에 개발한 AI 기반 품목 데이터 관리 자동화 기술을 구매 프로세스 전반에 활용할 수 있을 것으로 기대한다. 예컨대 기업용 챗봇에 구매 요청 기능을 구현할 수도 있다. 정확한 품목 번호를 몰라도 '삼성 13인치 노트북 흰색으로 구매 요청'이라고 챗봇에 입력하면 해당 품목을 찾을 수 있다. 또 구매 대행사에서 고객사가 요청하는 물품의 품목 코드를 즉각 확인하고 재고가 없는 경우 새로 입고하는 작업도 상당 부분 자동화할 수 있다.

국내 캐스팅엔, AI 구매 팀이 찾아주는 최저가 '업무마켓' 오픈

업무마켓은 기업 간 거래가 이루어지는 주요 서비스 업무를 상품화한 후 최저가에 판매하는 서비스다. AI 기반 최저가 업무마켓 서비스는 '상품·서비스 몰'과 '전문 입찰', 두 가지 형태로 제공된다.

'상품·서비스 몰'은 단가가 정해진 상품 또는 서비스를 최저가로 구매할 수 있는 서비스다. '전문 입찰'은 구매 금액이 많거나 요구 사항이 복잡해서 공급업체 선정이 필요할 때 이용할 수 있는 서비스다. 캐스팅엔에 따르면, 상품·서비스 구매는 판매품이 총 11만 9,026개에 11개 카테고리로 구성돼 있다. 전문 입찰 서비스는 400여 개의 카테고리에서 5,000개 이상의 전문 기업이 활동한다.

기업의 구매 담당자는 업무마켓을 통해 필요한 상품을 최대 30%까지 저렴한 가격으로 구매할 수 있다. 캐스팅엔 업무마켓은 가격 검증을 위한 AI 시스템으로 국내 대표 쇼핑몰의 동일 상품 가격을 실시간으로 모니터링하는 것이 특징이다.

수집한 데이터를 바탕으로 상품을 가장 낮은 가격으로 설정하고 절감액을 제시하는 덕택에 이용자가 일일이 검색하지 않아도 가격 비교가 가능한 것이 장점이다.

캐스팅엔은 업무마켓이 최저가로 제공할 수 있는 것은 제품 공급업체에서 제공하는 원가를 이윤 없이 이용 회원에게 판매하는 정책 때문이라고 한다. 캐스팅엔의 업무마켓은 회원제로 운영해 이용료 수수료를 통해 수익을 창출하는 구조다.

제6장

제조

| 제조업에서의 AI 활약상 |

제조 부문에서는 공장에서 다양한 센서와 사물 인터넷(IoT)을 통해 대량의 빅 데이터를 수집·저장한 뒤 이를 머신 러닝을 통해 분석하고 효율적으로 처리할 수 있다. 예를 들어 품질관리 분야에서는 컴퓨터 비전과 이상 감지 알고리즘을 활용해 불량을 체크할 수 있고, 사전에 품질을 예상하는 것도 가능하며, 제조해야 할 수량을 정확하게 예측할 수도 있다.

AI가 제조 비즈니스에 활용되는 분야는 다음과 같다.

생산계획

지정된 작업, 사용 가능한 자원, 제약 조건 및 기업 목표 등 여러 조건 아래 최상의 생산계획을 수립하고, 신규 정보 및 데이터 추가 시 수많은 가상 작업을 통해 최적의 계획을 도출한다.

부품 등 사물 운반

다양한 형태의 자동 조립 라인, 자동 배분, 입고, 물류 로봇을 점차 적용하고, 각 자재를 최적 경로로 최단 시간에 배송한다.

품질관리

현재 품질관리 응용 대부분은 머신비전 품질 검사(불량 검출 등)이지만, 앞으로는 생산공정 최적화로 확장되고 주요 공정 데이터를 분석해 근본적으로 제품 품질을 개선한다. AI는 품질 관련 규칙 아래 품질과 변수의 관계를 명확히 해, 제조가 완료되기 전에 품질을 예측하고 오류의 원인을 식별하며 프로세스를 개선하는 것을 가능하게 해준다.

현장 작업

생산 조건의 변화를 지능적으로 감지하고 운행 지표의 최적 통제 및 자동 복구 등을 제어한다.

장비와 설비의 예측·유지·보수

장비 작동 데이터를 사용해 고장 위험을 적시에 예측 및 경고하고, 유지·보수를 위해 원인을 진단한다.

| 스마트팩토리, 똑똑하게 알고 가자 |

스마트팩토리(Smart Factory)의 정의는 '제품의 기획부터 판매까지 모든 생산과정을 ICT로 통합해 최소 비용과 시간으로 고객 맞춤형 제품을 생산하는 사람 중심의 첨단 지능형 공장'이다.

최근 정부의 정책 추진으로 스마트팩토리의 성과와 인식이 증가했음에도 스마트팩토리는 여전히 기초적인 수준이며 솔루션이나 전문 하드웨어 및 소프트웨어 등의 기술 경쟁력 향상이 뚜렷하지 않다는 평가가 있다. 지난 5년간 스마트팩토리를 도입한 7,903개 기업의 평균 성과 지표로 생산성 28.5%, 품질 42.5%, 원가 15.5%, 납기 준수율 16.4%의 개선 실적이 언급되고 있다(〈산업 뉴스〉, 2021년 7월).

그러나 스마트팩토리 보급 및 확산 사업에 참여한 기업의 78% 정도는 아직 기초 단계인 공장 및 업무 자동화 수준이며, 솔루션 도입 분야는 MES(Manufacturing Execution System, 생산관리 시스템) 69.5%, ERP 13.4%, PLM 4.2%, SCM(Supply Chain Management, 공급망 관리) 1.2%, FEMS(Factory Energy Management System, 공장 에너지 관리 시스템) 1.2% 순으로 나타나 업무 자동화 도구 중심으로 구성한 것이 현실이다.

추진 정도에 따라 공장자동화, 사무자동화, 디지털화, 스마트화 등 개별 추진 특성별로 4단계로 분류한다.

공장자동화는 간이 자동화에서 설비, 공정, 공장자동화와 CPS(Cyber Physical System, 가상 물리 시스템은 서로 다른 가상과 물리 체계를 통합하는 시스템을 말하며, 여기서 가상 환경은 컴퓨터 프로그램이 만든 세계이고, 물리 환경은 물리적 법칙에 따라 지배받는 자연환경이다. 인간과 기계의 인터페이스 그리고 다른 시스템과의 연결이 중요하며, 지능형 산업용 사물 인터넷과 유사하다. CPS는 자체적으로 정보를 교환하며 상호 독립적으로 작동하고 통제된다) 기반 자율 공장 구축 수준으로 단계적으로 확대해 구분한다.

사무자동화는 환경에 맞게 MES와 PoP(Point of Production, 공장에서 발생하는 생산 정보를 실시간으로 직접 수집, 처리), ERP, PLM, SCM 및 지능화 솔루션의 도입 단계로 구분한다.

디지털화는 생산 정보의 디지털 표현 방식 표준안(AAS, Asset Administration Shell) 기반의 단위별 제조 데이터 실시간 수집·저장·모니터링 및 자동제어, 디지털 트윈 도입과 기업 데이터 공유 단계로 구분한다.

스마트화는 제조 단위별 수집 데이터 기반의 분석과 AI 및 증강/가상현실 도입과 확산 단계로 구분하고 있다.

2021년부터 제조 현장의 자동화 및 디지털화 범위에 따라 자동화 설비, 라인, 공정, 공장별 제조 데이터를 표준화된 디지털 표현 방식(AAS)으로 수집하고 클라우드 기반의 데이터베이스 저장과 실시간 모니터링을 통해 제어하는 방식이 스마트 팩토리 보급 확산 과제에서 권장된다고 한다.

독일 스마트 제조 혁신의 선두, 훼스토

독일은 인더스트리 4.0(2015년부터는 플랫폼 인더스트리 4.0) 추진으로 유명한데, 그 중심에는 훼스토(FESTO)사가 있다. 훼스토는 2019년 기준 매출 규모가 3조 1,000억 유로이며, 디지털 자동화와 AI를 제조에 접목해 새로운 표준을 만들고 있다. 훼스토는 유지·보수, 품질 및 에너지 사용의 예측에 중점을 두고 AI를 활용한다. 이를 위해 AI 전문 자회사와 레졸토사(Resolto Informatik GmbH)가 개발한 AI 소프트웨어 솔루션 '훼스토 AX'를 활용한다. 기계와 장비의 데이터를 지속해서 관찰해 구성 요소 또는 양호한 상태를 설명하는 AI 모델과 대조하여 확인하고, AI 알고리즘은 정상 상태와 편차를 감지 또는 예측한다. 또 기계나 시스템의 간단한 상태 모니터링에서 머신 러닝에 이르기까지, 애플리케이션과 고객의 목표에 따라 소프트웨어 솔루션은 동사의 애플리케이션 엔지니어링 전문가에 의해 조정되고 고객의 개별 요구에 맞게 조정되기도 한다. 훼스토는 코로나 시대를 거치면서 비대면 공간의 중요성을 인식하고, 디지털 채널 전환이라는 장기적 추세를 예견해 위기 상황에서 고객사에서 가상 지원을 포괄적으로 제공하고자 한다. 고객과 파트너에게 엔지니어링 도구, 온라인 상점, 훼스토 서비스에 대한 액세스

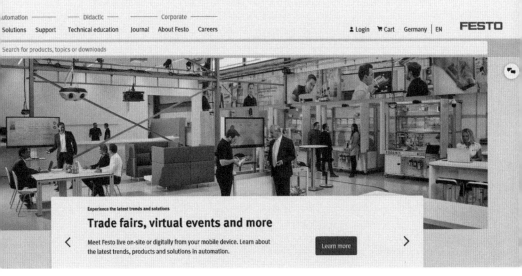

출처 : https://www.festo.com

및 디지털 유지 관리 매니저를 포함하는 디지털 협업 플랫폼을 제공한다. 그리고 AI를 활용한 디지털 트윈에 박차를 가하고 있다.

지능적으로 네트워크화된 생산은 위기 예방적이고 지속 가능하다. 다만 이를 위한 전제 조건은 제품, 기계와 시스템의 가상화이며, 근로자는 집에서 기계를 제어할 수 있어야 한다. 이를 위해 기계와 시스템은 실제 상태와 같은 기능을 갖춘 디지털 트윈이 필요하다. 임베디드 센서 기술은 프로세스 데이터로 디지털 트윈을 풍부하게 하고, 사용자가 기계의 내부 상태를 정확히 알게 해준다. 비용과 시간이 절약되어 제조비가 높은 독일 같은 선진국에서도 제조 경쟁력이 있다. 많은 기업이 다양한 수요 변화에 직면했다. 제조를 예전보다 유연하게 대응해 다양한 수요를 처리할 수 있게 된 것이다. 여기에 자동화 기술의 디지털화와 AI 적용이 해답이 된다. 이를 통해 지능적이고 독립적으로 네트워크화되고 자체 구성되면서 플러그 앤드 프로덕트가 가능한 구성 요소로 시스템의 요구 사항을 더 빠르게 충족할 수 있다. 필요한 데이터와 정보는 클라우드 서비스를 통해 동기화되며 언제든지 접근할 수 있다.

훼스토는 자사의 클라우드 AI(Cloud AI)를 활용해 납품되는 부품의 수명도 예측한다. 부품 자체의 센서로 수집한 데이터를 기반으로 학습하고 수명 주기를 예측해 부품의 교체 시기를 미리 알려주며, 중요 부품의 경우 에지 컴퓨팅(Edge Computing)을 이용한 실시간 데이터 처리를 지원한다.

메르세데스-벤츠의 MO360

메르세데스-벤츠 카 오퍼레이션(Mercedes-Benz Cars Operations)의 새로

운 디지털 생태계는 소프트웨어 애플리케이션 제품군으로 구성되며 복잡한 차량 생산을 완전히 투명하고 효율적으로 만든다. 이를테면 AI의 도움은 물론 전 세계 30여 개 공장의 데이터 통합과 빅 데이터 분석을 통해 이뤄진다.

MO360은 디지털화된 생태계를 통해 경험과 노하우를 지닌 생산 라인의 직원과 경영진이 더 나은 생산 환경을 구축하기 위한 것으로 공장 내에서 일어나는 모든 일을 기록하고 공유해 데이터 투명성을 확보해 나가고 있다. MO360은 생산 현장의 스크린이나 직원 개인이 사용하는 스마트 기기를 통해 실시간으로 생산과 재고관리, 품질관리 등과 관련한 정보를 빠짐없이 공개한다. 메르세데스-벤츠는 MO360을 사용하면 2022년까지 생산 효율이 15% 이상 높아질 것으로 기대하고 있다.

30년 동안 사내 생산 디지털화는 메르세데스-벤츠의 중요한 성공 요인이었다. 새로운 MO360 디지털 생태계는 이 과정에서 이루어진 획기적인 변화다. 메르세데스-벤츠 자동차 사업부의 생산 전문가와 다임러의 IT 전문가의 긴밀한 협력으로 개발되었으며, 모듈화 및 확장 가능한 생태계의 많은 부분이 이미 전 세계 30개 이상의 공장에서 사용되고 있다.

MO360은 공장의 가장 중요한 생산공정과 IT 시스템의 정보를 통합하고 중요한 소프트웨어 애플리케이션을 결합한다. 여기에는 퀄리티 라이브(Quality Live) 품질관리 시스템과 디지털 숍 플로어(Digital Shop Floor, Shop Floor는 '현장') 관리 시스템이 포함된다. 예를 들어 MO360은 주요 수치를 기준으로 생산 제어를 최적화한다. 한편 각 직원에게 개별 및 필요 기반 정보와 작업 지침을 실시간으로 제공한다. 최첨단 클라우드 솔루션은 확장성을 제공하고 광범위한 빅 데이터 처리를 지원한다. 이 모든 것이 MO360을 메르세데스-벤츠 자동차 운영의 중심 생태계로 만든다. _출처 : Mercedes 홈페이지

독일 보쉬사의 AI·IoT 기술 활용 첨단 반도체 공장

독일에 본사를 둔 기술 기업 보쉬(BOSCH)가 드레스덴에 건설한 반도체 공장에서 2021년 7월부터 AI와 사물 인터넷을 결합한 첨단 기술을 이용해 300㎜ 웨이퍼를 생산하고 있다.

이 공장은 연면적 72,000㎡로, 1조 4,000억 원 이상을 들여 2018년 6월부터 건설하기 시작했다. 공장에선 직원 700명이 일하고 있으며, AI와 사물 인터넷의 결합을 통해 데이터에 기반한 지속적인 생산 개선의 토대를 만들어가고 있다. 구체적으로 설명하면 장비, 센서, 제품 등 웨이퍼 팹의 모든 데이터는 중앙 데이터베이스에 집결되어 매초 500페이지 분량의 데이터가 생성된다. 이 과정에서 셀프 옵티마이징 알고리즘은 데이터에 기반해 어떻게 예측할지 학습한다. 이러한 방식으로 제조 및 유지 보수 공정은 실시간으로 분석된다.

예를 들어 AI 알고리즘은 제품에 나타나는 미세한 이상 징후까지 감지할 수 있다. 이상 징후는 시그너처라고 알려진 특정 에러 패턴 형태로 웨이퍼 표면에 드러난다. 이는 즉시 분석되고 제품의 신뢰싱에 영향을 미치기 전에 공정상의 편차는 즉시 수정된다. AI 덕분에 유지·보수 또한 최적화될 수 있다. 알고리즘은 제조 장비 또는 로봇이 언제 유지 보수 혹은 수정이 필요한지 정확하게 예측할 수 있다. 이는 정해진 일정에 따르는 것이 아니라 어떤 문제가 발생하기 전 정확히 필요한 시점

에 이뤄진다.

또 다른 특징은 웨이퍼 팹이 한 번은 현실 세계에, 한 번은 디지털 세계에 존재한다는 것이다. 이를 전문용어로 '디지털 트윈'이라고 하는데, 건설 과정에서 공장의 모든 부분과 건축 데이터는 디지털로 기록되고 3D 모델로 시각화된다. 이는 빌딩, 인프라, 납품 및 폐기 시스템, 케이블 덕트 및 공조 시스템, 장비 및 제조 라인 등을 포함해 약 50만 개에 달하는 3D 물체로 구성되며, 공정 최적화 계획과 레노베이션 작업을 시뮬레이션할 수 있게 해준다.

드레스덴 공장의 유지·보수 또한 최첨단을 활용한다. 데이터 글라스 및 증강 현실은 장비에 대한 유지·보수를 원격으로 할 수 있다는 것을 의미한다. 공장의 유지·보수 업무를 아시아에 있는 전문가가 할 수 있다는 것이다. 데이터 글라스에 빌트인된 카메라 덕에 이미지를 전송하면 아시아에 있는 전문가는 드레스덴에 있는 담당자에게 실시간으로 유지·보수 과정을 설명할 수 있다. 이 기술은 코로나19로 여행이 제한된 상황에서 장비를 시운전하는 데 결정적인 역할을 했다.

일본 타이어 제조업체 브리지스톤, '엑사메이션'

머신 러닝 기술을 활용해 생산성을 높이고 비용을 절감하는 동시에 제품 품질까지 향상하는 제조 혁신 프로젝트로, 일본 타이어 제조업체 브리지스톤(Bridgestone)은 재료 가공 관련 데이터나 생산공정 등에서 얻은 정보와 숙련 직원의 노하우를 통합하고 이를 바탕으로 AI로 생산공정이나 품질관리를 총괄 운영하는 시스템을 개발하고 시행했다.

브리지스톤이 이 프로젝트를 실시하기 전인 2014년에는 한국과 중국 제조사와의 경쟁이 심화되면서 시장점유율이 급격히 떨어졌다. 또 완벽해야 하는 타이어 제품 특성상 LSR 공정에서 모든 품질 표준을 충족하기 위해 사람의 눈과 손으로 조정해야만 했다. 그러다 보니 성형 공정은 항상 전체 공정에서 병목현상을 일으켰다.

브리지스톤은 제품 품질을 제고하기 위해 ICT와 첨단 기술에 투자했으며, 2016년 혁신적인 새로운 시스템 '엑사메이션(Examation)'을 추진했다. 이를 통해 사람이 하던 일을 제조 설비에 센서를 장착해 대체하고 머신 러닝으로 제품의 품질을 측정하며, 시스템은 실시간으로 기계를 자동으로 제어한다.

현대자동차, 세계 최고 수준의 '메타팩토리'

현대자동차가 2022년 말 '현대자동차그룹 싱가포르 글로벌 혁신 센터(HMGICS)' 완공에 맞춰 세계 최고 수준의 메타버스 기반의 디지털 가상 공장을 구축한다. 현실의 스마트팩토리를 디지털 세계인 메타버스에 그대로 옮긴 '메타팩토리(Meta-Factory)'를 구축해 공장 운영을 고도화하고 제조 혁신을 추진하며 스마트 모빌리티 솔루션 기업 전환을 가속한다는 계획이다. 실시간 3D 메타버스 플랫폼에 현실의 스마트팩토리를 그대로 구현한 디지털 가상 공장 메타팩토리를 구축하기로 했다. 물리적 사물과 세계를 디지털 세상에 똑같이 옮겨내는 것을 뜻하는 디지털 트윈 개념을 바탕으로 실제 공장과 같은 쌍둥이 공장을 가상공간에 설립하는 것이다. HMGICS는 현대자동차가 AI, IoT, 로보틱스 등 첨단 기술을 접목해 조성 중인 개방형 모빌리티 혁신 기지다. 현대자동차의 전기차 설계 및 시범 생산 체계를 비롯해 자동차 가치 사슬 전반을 아우르는 테스트 베드 역할을 한다.

현대자동차는 쏘나타 등 일부 차량 모델 설계에 디지털 트윈을 적용했다. 이를 모든 차종으로 확대하겠다는 계획이다. 디지털 트윈을 통하면 여러 대의 자동차 시제품을 제작하지 않고도 동력 흐름과 저항, 부품 간 연동 관계 등을 따져 설계에 반영할 수 있다.

또 현대자동차는 한국MS와의 협업으로 디지털 트윈 기술로 배터리 수명을 예측한다. 실물 전기차를 가상 세계에 적용해 충·방전과 운전 습관 등을 시뮬레이션하는 방식이다. 디지털 트윈 플랫폼에서는 전기차 아이오닉 5의 주행 정보를 수집하고, 가상 세계의 자동차에 적용한 후 차량별 배터리 수명을 예측한다. 머신 러닝, 물리 모델 등 데이터 통합 분석 모델을 적용해 배터리 성능에 영향을 미치는 충·방전과 운전 습관, 주차 및 주행 환경 등 차량별 정보를 종합 분석한다.

디지털 트윈은 막대한 데이터가 필요한 만큼 구축하는 데 시간이 걸리지만, 일단 구축해놓으면 적은 비용으로 생산과정을 극적으로 혁신할 수 있다. 가상공간에서 온갖 변수를 적용해보고 가장 좋은 방법을 찾아 곧바로 현실에 적용하면 된다.

[디지털 트윈과 메타버스 차이] 현실 세계와 가상 세계를 서로 연결한다는 점에서 메타버스와 유사하지만, 디지털 트윈은 메타버스와 다르게 컴퓨터에 물리적 현실을 반영하는 가상 디지털 세계를 만들고, 현실에서 발생하는 사건을 디지털 세계에서 시뮬레이션한다는 점에서 차이가 있다. _출처 : 현대자동차 보도 자료, 2022년 1월 7일

국내 포스코, 빅 데이터와 AI를 활용해 쇳물 생산

포스코 포항제철소의 '스마트 고로'가 미래 제철소의 새로운 모습으로 떠오르고 있다. 포항제철소 2고로는 2017년 이후 5년에 걸쳐 스마트팩토리 기술을 적용한 스마트 고로 형태로 운용된다.

철광석을 녹여 쇳물을 만드는 고로의 내부 온도는 최대 2,300℃까지 치솟기 때문에 고로 내부를 맨눈으로 확인하는 것이 불가능하다. 기존에는 표면 온도, 압력, 가스 성분으로 용광로 내부의 상황을 추정했고, 운전 또한 수동으로 제어했기 때문에 제철 공정은 숙련된 직원의 경험에 의존하는 프로세스로 여겨져왔다. 하지만 이번에 제시한 '스마트고로'는 실시간 측정된 데이터로 수많은 사례를 학습하고, 용광로 상태를 스스로 점검해 조업 결과를 예측한다. 노열(내부 온도)과 송풍량 데이터를 학습한 AI는 스스로 고로를 제어한 것이다.

이는 다시 도금 공정에도 확대되었다. 강판 표면에 아연 등의 소재를 입히는 작업이 도금 공정의 핵심이다. AI가 각 도금 공정의 데이터를 학습하고 도금량 수치를 개선하며 효율이 개선되었다.

산·학·연 협업 체계 구축을 시작으로, 포스코 고유의 스마트팩토리 인프라인 '포스프레임(PosFrame)'을 적용했다. 시범 운영을 거쳐 2019년부터 본격적으로 전 제철소 스마트화에 나섰고, 2020년에는 조업을 넘어 설비·물류·안전·사무 등으로 스마트팩토리 적용 범위를 확대했다.

스마트 고로의 정보는 포스 프레임에 모인다. 제철소는 생산계획부터 최종 제품을 고객사에 인도하기까지 모든 공정이 연속적으로 이뤄진다. 여의도 3배 면적의 제철소에 흩어진 수백 개의 공장에서 생성되는 정보를 한곳에 모으고 정형화·데이터화하기 위해서는 제철소 특성

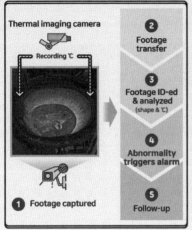
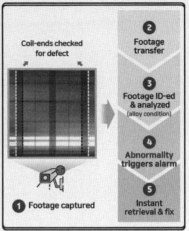

출처 : https://newsroom.posco.com/en/posco-the-lighthouse

에 맞춘 데이터 플랫폼인 포스프레임이 필수다. 포스프레임으로 약 3개월 후의 쇳물 생산량을 예측하고, 이를 이후 제품 생산까지 연결해 고객사에 차질 없이 전달하는 것이 최종 목표다.

포항제철소 2고로의 스마트고로 도입은 철강 생산량 증대와 품질 향상에 획기적으로 이바지했다. 생산량이 연 8만 5,000톤 증가했고, 품질 불량률이 기존 대비 63% 감소했다. 8만 5,000톤은 중형 승용차를 연간 8만 5,000대 더 생산할 수 있는 양이다.

포스코가 AI를 도입한 것은 상당히 오래전이었다. 이미 1990년대 초에 AI 도입을 검토했으나 방대한 제조 데이터를 처리할 만한 하드웨어가 없어 실행을 미루었다. 2016년 알파고를 계기로 회사 각 분야의 현장형 AI 전문가들이 모였고, 공장 내 증가한 사물 인터넷 장비 인프라

도 상당 부분 갖추었다. 이후 수년간의 피땀으로 스마트고로를 완성할
수 있었다.

효성, 빅 데이터 기반 스마트팩토리에 총력

효성은 스마트팩토리 구축은 제조업체로서 반드시 갖춰야 할 필수
요소로 인식하며, 데이터를 기반으로 IT 기술을 융합해 변화하는 시대
에 맞춰 고객 요구에 빠르게 대응할 수 있는 시스템을 갖춰나가고 있
다. 효성은 중국·베트남·인도 등 해외 사업장을 비롯해 효성티앤씨 구
미 공장 등 국내외 사업장에 스마트팩토리를 구축해 생산 효율을 극대
화하고 생산 제품의 품질 안정화를 구축했다. 이를 통해 원료 수입부터
생산, 출하에 이르기까지 제품 상태나 설비 상황 등의 데이터를 수집·
분석하고 실시간 생산 현황 모니터링, 품질 리스크 감지 등 전 공정을
제어할 수 있게 했다. 생산지에 영향받지 않고 동일한 품질의 제품을
생산할 수 있는 환경을 갖춘 것이다.

효성은 2019년부터 현장에서 수집한 정보를 디지털화해 관리함과
동시에 고객 대응 프로세스를 구축하는 'C-Cube 프로젝트'를 추진했
다. C-Cube는 고객(VoC), 고객의 고객(VoCC), 경쟁사의 의견을 경청하
기 위해 빅 데이터를 기반으로 고객 대응 프로세스를 구축하는 것을 말
한다.

현재 효성은 중국·베트남·터키·브라질 등 전 세계 62개 무역 법인
및 사무소와 32개 생산 법인에서 수집한 고객의 목소리를 데이터베이
스화해 시장 현황, 기술정보, 고객 불만, 대응 현황 등을 실시간으로 확
인하고 대응하고 있다.

사업장에서는 공정 모니터링 시스템, 품질관리 시스템, 스마트 사물 인터넷 등을 통해 원료 수입부터 생산, 출하에 이르기까지 제조 전 부분의 데이터를 수집·분석하고 관리해 제조 경쟁력을 높인다.

최근에는 기존 스마트팩토리 시스템에 고객을 세부적으로 분류하고 구매 패턴을 분석하는 고객 관계 관리 솔루션과 경험 관리 솔루션을 중공업, 섬유 등 각 생산 현장에 추가했다. 각 생산 현장에서는 생산 등 제조뿐만 아니라 고객의 선호도나 취향도 예측할 수 있어 고객의 요구에 선제적으로 대응할 수 있게 됐다.

한편 2022년 4월, 효성인포메이션시스템은 하이퍼스케일(Hyper-Scale, 대규모 확장) AI 개발 플랫폼 전문 기업 래블업과 국내 AI, 머신러닝, 고성능 컴퓨팅(High-Performance Computing, HPC) 시장 저변 확대를 위한 양해 각서를 체결하고 공동 영업과 마케팅 등 협업을 강화한다고 밝혔다. AI 프로젝트를 성공시키기 위해서는 GPU 연산 자원의 효율적 활용, 증가하는 데이터의 효과적인 저장과 성능 유지, 손쉬운 AI 모델 개발, 지속적인 운영 관리 방안 등에 관련된 고도화 전략이 필요하다. 효성은 AI 개발 플랫폼 및 GPU 분할 가상화 기술로 글로벌 기술력을 인정받는 래블업과 함께 GPU 기반 AI 플랫폼 사업 공략을 강화한다. GPU 기반의 데이터 연산부터 고성능 컴퓨팅에 최적화된 스토리지를 활용한 대용량 데이터 저장과 자동화된 관리 및 운영까지 통합적으로 제안하며, 고객의 데이터 기반 디지털 전환을 적극 지원한다.

국내 동원시스템즈, 아산 공장 스마트팩토리

2021년 9월 16일 자 '뉴스룸' 기사에 따르면, 동원시스템즈는 아산시에 위치한 2차 전지용 알루미늄 생산 공장에 AI, 사물 인터넷 등 핵심 기술을 적용한 고도화된 스마트팩토리를 구축했다고 밝혔다.

동원은 그룹 차원에서 2020년 8월, KT가 주도하는 AI 원 팀(AI One Team)에 합류했다. 2020년 2월 출범한 AI 원 팀은 KT, 현대중공업그룹, LG전자, 한양대학교, 한국과학기술원, 한국전자통신연구원 등이 참여해 대한민국 AI 1등 국가를 목표로 활동 중인 산학연 협의체다. 동원그룹은 AI를 적용해 식품 생산공정, 고객 맞춤형 신제품 발굴, 언택트 판매 채널 강화 등에서 구체적인 성과를 내겠다는 목표를 세웠으며, 이번 2021년 9월에 스마트팩토리도 구축한 것이다.

동원시스템즈는 현재 국내에서 운영 중인 12개 생산 공장 중 2차전지용 알루미늄을 생산하는 아산 공장을 비롯한 총 7개 생산 공장에 스마트팩토리를 구축하며 디지털 전환을 가속화하고 있다.

동원시스템즈 아산 공장은 스마트팩토리 구축하기를 통해 알루미늄 원자재 투입부터 제조, 품질관리에 이르는 모든 생산공정을 데이터화해 생산성이 30% 이상 향상될 것으로 기대된다. 또 AI · 사물 인터넷 등 핵심 기술이 적용된 스마트팩토리를 도입하기 위한 기반 설비를 구축하는 동시에 입출고, 보관, 재고관리 등 실시간 물류 정보 분석 체계를 갖춰 물류 관리 효율성이 높아질 것으로 예상된다.

삼성SDS '넥스플랜트' 플랫폼

삼성SDS는 AI를 적용한 스마트팩토리 플랫폼으로 생산공정 데이터를 분석해 기업 지능형 공장 구현을 지원한다. 삼성SDS는 제조업종 전문 역량과 IT 노하우와 기술력이 집약된 AI 기반 넥스플랜트 플랫폼과

25개 솔루션을 기반으로 플랜트·제조·물류 등 3대 핵심 영역 스마트 공장 구축에 주력한다. 넥스플랜트 플랫폼은 공장 설계·시공·운영, 생산·검사 등 제조 실행, 물류·설비 등 모든 정보를 실시간 수집하고 브라이틱스 AI를 활용해 분석·공유한다. 고객사가 공장을 최적화해 제어하고 안전하게 운영돼 최고 품질과 생산성을 달성하도록 지원한다.

플랜트 영역에서는 설계 도면을 3차원(3D) 시각화하는 플랫폼을 기반으로 공장 설계 단계부터 시공·운영까지 모든 데이터를 연계하고 프로세스를 지능화한다. 기업은 공사 납기 단축, 시공 원가절감, 실시간 이상 감지를 통한 현장 안전을 강화한다.

제조 영역에서는 브라이틱스 AI를 적용한 검사 지능화 솔루션으로 수백만 장의 이미지를 자동 분류해 기존 수작업 대비 검사 불량 분류 정확도를 개선한다. 삼성그룹 내 제조 계열사는 이 솔루션을 활용해 불량 유형을 딥 러닝으로 학습하게 함으로써 육안 검사 대비 불량 분류 정확도를 30% 높였다. 물류 영역에서는 창고와 공장 내 물류 반송 장비, 발전기·공조기·케미컬 등 인프라 설비와 결합한 솔루션으로 자료 수집, AI 기반 통합 관제와 실시간 제어를 수행한다. 설비 가동률을 향상하고 설비를 안정적으로 운영한다.

삼성SDS는 넥스플랜트 플랫폼을 고도화해 기업 지능형 공장 실현 지원을 강화할 계획이다. 플랜트 설계·시공부터 플랜트 운영과 시스템 온칩(SoC)까지 사업 영역을 확장한다. 최근 플랜트 지능화 센터 구축, 기업과 소통·협업을 위한 맞춤형 교육, 세미나, 벤치마킹을 지원한다. 삼성SDS 자회사 미라콤아이앤씨는 넥스플랜트 플랫폼 기반 제조 실행 시스템(MES)을 공급한다. 제조 실행, 품질 분석, 제조 현황, 설비 모니터링 기능에 제조 물류 자동화, 설비 예측 유지·보수 기능을 적용했다. 제조 솔루션 핵심 기능인 기준 정보, 생산, 설비, 품질, 추적, 창고 입출고, 시스템 관리를 표준화해 기존 대비 구축 기간을 20% 단축한다.

삼성SDS 넥스플랜트 플랫폼 내 제조 특화 시스템인 AI 기반 넥스플랜트MES를 살펴보자.

넥스플랜트MES(Manufacturing Execution System, 생산관리 시스템)는 제조 전체 프로세스의 최적화를 수행하는 제조 정보관리 및 제어 솔루션이다. 생산 효율성 관리, 수율 관리, 수요 변화 대응 등의 성공적인 제조 활동은 더욱 어려워지며, 제조 경쟁력 극대화를 위한 지능형 공장으로의 변화는 선택이 아닌 필수가 되고 있다. 넥스플랜트MES는 제조 전체 프로세스를 관리하고 최적화하는 제조 정보관리 및 제어 솔루션이다. 넥스플랜트MES를 사용해, 고객은 현장의 제조 리드 타임 단축으로 생산성을 향상하고, 신뢰성 있는 정보를 제공해 제조 안정성을 확보할 수 있다. 전 세계 공장에 대한 가시성을 확보해 신속하고 정확한 의사결정을 수행할 수 있다.

그리고 삼성SDS사 MES를 통해 생산계획을 최적화하고 작업 순서를 결정할 수 있으며, 생산 기준에 맞춰 자원 및 프로세스를 관리하고, 제품을 추적(Tracking & Tracing)해 각 생산 라인의 성능과 생산성을 감독할 수 있다. 생산공정 데이터를 수집·처리해 제조 수율과 설비 효율성을 개선하고, 설비 데이터를 자동으로 수집 및 표준화하고 원격 설비 제어 기능으로 생산 시설을 자동화한다. 물류 이동도 완전 자동화된 설비로 자재의 최적 이동 루트를 계산해 운반 시간을 최소화한다.

넥스플랜트MES 솔루션은 세계 유수의 반도체 및 디스플레이 공장에서 사용되며, 업계에서 입증된 10ppm 수준의 신뢰성을 제공하며, 공장을 가동하는 중 다운타임 없이 시스템을 업그레이드할 수 있다.

| 디지털 트윈은 가상의 쌍둥이 |

AI는 물리적 생산 시스템의 가상 복사본을 만드는 것을 돕는다. 제조 분야에는 특정 기계 자산, 전체 기계 시스템 또는 특정 시스템 구성 요소의 디지털 트윈을 제작할 수 있다. 디지털 트윈의 가장 일반적 용도는 실시간 진단, 생산공정 평가, 제품 성능 예측 및 시각화 등이다. 데이터 과학 엔지니어는 디지털 트윈을 가르치는 데 AI를 활용하는데, 이때 수집한 과거 데이터와 레이블이 없는 데이터를 모두 처리하는 지도 및 비지도 기계 학습 알고리즘이 적용된다. 이러한 알고리즘은 생산 일정, 품질 개선 및 유지 관리를 최적화하는 데 도움이 된다.

한국항공우주산업(KAI)은 첫 시제기를 공개한 한국형 차세대 전투기 KF-21 개발 과정에 디지털 트윈을 활용했다. 단순한 3차원 그래픽으로 설계했다는 게 아니라 각종 전투기 부품과 장치를 가상과 현실에 마련해놓고 설계·엔지니어링·제조 과정을 한 플랫폼에 연결했다.

독일 지멘스도 비슷하다. 실제 항공기 프로펠러를 가상 모델과 연결하고, 풍속 등에 따른 움직임의 변화를 실시간으로 디지털 트윈에 반영한다. 디지털 트윈이 더 안정적인 프로펠러 각도를 계산하면 실제 모델에 이를 반영하는 식으로 양방향 공정을 활용한다.

특정 지역 또는 나라 전체를 디지털 트윈으로 구현하려는 시도도 이어지고 있다. 대형 자연재해, 전염병 등 현실에서 발생할 수 있지만 실제로 실험할 수 없는 시나리오를 만들어 미리 시험해볼 수 있기 때문이다. 국가정책의 오류와 비효율, 실패 가능성도 가상의 '쌍둥이'로 탐지할 수 있다. 정부는 2025년까지 1조 2,000억 원을 들여 '디지털 트윈 국토'를 구축하겠다고 한다.

국토교통부도 지방자치단체 대상 디지털 트윈 시범 사업을 공모해 약 5개 지역을 선정할 계획이다. 국토교통부 관계자는 "사전 수요 조사 결과 수질오염·악취 문제 해결법을 찾고 선제적으로 에너지를 관리하기 위해 디지털 트윈을 쓰고 싶다는 곳이 많았다"고 말했다. 공장 건축 허가를 내주기 전에 공장이 일대 수질에 미치는 영향을 미리 알아보는 식이다. 디지털 트윈을 쓰면 일대 물과 공기 흐름까지 시뮬레이션에 반영할 수 있어 기존 방식보다 훨씬 자세한 내용을 알 수 있다. _출처 : https://news.v.daum.net/v/20210705182201779

| 제조공정 및 검사에서도 이미 AI를 활용한다 |

국내 KAIST·KC ML2 공동 연구 팀,
강화 학습 기반 메타 표면 최적화 성공

카이스트(KAIST)는 전기 및 전자공학부 연구 팀이 KC ML2(반도체 제조 솔루션 기업 KC에서 설립한 연구 조직) 조직과 공동 연구를 통해 강화 학습에 기반한 자유 구조의 메타 표면(빛의 파장보다 훨씬 작은 크기의 구조로 이전에 없던 빛의 성질을 달성하는 나노 광학 소자) 구조 설계 방법을 제안했다고 2022년 2월 밝혔다. 나노 광학 소자는 빛의 특성을 미시 단위에서 제어해, 자율주행에 쓰이는 라이다(LiDAR) 빔 조향장치, 초고해상도 이미징 기술, 디스플레이에 활용되는 발광 소자의 광 특성 제어, 홀로그램 생성 등에 활용할 수 있다.

최근 나노 광학 소자에 대한 기대 성능이 높아지면서, 이전에 있던 소자 구조를 훨씬 뛰어넘는 성능을 내기 위해 자유 구조를 띠는 소자의 최적화에 대한 관심이 커지고 있다. 자유 구조와 같이 넓은 설계 공간을 가진 문제에 대해 강화 학습을 적용해 해결한 사례는 이번이 최초다. 연구 팀은 해당 방법을 이용해 메타 표면에 대한 특별한 사전 지식 없이도 가능한 구조를 넓게 탐색하고 최적 구조를 발견할 수 있음을 보여주었다. 많은 조건에서 최신 성능과 비슷하거나 앞서며, 특정 조건에서는 100%에 가까운 효율을 달성했다고 연구 팀은 설명했다.

연구 팀은 또 "강화 학습은 복잡한 환경에서 최적의 경우를 찾는 데 효과적인 알고리즘"이라며 "이번 연구로 자유 구조 최적화 분야의 새로운 돌파구를 찾고, 광소자뿐만 아니라 많은 분야의 소자 구조 최적화에도 활용될 수 있을 것"으로 기대했다.

국내 KRISS와 포스텍 공동 연구 팀, 물리 이론 학습하는 AI 시뮬레이션

2022년 6월, 한국표준과학연구원(KRISS)과 포항공과대학교(포스텍) 공동 연구 팀이 음향 물리 이론을 학습할 수 있는 AI 기술을 국내 최초로 개발했다고 밝혔다. 이번에 개발한 기술은 AI 기반 음향 시뮬레이션 기술로 음향·소음·진동 등의 변화를 실시간으로 예측하고 문제를 해결할 수 있는 기반 기술이다. 이를 활용하면 가전 기기, 자동차 등의 제품부터 건물, 다리 등의 구조물에 이르기까지 다양한 대상의 음향·진동 상태를 모니터링하고, AI가 시뮬레이션을 거쳐 내린 의사 결정을 즉각 반영해 성능을 최적화할 수 있다. 이번 성과는 특히 산업계에서 주목받는 신기술인 디지털 트윈에 적용할 수 있다.

현재 디지털 트윈의 음향 시뮬레이션에 활용할 수 있는 기술은 일반 AI 기술과 공학 분석용 계산법이 있다.

일반 AI 기술의 경우 학습한 데이터 범위 내의 계산은 빠르고 정확하지만, 경험하지 않은 상황에 대한 응용력이 부족하다는 단점이 있다. 공학 분석용 계산법은 정확도는 높지만 계산 소요 시간이 길어 실시간 활용이 어렵다. 이번에 개발한 AI 음향 시뮬레이션 기술은 기존 기술의 단점을 모두 극복했다. 일반 AI 기술에 비해 월등히 높은 정확도와 돌발 변수 대응 능력을 갖췄으며, 공학 분석용 계산법보다 계산 속도가 450배 빠르다. 덕분에 디지털 트윈 실용화에 이바지할 수 있다.

이를 가능케 한 기술의 핵심은 AI 신경망에 물리 이론을 직접 학습시키는 딥 러닝 알고리즘이다. 소리가 퍼지고 반사되는 환경에 돌발 상황이나 변수가 발생하더라도 이론적 원리를 알고 있는 만큼 실시간으로 정확한 분석값을 내놓을 수 있다. 언어를 익힐 때 생활 속 경험뿐만 아니라 문법책으로 원리를 익히면 더 빠르고 정확하게 배울 수 있는 것과 마찬가지 원리다.

국내 가우스랩스, 수율 제고 반도체 공정 AI

가우스랩스는 2020년 SK가 설립한 인공지능 전문 기업이다. 첫 과제로 그룹 내 가장 큰 회사인 SK하이닉스의 반도체 제조 혁신 과제가 주어졌다. 먼저 가우스랩스는 문제점을 파악하고 이를 해결하기 위해 데이터를 수집했다. 보통 반도체 공정은 웨이퍼에 머리카락 굵기의 1만분의 1 이하의 초미세 회로를 새겨 넣는 미세 공정을 거쳐야 하고 생산 절차도 복잡하다.

D램이나 낸드플래시를 만들기 위해서는 90일 넘는 기간 동안 600~700개의 공정을 거쳐야만 한다.

AI를 활용하는 데 필요한 데이터 수집은 의외로 수월했다. SK하이닉스의 반도체 공정이 디지털로 완전 자동화되어 있었기 때문이다. 반도체 공정의 과제는 프로세스 변형을 줄여 수율을 높이는 것이다. 이를 위해 프로세스 제어, 장비 유지·보수, 수율 관리, 공정 스케줄링 최적화, 결과 계측과 결함 검사 등을 핵심 주제로 삼고 세분된 과제별로 AI를 활용해 개선해나가고 있다.

가우스랩스는 반도체 제조 혁신 과제가 끝나면 다른 분야로 확장해나가는 것을 목표로 삼는다. 반도체가 화학적 공정부터 기계적 공정, 광학 공정까지 다양한 분야가 결합한 종합 제조 회사이기 때문에 반도체 제조에서 AI 혁신을 제대로 한다면 훨씬 쉽게 다른 제조 산업으로 확대될 것으로 판단한 것이다.

국내 삼성디스플레이, 제품 검사 AI

겉으로 잘 드러나진 않지만 제조업 기업 사이에서도 AI 기술 개발 경쟁이 치열하다. AI를 잘 활용하면 생산 수율을 극대화하고 획기적인 신제품을 개발할 수 있기 때문이다.

국내에선 삼성디스플레이가 '제조 AI'의 선두 주자로 꼽힌다. 삼성디스플레이는 제품의 불량 여부를 검사하는 공정 전반에 AI를 적용해 검사 정확도를 90% 이상으로 올리는 데 성공했다.

검사 공정 정확도를 높이는 건 모든 제조 기업의 숙제다. 검사에서 문제를 찾아내지 못하면 불량품을 고객사에 납품하게 되어 신뢰에 타격을 준다. 정상 제품을 불량으로 판정해도 수율이 떨어진다. 하지만 사람 눈으로 하는 검사는 정확도를 높이는 데 한계가 있었다. 디스플레이 제품이 초미세 공정을 거쳐 제작되는 데다 수백 가지 불량 유형을 사람이 다 기억하기 어렵기 때문이다.

삼성디스플레이는 AI로 문제를 해결하고 있다. 정상과 불량 제품의 사진·영상 데이터 수백만 건을 AI에 학습시킨 뒤 검사 공정에 투입해 불량 여부를 판별하게 한 것이다. 여기에는 고도의 딥 러닝 기술과 컴퓨터 비전 AI 기술이 적용된다.

현재 검사 공정 전반이 AI로 자동화됐으며, AI 적용 이후 검사 정확도가 90% 이상으로 크게 향상되었고, 덕분에 수율이 향상된 것은 물론 생산 비용도 절감할 수 있었다.

검사 공정 외에 디스플레이 생산과정에도 AI가 활용된다. 디스플레이 생산공정은 터치스크린, 편광 필름, 커버 글라스 등 다양한 자재를 결합하는 과정을 거친다. 이때 각 자재의 위치가 $1mm$라도 흐트러지면 제품을 제대로 만들 수 없다. 그래서 각 자재엔 '얼라인 마크(Align Mark, X축 방향의 얼라인과 Y축 방향의 얼라인을 동시에 시행할 수 있는 통합 마크)'라는 식별 표식을 붙여 정확한 위치를 파악한다. 이때 얼라인 마크의 인쇄 품질이 떨어지거나 이물질에 가려지면 인식률이 낮아지는데, 마크 인식도 AI로 자동화함으로써 인식률을 크게 높여 불량을 초래하는 요소를 최소화했다.

일본 닛산, AI 기술을 부품 품질관리에 활용

자동차 산업뿐만 아니라 모든 제조 시스템의 급속한 다양화와 디지털화는 혁신을 촉진하고 고객에게 높은 가치를 제공할 새로운 기회를 제공한다. 이와 더불어 세부적인 품질 점검이 급격하게 늘어나는 것은 문제를 초래할 수 있다. 이에 닛산 엔지니어 팀은 2018년부터 일본의 자동차 제조에 최첨단 AI 기술을 도입하는 방안을 연구하고 있었고, 지난 1년간 가나가와현 닛산 옷파마 공장에서 도입한 결과, 각종 자동차 부품을 99.995%의 정확도로 평가할 수 있었다.

초기에는 AI에 대한 거부감도 컸다고 한다. 그리고 많은 사람이 머신러닝에 전적으로 의존하려고도 하지 않았다. 그들은 AI가 생산 라인의 원활한 운영에 잠재적 위험이 될 것으로 생각하고 AI를 신뢰하지 않았다. 하지만 AI를 활용한 후 부품 검사 공정이 100%의 정확도를 달성하고, 고객이 주문한 것을 정확히 처리할 수 있었으며, 이런 과정에서 축적된 AI 평가 시스템에 대한 특허를 일본 정부에게 받게 되어 기술의 정확성을 증명할 수 있었다.

일본 옷파마 공장에서는 AI 평가 시스템이 세 가지 핵심 영역에서 실력을 발휘하고 있다.

첫 번째는 대시보드의 버튼 선택 프로세스다. 대시보드용 부품이 생산 라인을 따라 이동하는데, 현장 라인 작업자들은 버튼을 선택하고 바른 위치에 빠르게 삽입하는 데 많은 어려움을 겪고 있었다. 이에 AI 시스템은 빠른 스캔으로 버튼과 버튼의 위치를 실시간 데이터와 비교해 변경이 필요할 경우 작업자에게 알려준다.

두 번째는 사이드 미러의 미묘한 색상 변화 점검 영역이다. 작업자들이 차의 사이드미러를 조립할 때, AI는 인간의 눈으로 거의 감지할 수 없는 색상의 미묘한 변화를 식별하고 점검하는 데 도움을 준다.

세 번째, 특정 모델 및 해당 모델의 특정 사양은 문에 있는 구멍의 모양과 위치가 각각 다른데, AI가 이를 정확하게 구분하고 관리하게 해준다.

앞으로 이 AI 기술과 로봇공학을 결합해 잠재력이 더해진다면 완전히 새로운 차원의 가능성이 열릴 것으로 기대된다. 이미지 인식을 넘어 육체적으로 힘들거나 스트레스를 많이 받는 여러 직업이 AI를 통해 기계화될 수 있을 것이다.

LG CNS, 구글 AI로 LG 제조 불량 판독 30배 속도 혁신

구글 클라우드 AI 솔루션을 접목해 LG 계열사 공장의 제조 불량 판독이 30배 빨라졌다. LG CNS는 구글 클라우드가 개최한 개발자 행사 '구글 클라우드 넥스트 2019'에서 이 같은 내용의 제조 AI 혁신 사례를 발표했다.

LG CNS는 2018년부터 AI 빅 데이터 플랫폼 DAP와 구글 클라우드 AI 솔루션 '오토머신러닝(AutoML)'을 결합한 AI 이미지 판독 기술을 제조 공장 부품 불량 판정에 적용해왔다.

오토머신러닝은 기업 보유 이미지·텍스트 등 각종 데이터로 AI를 학습시켜 특정 분야에 활용 가능한 맞춤형 AI 모델을 자동으로 만들어

내는 기술이다. LG CNS는 DAP로 전체 공장 지능화를 구현하며 데이터 학습·모델링 부분을 오토머신러닝으로 해결했다.

LG CNS는 오토머신러닝을 적용해 LG 계열사 제조 공장 데이터 수십만 건을 시험, AI 모델 제작 기간을 1주에서 최대 2시간으로 단축했다. LG CNS와 구글 클라우드의 결합 기술로 판정 난도가 높은 공정에서도 판독률 99.9%를 달성했다고 한다.

LG CNS는 구글 클라우드 AI 솔루션 접목 기술을 LG 계열사의 액정 표시 장치·유기 발광다이오드 패널, 화학제품 등 제조 결함 감지 및 품질관리·개선에 적용해나가기로 했다.

| 재난 및 건설 현장에서 눈부시게 활약하는 AI |

국내 현대케피코,
욜로(YOLO) 알고리즘을 적용한 AI 화재·재난 감지 시스템

현대케피코는 모빌리티 전자제어 솔루션 전문 기업으로 수소차, 전기차, 전기 오토바이, 내연기관 차량 등 다양한 모빌리티 제어 기술을 연구하고 생산하고 있다. 현대케피코 AI 머신 리서치랩은 딥 러닝을 활용한 객체 검출 기술을 다양한 분야에서 활용하고 있다. AI 화재 감지 시스템뿐만 아니라 AI 재난 감지 시스템도 개발했다. 이 시스템은 AI 기술로 화재 및 재해 상황을 빠르게 인지하고 대처해 피해를 최소화하는 시스템이다. 사람이 평균 26초 걸리던 화재 감지 시간이 AI 시스템을 활용하면 3초(화재 감지 1초, 알람 3회) 내 가능하다. 이의 작동 원리를 살펴보면 카메라 영상과 센서 데이터를 서버에 전송하고, 화재 및 최고 온도를 감지해 카메라 자체적으로 소화기를 작동시키거나 로봇이 발화 지점으로 자율주행해 소화 명령을 수행한다. 동시에 발화 지점의 위치 및 영상 데이터를 관리자에게 발송한다. 객체 검출을 위한 AI 모델은 모바일넷 SSD를 사용했으며, 현재 10FPS(Frame Per Second)의 감지 속도를 갖춰 화재 감지 속도를 향상했다. 앞으로 시스템이 감지 가능한 상황을 화재뿐만 아니라 낙상, 유해가스, 지진 등으로 확대하고, 자체 AI 반도체 설계로 추론 속도를 높여나갈 예정이다.

두 번째로 온 디바이스(On Device) AI를 구현하기 위한 통합 제어기 AI-RCU(AI Robot Control Unit)를 개발했다. 온 디바이스 AI는 클라우드 AI와 비교했을 때 네트워크가 없는 현장에서도 AI 처리 능력을 갖추고 있고, 유·무선 통신 기술을 접목해 외부 기기와 연결할 수 있다는 장점이 있다. 또 라이다 및 카메라 입력과 데이터 처리가 가능해 자율주행 로봇에 최적화된 제어 기기다. CPU 사용을 최소화하고 최적의 반도체 설계로 전력 소모를 최소화하는 장점도 있다.

마지막으로 객체 인식 기술을 활용해 실시간으로 마스크 착용 여부를 판별하고 발열을 감지하는 시스템 KEFICO19(KEFICO+COVID-19)를 개발했다. KEFICO19는 현대케피코가 자체 AI 기술로 개발한 첫 결과물로 마스크 착용 여부와 발열 상태를 동시에 확인하는 시스템이다. 무엇보다 이동하는 다중 객체를 추적하며 감지한다는 점에서 다른 동일 시스템 대비 장점이 있다. 현재 이 시스템은 현대케피코 본사와 해외 법인뿐만 아니라 현대자동차그룹 주요 그룹사와 협력사, 해외 공장에 설치돼 코로나19 예방에 기여하고 있다. _출처: 현대모터스 그룹 홈페이지

현대중공업,

건조 중인 선박 내 AI 기반 화재 감시 시스템 상용화

2021년 11월, 현대중공업그룹은 업계 최초로 AI 기반의 화재 감시 시스템을 개발하고 건조 중인 LNG 운반선에서 시연회를 진행했다.

이 시스템은 인공지능이 선박 내 화재를 감시하는 안전 솔루션으로, 여러 대의 CCTV 영상과 화재 빅 데이터를 분석해 화재 발생 즉시 불씨와 연기 등을 신속하게 포착할 수 있다. 특히 스스로 데이터를 쌓아 학습하는 딥 러닝 기술을 통해 일반 카메라 영상으로도 기존 화재 감지 센서에서 빈번한 오·경보 가능성 등을 원천 차단했다. 현대중공업그룹은 이 시스템을 LNG 화물창의 '보온재 설치 공정'에 먼저 적용하고, 운항 중인 선박은 물론 건조 단계까지 작업 전반에 도입한다는 계획이다.

이번에 개발된 AI 기반 기술을 화재 감시는 물론 기름과 가스 누출 등 제조 시설의 안전 분야 전체로 확대 적용해 안전한 사업장을 조성한다는 계획이다.

국내 현대 엔지니어링, 다양한 AI 기술을 건설 현장에서 사용

건설 계획 단계에서도 AI를 적용할 수 있고, 엔지니어의 업무 효율성을 높여 작업 시간을 줄여준다. 엔지니어는 설계 시 다양한 도면을 접한다. 설계 도면을 보고, 책을 찾으며 자료를 분석하는 작업은 시간이 오래 걸리고 단순 반복 업무여서 업무 효율성이 떨어진다. 이때 엔지니어가 필요한 정보를 컴퓨터에 입력하면 AI가 그 정보를 효율적으로 뽑아내고 처리한다.

엔지니어링은 수많은 설계 옵션 중 최적의 답을 찾는 과정이다. 자중

(自重), 바람, 지진과 같은 조건에 적합한 구조물의 부재를 선택하고, 최적의 배관 작업 공정을 결정하는 과정을 자동화 모델링으로 구성할 수 있다. 각 설계 요소를 유기적으로 연결하는 수많은 조합을 검토해 물량 최적화는 물론 구매/시공 비용을 절감하는 솔루션을 찾아 제시할 수도 있다. 축적된 데이터를 분석해 특정 변수에 영향을 주는 요소나 데이터의 상관관계 등을 찾아내면 건물이나 플랜트 설계를 최적화할 수 있다. 자재와 환율 등을 분석해 실시간으로 견적을 예측할 수도 있다.

수주 산업의 위기관리에도 AI는 유용하게 쓰일 수 있다. 프로젝트를 입찰하는 과정에서 설계, 구매, 시공, 시험 운전 등 각 단계 수행 시 발생 가능한 위험을 예측하는 것은 어려운 일이지만, 과거 데이터로 훈련한 AI 예측 모델을 활용하면 수행 과정에서 발생할 수 있는 위험을 최소화할 수 있다. 사람의 언어를 분석하고 처리하는 자연어 처리 기술을 활용하면 입찰 문서 내 독소 조항을 사전에 찾아내 해결 방안을 미리 생각할 수 있다.

건설 현장의 자원 관리에도 AI를 활용할 수 있다. 인적자원이나 재료 공급망 등을 데이터베이스로 구현해 모니터링하고 효율적으로 자원을 배치할 수 있다.

현대엔지니어링은 최근에 업계 최초로 AI 머신 러닝을 활용한 플랜트 철골 구조물 자동 설계 시스템 개발을 완료하고 관련 특허를 출원했다. 철골 구조물 자동 설계 시스템은 엔지니어가 직접 입력하는 수작업 방식보다 설계에 필요한 시간을 줄여 업무 효율을 높일 수 있다. 이 때문에 통상 3~4일 걸리던 업무 시간이 10분 이내로 줄어든다.

또 AI 머신 러닝 알고리즘을 활용해 구조물의 최적 형태를 제안하고,

이를 기반으로 설계 단계에서 시공성 검토가 이루어져 설계와 시공간의 오차가 거의 없어지면서 공사 기간이 단축되는 것은 물론 설계 비용도 약 20% 이상 절감할 수 있었다. 도면 이미지를 AI가 자동으로 읽어내 데이터화하는 이미지 인식 시스템도 개발해 시험 적용하고 있다.

제7장

마케팅

| AI는 마케팅 도사 |

AI는 마케팅 분야에서도 인기다. 마케터는 AI를 사용해 행동 분석, 패턴 인식 등의 도움을 받아 개인화된 광고를 제공할 수 있다. AI는 브랜드의 스타일과 목소리에 맞는 방식으로 콘텐츠 마케팅도 지원한다. AI, 자연어 처리로 구동하는 챗봇은 사용자의 언어를 분석하고 인간과 같은 방식으로 대응하고 있다.

비즈니스 AI 활용 사례 중에서는 마케팅 캠페인 적용이 대표적이다. 마케팅에서 AI 활용은 지속적으로 과거 이력을 학습해 적절한 시간과 채널에 알맞은 제안과 메시지를 고객에게 전달하는 것을 목표로 한다. AI 도구를 활용해 고객을 더 잘 알게 되고, 더 매력적인 콘텐츠를 만들며, 개인화된 마케팅 전략을 수행할 수 있다. 이를 좀 더 나누어 살펴보자.

마케팅 분석

AI는 과거 마케팅 활동을 학습하고 분석할 수 있다. 고객이 얼마나 참여했고, 트래픽과 수익이 어느 정도 발생했으며, 그에 영향을 끼치는 요소에는 무엇이 있었는지 추출할 수 있다. 기업은 고객에게 더욱더 정확한 마케팅 기법을 적재적소에 적용할 수 있고, 고객 분석으로 어떤 유형이 충성도가 높은지, 어떤 고객이 이탈률이 높은지 분별함으로써 이전 제품과 서비스에 관심을 보인 고객을 상대로 리타기팅하고, 이탈을 방지할 대책을 세울 수 있다. 또 마케팅 프로그램에 명확한 목표를 설정하고 마케팅 결과를 측정해 성공 여부를 분석한다.

개인화 마케팅(Personalized Marketing)

AI는 고객에게 개인화된 경험을 제공하도록 지원한다. 예를 들어 온라인 제품 사이트 방문 후 구매하지 않은 고객에게 다시 한번 해당 상품을 각종 사이트에서 노출하거나, 개인별로 맞춤형 이메일을 보내 한정된 특가 상품, 취향에 맞는 신제품을 추천할 수 있다. 또 실시간 위치 데이터, 서비스 이용 내용 등을 비롯한 상세한 개인 데이터를 사용해 마케팅 채널 간에 개별화된 콘텐츠를 제공할 수 있다.

문맥 맞춤형 마케팅(Context-Aware Marketing)

머신비전과 자연어 처리를 활용하면 광고가 게재되는 곳의 컨텍스트를 AI가 이해할 수 있다. 이 경우 마케팅 메시지는 단일화되어 있지 않고, 컨텍스트에 따라 자연스럽게 메시지를 변화시킬 수 있다. _출처 : https://davincilabs.ai/blog

디지털 광고

광고 시장은 빠른 속도로 디지털로 바뀌었으며, 세일즈포스(Salesforce)의 분석에 따르면 마케터들은 2022년에 40%의 마케팅 활동이 온라인에서 이루어지고, 30%가 온라인과 오프라인의 하이브리드 형태가 될 것으로 예상한다. 현재 디지털 광고 분야에서 가장 크게 가치가 증가하고 있는 마케팅 채널은 유튜브 같은 동영상 부문, 페이스북이나 인스타그램 같은 소셜 미디어, 그리고 네이버 검색 광고와 구글 애드센스(Google AdSense) 같은 디지털 광고 부문이다. 마케터들은 광고와 메시지의 위치를 결정하기 위해 사용자 정보에 입각해 전략을 세우는데, AI는 소비자 정보를 기반으로 실시간으로 수정할 만큼 유연하고 민첩하게 전략을 수행할 수 있다. 머신 러닝을 통해 설정된 타깃과 관련된 광고 공간을 찾아내 실시간으로 입찰에 참여한다. 네이버나 구글 등 디지털 광고 서비스업체는 광고 공간 입찰에 관련된 소비자의 관심 키워드, 위치, 구매 전환율 등과 같은 데이터를 제공하는데, AI가 이를 분석해 적절한 타이밍과 가격에 적절한 채널을 타기팅해 경쟁력 있는 광고 전략을 수행할 수 있다.

또 이러한 광고에 노출시킬 웹사이트나 블로그, 소셜 미디어 콘텐츠를 최적화해 AI를 통해 잠재 고객의 구매를 유도하는 퍼널 분석(Funnel Analysis, 웹사이트에 유입된 사용자가 구매 전환하기까지의 여정을 흐름대로 시각화해 어떤 단계에서 가장 많이 이탈하는지 알아보는 방법)을 실시한다.

고객 관리

AI를 활용해 고객을 세분화할 수 있고, 회사 마케터의 개입 없이 적시에 맞춤형 메시지를 제공하는 등 고객 관리를 최적화할 수 있다. 챗봇은 고객 서비스 지원을 충실히 수행할 수 있는 AI 애플리케이션으로도 활용할 수 있다. 고객은 과거 질문과 기록 데이터를 활용해 즉각적이고 정확한 답변을 하는 챗봇을 통해 요청 사항을 해결하고, 고객 경험과 만족도를 모두 향상한다.

AI는 전자 상거래에서도 효과를 높일 수 있다.

먼저 개인화된 쇼핑이 가능해진다. 고객의 검색 기록, 선호도 및 관심사에 따라 추천 목록을 작성하고, 고객과의 관계 개선에 활용할 수 있다. 또 AI 어시스턴트와 챗봇은 온라인 쇼핑을 하는 동안 사용자 경험을 향상하는 데 협력할 수 있고, 신용카드 사기와 가짜 리뷰를 식별하고 처리할 수 있다.

| 소셜 미디어에 적용된 AI |

인스타그램

인스타그램에서 AI는 당신의 '좋아요'와 팔로 계정을 고려해 당신의 탐색 탭에 어떤 게시물이 표시되는지 결정한다.

페이스북

인공지능에 딥 텍스트라는 도구를 함께 사용해 대화를 더 잘 이해할 수 있다. 이것은 또한 다른 언어의 게시물을 자동으로 번역하는 데 사용한다.

트위터

트위터는 AI를 사기 탐지, 선전 및 혐오 콘텐츠 제거에 사용한다. 또 사용자가 어떤 유형의 트윗을 사용하는지 분석한 후 즐길 수 있는 트윗을 추천한다.

페이스북(Meta Platform)은 보내고 싶은 타깃에게만 광고 전달

SNS는 개인 정보의 보고이자 광고 내용이나 목표 등을 미세 조정하고 광고 후 효과를 실시간으로 측정하므로 매우 높은 광고 효과를 볼 수 있다. 나이와 성별이라는 개인의 프로필에만 그치지 않고 흥미 있게 본 기사, 친구 관계, 소비생활 등에 이르기까지 모든 이용 데이터는 페이스북에 바로 알려지고 빅 데이터로 저장된다. 이 빅 데이터는 개인 정보를 훔쳐보는 데 이용되는 것은 아니지만 개인 맞춤형 광고를 하는 데 바로 사용된다. 페이스북에서는 외부의 사용자 정보와 유사한 페이스북 사용자를 AI를 통해 유사 타깃(Lookalike Audience)으로 분류해 맞춤형 타깃 광고를 할 수 있도록 광고주를 지원하고 있다.

구글과 메타플랫폼의 시장조사 도구

구글 트렌드(Google Trends)와 페이스북 오디언스 인사이트(Facebook Audience Insights)는 AI를 이용해 무료 온라인 시장조사 도구를 제공한다. 이를 통해 이용 회사들은 산업계 동향을 예측하고 기업 경쟁력을 높일 수 있다. 위에서 설명한 시장조사 도구는 다음과 같은 다양한 정보를 제공한다.

- 경쟁 업체에 대한 상세한 정보 : 매출 흐름에 대한 정보, 더욱 성공적인 제품, SNS에서의 반응 등의 정보
- 소비자 이해와 예측 데이터 : 소비자의 선호를 더 쉽고 빠르게 분석해 미래 추세를 예측하는 보고서 생성
- 제품 광고 개인화 : 개인화 광고를 위한 성별, 나이, 위치, 직업과 같은 정보를 바탕으로 이용자 대상 광고 맞춤 서비스가 가능해 광고 효과 제고
- 상위 소비자 인플루언서 정보 : 기업 제품이나 서비스에 대한 최적의 효과적인 채널을 알려줘 SNS 마케팅 설계 가능

| 광고, AI 동료가 옆에서 일한다 |

중국 알리바바 자회사 알리마마, AI 카피라이터

알리마마(Alimama)는 알리바바가 2007년 설립한 광고 관련 자회사다. 2018년 5월 AI 카피라이터가 초당 2만 줄의 광고 문구를 작성할 수 있고, 컴퓨터인지 인간인지 구별하는 튜링 테스트도 통과했다고 한다. AI 카피라이터는 딥 러닝과 자연어 처리 기술로 알리바바의 전자상거래 플랫폼인 티몰과 타오바오의 광고 문구 수백만 줄을 학습했다. AI 카피라이터를 이용하는 것은 간단하다. 제품 페이지에 링크를 삽입하기만 하면 되고, 버튼을 클릭하면 AI가 생산한 여러 개의 카피 아이디어를 확인할 수 있다. 그동안 사람이 한 줄 한 줄 생각하는 것보다 AI 머신 러닝이 내놓은 결과물 중 최고를 선택하는 것으로 더 효율적일 것

같다. 현재 이 기술을 사용하는 브랜드는 의류업체 '에스프리(Esprit)'와 미국 캐주얼 브랜드 '디키즈(Dickies)' 등이 있다.

알리마마는 상거래 사이트의 약 450만 개 브랜드에 마케팅 서비스를 제공하고 있다. 타오바오 사이트에 제품 노출과 배너 광고 등을 제공한다. 2015년에는 광고 효과 측정의 정확도를 높이기 위해 스마트 크리에이티브 시스템(SCS, Smart Creative System)을 도입했다. 알리마마가 공급하는 콘텐츠와 배너에 대한 타깃 고객 노출 등 성과를 정량화하는 툴을 구축한 것이다. 이를 통해 알리마마는 타깃 고객에게 맞춤화된 배너 광고를 제공할 수 있게 된 것이다.

알리마마가 미디어 및 마케팅 분야에 AI 기술을 활용한 것은 이번이 처음이 아니다. 알리마마는 2018년 4월 제품 페이지에서 자동으로 주요 텍스트와 이미지를 추출해 20초짜리 프로모션용 동영상을 만들 수 있는 동영상 편집 도구인 '알리우드'를 공개했다. 또 전자 상거래 판매 업자를 위해 크기를 자유롭게 조정할 수 있는 스마트 배너 디자인 도구를 선보이기도 했다.

일본 토요타, IBM AI 왓슨 활용 광고 캠페인

2018년 일본 토요타는 IBM의 왓슨 애드버타이징이 제공하는 왓슨 애즈(Watson Ads)로 토요타 프리우스 프라임 광고를 만들었다. 왓슨 애즈는 음성을 문자로 전환시키는 스피치 투 텍스트(Speech to Text)와 왓슨 컨버세이션(Watson Conversation), 자연어 이해 등의 API를 조합해 만든 AI 광고 플랫폼으로, 사용자와 대화로 자동차 정보를 알려준다.

또 구매를 고민하는 소비자에게 프리우스 프라임의 장점을 어필한

1:1 맞춤형 광고가 가능하다. IBM의 왓슨 애드버타이징은 인공지능을 활용함으로써 왓슨 애즈뿐만 아니라 AE의 광고 기획 의사 결정(Marketing Planner with Lucy)과 소비자 행동을 예측한 효과적인 타기팅(Audience Targeting) 및 실시간 광고 노출 최적화(Bidding Optimization) 등 네 가지 인공지능 솔루션을 구축했다.

토요타가 2018년 유럽 시장에 내놓은 렉서스ES TVC 광고는 AI가 15년간 칸 광고제 수상작을 분석해 광고 대본을 직접 작성했다. 이는 인공지능이 대본을 작성한 최초의 상업광고라고 한다. 수상작 분석과 일련의 외부 데이터 분석을 통해 왓슨은 '정서적으로 지적이면서도 즐거움을 주는' 요소에 집중해 대본 흐름과 줄거리를 만들어냈고, 전문 창작 기관이 스토리를 완성했다.

광고는 신형 렉서스ES를 세상에 내놓은 렉서스의 다쿠미 기능장의 이야기를 담고 있다. 왓슨은 스토리 후반부에 반전 플롯을 제시했다. 충돌 사고가 나려는 결정적인 순간에 자동차의 자동 비상 제동 시스템이 작동돼 차에 내장된 기술의 가치와 효용성을 입증한다는 것이다.

국내 제일기획, AI 휴먼 캠페인

2022년 7월 20일 자 〈제일 매거진(Cheil Magazine)〉 내용을 보면, 제일기획이 만든 신한금융그룹의 '기발한 꿈' 캠페인의 스토리가 나온다. 이는 'AI 휴먼(Human)' 기술을 활용했다. AI 휴먼 또는 디지털 휴먼이란 인공지능 챗봇과 컴퓨터 그래픽으로 만든 가상 인간을 뜻한다. 광고 모델로 유명한 한국의 로지, 미국의 릴 미켈라, 일본의 이마, 중국의 화즈빙, 태국의 아일린 등이 유명하다. 이번에 신한금융의 캠페인은 'AI 딥

출처 : https://www.cheil.com

휴먼' 기술을 활용해 다소 지친 MZ 세대에게 '도전, 꿈, 성장'의 메시지
를 전달하고 있다. 총 4편의 캠페인 영상 중에서도 특히 '무명 배우의
꿈'과 '아이돌의 꿈' 편이 MZ 세대의 높은 관심을 받고 있다.

'무명 배우의 꿈(미래에서 온 수상 소감)' 편은 무명 배우가 오디션 사전
인터뷰에서 자신의 인생을 돌아보다가 미래에서 온 편지를 받게 된다.
바로 AI 딥 휴먼(AI Deep Human) 기술로 구현한 '25년 뒤 미래의 내'가
연기상을 받고 '현재의 무명 배우'에게 보내온 영상 편지다.

'아이돌의 꿈(날 닮은 너)' 편은 오랜 연습생 끝에 데뷔했지만 쉽지 않
은 길을 걷고 있는 신입 아이돌에게 AI 딥 휴먼 기술을 통해 구현된 열
네 살의 나에게서 영상 편지가 도착한다. 과거에 꿈을 꾸던 나에게서

오히려 응원받고 의지를 다지는 이야기다.

자칫 차갑게 느껴질 수 있는 AI 기술을 통해 가장 인간적이고 따뜻한 '휴머니즘'을 그려냈으며, 주인공과 시청자의 마음을 움직이고 눈물샘을 자극하는 매개체 역할을 톡톡히 했다.

제일기획은 일찍부터 디지털 트랜스포메이션을 강조해왔다. 광고와 리테일, 온라인과 오프라인, 데이터와 이벤트, 소비자와 메이커 등 다양한 연결로 지금껏 상상하지 못한 혁신적이고 새로운 가치를 만들어내고자 한다.

마케팅 광고 음악에 AI 작곡 소프트웨어 아이바 활용

작곡 AI로 유명한 아이바(AIVA, Artificial Intelligence Virtual Artist)는 2016년 2월 룩셈부르크에서 탄생해 그해 6월 세계적인 스타트업 경연 대회 '피치유어스타트업'에서 우승했다. 2017년 6월 룩셈부르크 국경일 기념식에서 아이바가 작곡한 '함께 이겨봐요(Let's Make It Happen)'가 연주됐다. 당시 유럽에서 AI의 창작에 대한 논란이 일었지만, 프랑스 작곡가 협회에 정식 등록됐으며, 같은 해 9월 프랑스 아비뇽 국립 오케스트라는 아이바의 '교양적 판타지 a단조 Op. 24, 나는 AI'를 연주했다.

아이바는 다양한 장르와 스타일로 음악을 작곡하고 생산할 수 있는 인공지능으로 비디오게임, 영화, 광고 등을 위한 음악을 만든다. 이를 이용해 교향곡을 작곡하고 단 1대의 컴퓨터만으로도 체임버 오케스트라 사운드를 낼 수 있다. AI 작곡 소프트웨어 아이바를 이용하면 누구나 자신이 원하는 느낌의 교향곡을 직접 작곡하고 연주할 수 있으며, 광고의 배경음악으로도 활용된다.

국내 하트미디어사,

온라인 마켓 시장을 위한 지능형 데이터 분석 및 패턴 추출

하트미디어어사는 딥 러닝 인공지능 기술을 이용해 고객 관계 관리 (CRM) 업무 프로세스가 내재화된 마케팅 자동화 기술을 개발해, 기업의 CRM 활용을 지원하고자 한다. 이를 위해 SOM(Self-Organizing Map, 자기 조직화 지도는 대뇌피질의 시각 피질을 모델화한 인공 신경망의 일종으로 차원 축소와 군집화를 동시에 수행하는 분류 기법), KNN(K Nearest Neighbor, K-최근접 이웃 알고리즘은 거리 기반 분류 분석 모델) 인공지능 기술을 이용해 데이터 분석, 고객 세분화, 딥 러닝 학습 등의 요소 기술을 개발했고, CRM 시스템에 탑재함으로써 CRM 전문 인력과 조직이 없어도 마케팅 주제별 데이터 분석 및 패턴 추출, 추천 자동화, 마케팅 어드바이저(Advisor)가 가능하도록 지원한다.

하트미디어사가 활용한 분석 기법은 다음과 같다.

- RFM 분석은 새로운 제안에 응답할 가능성이 가장 큰 기존 고객을 식별하는 데 사용하는 방법임, 세분화 고객 현황, VIP 고객, 고객 정보 현황, 수집 채널, 변수별 고객 현황, 구매 전환율, 구매 금액 등 분석 기법 적용
- 가공한 데이터를 바탕으로 RFM, SOM, K-평균 클러스터 수행, 고객 등급과 해당 등급에 해당하는 파생 변수 생성
- KNN 알고리즘과 SOM, RFM으로 생성된 고객 등급 및 상품 판매량으로 가중치 적용된 추천 개발
- 사용자가 선호하는 상품과 선호하지 않는 상품, 사용자 평점의 높

낮이와 사용자의 특성 및 상품 판매량 등이 반영된 예측 평점을 구하는 추천 시스템

- 마케팅 어드바이저를 CRM에 연계하기 위한 표준 API(Application Programming Interface, 애플리케이션 프로그램 인터페이스) 기술 개발

국내 나스미디어, AI 접목한 디지털 마케팅

2000년 창립된 나스미디어는 각종 매체를 대신해 광고를 수주하고 집행된 광고 효과를 분석해 데이터를 제공하는 사업을 해왔다. 이후 2008년 KT 자회사로 편입되었고, IPTV와 디지털 옥외광고를 비롯해 KT와 시너지를 낼 수 있는 사업으로 꾸준히 영역을 확장해왔다. 2022년 4월 KT 융합기술원과 업무 협약을 맺고 맞춤형 광고 효율을 증진하기 위한 AI 연구 개발(R&D)에 협력하기로 했으며, AI를 기반으로 매체별 광고 입찰·낙찰 알고리즘을 빠르게 최적화하면서 허수 유입량을 포착해 제거하는 연구에 주력하고 있다.

최근 구글과 애플의 개인 정보 보호 강화 추세에 대응하기 위한 자체 통합 데이터 플랫폼 구축도 역점 사업 중 하나다. 미국의 TTD(The Trade Desk, 사용자 동의를 전제로 이메일을 암호화해 통합 ID를 구축한 나스닥 상장 기업)처럼 자체 ID 체계 구축을 검토 중이며, 2021년 6월 개시한 데이터 기반 커머스 '케이딜'도 강화 중이다. 모회사 KT가 보유한 고객 데이터를 활용해 가입자에게 최저가 쇼핑 기회를 제공하는 서비스인데, 지금까지 7만 명 가까이 가입자를 확보했으며, 연말까지 이용자를 20만~30만 명으로 늘려 충성도 높은 고객을 대상으로 마케팅을 더욱 정교화할 계획이다.

＊ 참고로 양대 웹브라우저·모바일 운영체제(OS) 사업자 구글과 애플은 웹(인터넷)이나 스마트폰 앱상의 접속 이력을 추적하는 제삼자 쿠키·광고 ID 제삼자 활용을 차단하기로 했다. 이 때문에 디지털 광고업체들은 개인 데이터를 이용한 맞춤형 광고 사업에 차질을 빚고 있다. 다만 구글은 기존 광고 ID 대신 새롭게 제공하는 '토픽 API(관심사별 분류)' 활성화를 검토 중이다.

미국 델타항공, 디트로이트발 고객 대상으로 '평행 현실' 서비스

2020년 1월 미국 IT 및 가전 전시회인 CES 2020에서 델타항공(Delta Air Lines)이 첨단 기술 스타트업 '미스어플라이드 사이언스(Misapplied Sciences)'와 손잡고 미국 디트로이트 메트로폴리탄 공항 출발 고객을 대상으로 '평행 현실(Parallel Reality)' 기술의 시범 서비스를 최초로 선보였다. 평행 현실 기술은 단일 안내판에서 다수의 고객에게 맞춤형 정보를 동시에 제공하는 혁신적인 서비스로 '승객 맞춤형 스크린'이다. 여러 명이 동시에 공항 안내 스크린을 봐도 각자에게 필요한 정보만 보이도록 한 혁신 기술이다.

이 서비스는 신규 개발된 사전 동의(Opt-In) 기술을 이용해 하나의 디지털 전광판에서 다수의 고객이 각자의 여행 정보를 원하는 언어로 동시 확인할 수 있다. 또 신규 기술을 이용해 탑승 게이트 위치 확인, 가까운 델타 스카이 클럽 라운지 찾기 등 길 찾기 서비스 및 맞춤형 정보를 한눈에 확인할 수 있다. 이 시범 서비스는 디트로이트 공항에서 진행되며 약 100명의 델타 고객이 보안 검색대를 통과한 후 대형 디지털 전광판에서 각자의 여행 정보를 동시에 확인하게 된다. 시범 서비스에 참여한 고객과 직원의 피드백은 추후 서비스 개발에 반영할 예정이다.

평행 현실 시범 서비스 상세 내용은 다음과 같다.

디트로이트 공항의 보안 검색대를 통과하면 델타 스카이 클럽 라운지(탑승동 A, 맥나마라 터미널) 인근에 있는 평행 현실 전광판이 보인다. 시범 서비스 이용을 원하는 디트로이트발 델타 고객은 전광판의 스캐너에 탑승권을 인식한 후 원하는 원어를 선택한다. 멀티뷰 픽셀(Multi-View Pixels)과 독자적 기술이 적용된 혁신 기능으로, 디지털 전광판 앞을 지나는 개별 고객 맞춤형 정보가 원하는 언어로 제공된다. 한 가지 빛의 정보만 지닌 일반 픽셀과 달리 멀티 뷰 픽셀은 한 번에 수백만 가지 정보를 표시할 수 있다. 스크린 반대편에 각각 다른 각도로 설치된 거울로 현재 스크린에 열두 가지 정보가 떠 있음을 알 수 있다. 개인화된 스크린의 비밀은 천장에 달린 카메라다. QR코드를 스캔하면 승객 이름, 목적지, 모국어 등이 입력되는 동시에 위치 정보가 카메라에 전달된다. 카메라는 승객의 움직임을 따라가면서 스크린이 적당한 각도에서 해당 승객에게 맞는 정보를 띄울 수 있도록 해준다. 이번 시범 서비스 단계에서는 맞춤형 길 찾기 서비스, 항공편 정보 및 변경 내용, 탑승 시간, 가까운 델타 스카이 클럽 라운지 위치, 좌석 업그레이드/대기 현황 등의 정보를 제공한다. 이 서비스는 사전 동의를 바탕으로 시행하며 고객 개인 정보는 저장되지 않는다.

이 시스템을 개발한 미스어플라이드 사이언스는 평행 현실 기술은 향후 경기장, 테마파크, 대규모 회의 시설 등 다양한 외부 공간에서 매끄러운 맞춤형 경험을 제공하는 데 활용되리라 전망했다.

독일 블루 욘더, 새로운 고객 수요 예측 솔루션

블루 욘더(Blue Yonder)는 예측 분석 소프트웨어를 제공하는 독일 기업이며, 이 소프트웨어를 통해 소매 기업이 고객 서비스를 개선하고 머신 러닝을 사용해 새로운 기회를 찾을 수 있도록 비즈니스 인텔리전스를 제공한다.

사용자들이 먼저 과거 거래와 마케팅 데이터를 동사 소프트웨어에 업로드해야 한다. 예를 들어 식료품 소매업체는 판매 시점 기록, 판촉 캠페인 및 제품 정보와 같은 내부 데이터를 업로드하고 수요 예측 응용 프로그램을 사용한다. 그러면 소프트웨어는 소매업체 내부 데이터와 날씨, 휴일 및 특별 이벤트 데이터를 결합하고, 머신 러닝을 사용해 매일 각 제품의 수요를 예측한다. 그런 다음 시스템은 재고관리 담당자에게 각 스토어의 모든 제품에 대한 재고 보충 알림을 매일 대시보드로 제공한다. 블루 욘더는 소매업체인 모리슨스(Morrisons)가 재고 보충을 최적화하고, 491개의 모든 매장에서 2만 6,000개의 제품 SKU 주문을 자동화하는 데 성공했다.

블루 욘더는 오토와 셀그로스에도 동 시스템을 도입해 매출 증가와 재고 감축 등의 비용 절감을 이루었다고 한다.

| 온라인 쇼핑에서 제대로 실력을 발휘하는 AI |

온라인 쇼핑은 대표적인 ICT 기술 기반 서비스로 고객의 방문 시간, 방문 횟수, 상품 조회 내역, 결제 등 다양한 데이터 축적을 기반으로 해서 인공지능이 적용되기 쉬운 분야다.

온라인 쇼핑의 첫 번째 프로세스는 상품 탐색이다. 본 단계에서 이용자들은 웹사이트의 검색엔진을 통해 직접 제품명이나 품목을 입력하거나 웹페이지의 메뉴를 이용해 제품을 탐색한다. 이때 이용자는 원하는 상품의 정확한 검색 용어(Keyword)를 모르는 경우 제품 탐색에 어려움을 겪는다. 즉 원하는 제품을 추천해주는 기능이 없으면 직접 적절한 제품명을 반복적으로 입력해 검색해야 하는 불편(Pain Point)이 있다.

또 웹페이지에서 원하는 제품을 찾기 위해 여러 페이지를 클릭하고 탐색할 때 제품 탐색에 걸리는 시간도 증가한다. 사용자가 검색된 상품 정보를 확인하는 단계에서는 소비자의 성향과 쇼핑 의도에 맞지 않는 상품이 다수 노출되기도 한다. 예를 들어 노트북을 구매하기 위해 '노트북'이라는 키워느로 검색하면 배터리, 시력 보호경 등 관련 제품과 전자 기기 외의 상품까지 검색 결과에 노출된다. 그뿐 아니라 검색이나 추천 상품을 확인하는 과정에서 프로모션에 대한 정보가 없을 때, 사용자는 프로모션 여부를 다시 확인해 재검색하거나 가격 비교를 위해 다른 쇼핑 사이트까지 방문하는 번거로운 과정을 거쳐야 한다. 제품 선택 후 최종 결제를 하는 과정에서 소비자는 주소, 수령인 등 배송 정보를 직접 입력해야 하는 번거로움을 겪는다. 또 결제 상품에 대해 쿠폰 같은 추가 할인 사항이나 카드 할인 같은 최적 결제 수단을 이용자가 직접 적용하고 최종 결제 금액을 확인해야 한다는 번거로움도 존재한다.

일부 기업은 소비자의 구매를 유도하는 데 인공지능 기반의 개인별 맞춤형 추천 기능을 활용한다. 소비자 관점에서 개인별 맞춤형 추천 기능은 제품 탐색 시간을 단축하고 취향에 맞는 다양한 제품을 단시간에 확인할 기회를 제공한다. 기존 맞춤형 추천 기능은 쇼핑의 편의성을 향상하는 수준이지만, 데이터가 축적될수록 성능이 향상되는 인공지능의 특성상, 앞으로는 고객의 구매 패턴과 취향을 정교하게 고려한 개인 맞춤형 쇼핑 서비스 제공이 가능해질 것이다.

옴니메타 채널에서의 마케팅

옴니메타 채널(Omni-Meta Channel)에서 개인화 맞춤 광고는 방문한 웹사이트나 SNS에 개인화된 광고뿐만 아니라 현실 세계의 방문 장소에서도 메시지를 전달해주며, 아바타의 세상인 메타버스에도 개인화된 맞춤 서비스가 이루어질 전망이다. 가칭 옴니메타 채널의 맞춤형 개인화 광고 전략이다.

메타버스는 '생활 속에서 이뤄지는 가상 세계 또는 실생활에서 발생하는 사회, 경제, 문화, 취미, 인적 교류 등의 활동이 일어나는 가상현실 공간'으로 정의된다. 아울러 가상현실 공간에서 아바타의 역할이 중요하기 때문에 아바타를 통해 경제 및 사회 활동을 할 수 있는 가상 세계로 정의할 수 있다.

벌써 많은 기업이 메타버스상에서 마케팅 활동을 펼치고 있다. 코카콜라는 메타버스 플랫폼 '게더타운'에 음료 페트병의 자원 순환을 체험할 수 있는 '코카콜라 원더풀 아일랜드'를 열어 자원 순환을 강조하는 간접 브랜드 마케팅을 하고 있다. 구찌, 나이키, MLB 등 유명 글로벌 브랜드도 신제품 론칭 행사를 메타버스에서 했다. 게임 플랫폼인 리그 오브레전드(LOL)에는 마스터카드사의 배너 광고를 진행하고, P&G는 2022 CES 박람회에서 체험형 가상공간인 뷰티스피어(BeautySPHERE)

디지털 플랫폼을 출시했다. 메타버스상에서 브랜딩, 론칭 광고뿐만 아니라 브랜드 가상 매장에서 제품 구매 후 현실 세계로 배송도 될 것으로 생각한다.

이제 회사 마케터들은 전통적인 오프라인 매장 관리, 온라인 쇼핑몰 관리와 더불어 가상과 증강 세계에서의 마케팅도 고려해야 하고 이들 3개 공간에서 일관적으로 마케팅 소구 및 개인화 맞춤 광고를 진행하는 것에도 관심을 가져야 할 것이다.

국내 이스트소프트,
안경테를 쇼핑하는 새로운 AI 솔루션 라운즈

이스트소프트(ESTsoft)의 라운즈(ROUNZ)는 세계 최고 수준의 얼굴 정렬(Face Alignment) 기술과 안경, 그래픽, 프로그램 분야의 전문가들이 만들어낸 혁신적인 모바일 가상 피팅(Mobile Virtual Fitting)을 선보이며, 언제 어디서나 수천 가지 스타일의 안경테를 써보고, 원하는 상품을 쉽게 주문할 수 있게 하는 '손안의 안경 쇼핑몰'이다.

AI가 사용자 얼굴을 분석하고, 가상 피팅으로 3,000개가 넘는 안경과 선글라스를 직접 써보고 어울리는 제품을 마음껏 고를 수 있다.

국내 최고 수준의 인공지능 전문가들이 딥 러닝 기술로 만든 라운즈 앱은 기존 아이웨어(Eyewear, 안경) 쇼핑의 한계점을 혁신적으로 개선하고 고객 편의를 높이고 있다.

얼굴 정렬 기술과 증강 현실 기술로 딥 러닝 분석 로직을 통해 사용자 얼굴을 67개 좌표로 구조화하고, 그 값을 통해 이목구비 비율을 계산해 여덟 가지 대표 얼굴형으로 분류하는 '얼굴형 분석' 기능을 적용했다.

또 오프라인 안경원과의 건강한 선순환을 만들기 위해 전국 200여 개 안경원과 파트너십을 체결, 안경 시장에서 온라인과 오프라인을 연결하는 옴니채널을 구축했다.

미국 센티언트 테크놀로지스, 구매 전환율 제고 솔루션

센티언트 테크놀로지스(Sentient Technologies)는 캘리포니아에 본사를 둔 기업으로 92명의 직원을 두고 있다. 이 회사는 어센드(Ascend)라는 소프트웨어를 제공하는데, 이는 온라인 소매업자들이 판촉 캠페인의 마케팅 디자인을 개선하고, 전환율 최적화(CRO, Conversion Rate Optimiza-tion)를 개선하는 머신 러닝을 사용해 고객으로 전환되는 온라인 소매 웹사이트 방문자의 비율을 높이는 데 도움이 될 수 있다고 주장한다.

온라인 소매업체는 어센드를 사용해 웹사이트에 대한 다른 디자인의 성능을 테스트할 수 있다. 센티언트의 고객 마케팅 팀과 소프트웨어 개발 팀이 협력해 온라인 소매업체를 지원하며 헤더, 진행률 표시 줄, 가격 표시와 제품 사진 배치 및 내용 등 실제 개선해야 할 설계 사항을 구체화한다. 그런 다음 설계 변경 사항이 미치는 영향, 즉 고객 전환 비율을 자동으로 검정한다.

센티언트는 유로플로리스트(Euroflorist, 1982년 피터 정벡(Peter Jungbeck)이 스웨덴 말뫼에서 설립한 스웨덴 꽃 배달 체인이며, 1995년에 온라인으로 꽃을 제공하기 시작) 온라인 사이트의 고객 전환율을 개선했다. 유로플로리스트와 파트너인 온라인 다이얼로그(Online Dialogue)는 센티언트 어센드를 사용해 유로플로리스트의 제품 상세 페이지에 초점을 두고 개선했다. 이

프로젝트는 11주에 걸쳐 이루어졌으며 고객 전환율이 크게 상승했다.

국내 스토어링크, 방대한 데이터 분석으로 최적화된 마케팅

빅 데이터 마케팅 솔루션 기업 스토어링크는 이커머스 비즈니스 전 과정에서 데이터에 기반한 효율적인 의사 결정이 가능하도록 지원하고 있다. 이커머스 시장이 지속적으로 확대됨에 따라 즉각적으로 변화하는 시장 트렌드에 발맞춰 소비자의 요구를 정확히 파악하기 위해 오픈 마켓 빅 데이터 분석의 필요성이 증대되고 있다.

스토어링크는 일평균 200만 개 이상의 오픈마켓 데이터를 수집·분석하고 있다. 분석 범위는 네이버쇼핑, 쿠팡, 11번가 등 국내 20여 개 주요 온라인 마켓플레이스다. 분석 데이터는 상품 및 브랜드명, 검색량, 카테고리, 가격, 리뷰, 호감도, 인지도, 가격경쟁력 등을 포함해 총 122개의 세분화된 항목으로 구분된다. 스토어링크는 오픈마켓 데이터를 분석해 상품의 미래 검색량, 구매 수, 시장 규모, 매출액, 재고 등 다양한 마케팅 지표를 사전에 추정할 수 있는 마케팅 예측 모델을 구축하고 있다. 데이터가 축적될수록 예측 정확도는 한층 높아진다.

스토어링크는 고도화된 예측 모델을 기반으로, 제품 기획 단계부터 출시 후 판매 전략 관리까지 이커머스 전 과정에 걸쳐 데이터에 기반한 의사 결정이 가능하도록 지원한다. 제품의 수명 주기, 타깃 연령 및 성별에 따른 소구점, 최적의 가격 및 재고량 등을 파악하는 것은 물론, 광고 채널별 최적화 마케팅 전략을 도출하거나 소비자 구매 패턴을 분석해 브랜드 운영 전략을 제안한다. 또 직관적인 사용자 인터페이스(UI)를 갖춘 다양한 플랫폼을 통해 중소 상공인(SMB) 고객도 구매율, 브랜드 관여도, 광고비 대비 매출액(ROAS) 등 주요 마케팅 지표를 간편하게 확인할 수 있도록 지원한다.

스토어링크는 라이브링크, 블로그링크, M-자비스 등 고도화된 데이터 드리븐 마케팅 솔루션을 운영하고 있다. 특히 M-자비스는 간단한 모바일 채팅만으로 스토어링크 플랫폼의 주요 기능을 일부 활용할 수 있도록 돕는 챗봇 서비스다. 중소 브랜드와 1인 판매자를 중심으로 많은 호응을 얻고 있다.

2022년 6월에는 라이브커머스 운영 최적화 플랫폼 '라이브링크'를 새롭게 출시했다. 라이브링크는 빅 데이터 분석에 기반해 라이브커머스 운영의 전 과정을 지원하는 원스톱 솔루션이다. 일평균 1만 건 이상의 방송 데이터를 실시간으로 수집·정제할 수 있으며, 분석 범위는 네이버 쇼핑 라이브를 비롯해 카카오 쇼핑 라이브, 쿠팡 라이브, 그립 등 국내 주요 라이브 커머스 10여 개다. 라이브링크는 방대한 데이터 분석을 통해 브랜드별로 경쟁 환경에 대한 종합적인 인사이트를 확보할 수 있도록 지원한다. 라이브 커머스 방송 정보와 제품 데이터를 종합적으로 분석해 항목별로 분류한 각종 통계 지표를 제공하는 것은 물론, 머신 러닝 기반 예측 모델을 통해 80% 이상의 높은 정확도로 판매 상품의 매출을 추정할 수 있다.

세분화된 라이브 커머스 운영 방안을 간편하게 도출할 수 있는 것도 장점이다. 라이브링크는 제품별 최적의 방송 일정을 추천해줄 뿐만 아니라 스크립트, 콘텐츠 콘셉트, 쇼 호스트, 이벤트 진행 여부, 제품 할인율 등 다양한 라이브 커머스 데이터를 제공한다. 또 날씨, 습도, 온도 등 외부 요인까지 종합적으로 고려해 최적화된 마케팅 전략을 구성해준다. 라이브링크는 정교한 데이터 리터러시를 제공해 브랜드들의 매출 극대화에 큰 도움을 줄 것으로 기대되고 있다. 실제 플랫폼 베타 테스터로 참여한 동원 F&B는 양반, 덴마크 등 자사 브랜드 운영에 라이브링크를 통해 도출된 마케팅 전략을 적용, 기존 대비 최대 20배까지 매출이 증대되는 효과를 얻었다.

미국 앱투스, AI 기반의 온라인 채널 활성화 솔루션

2006년 설립된 앱투스(Apptus)는 비즈니스 프로세스 자동화를 전문으로 하는 미국 B2B 소프트웨어 공급업체다. 이 회사는 AI를 활용해 견적 대금, 수익 관리 및 전자 상거래 관리와 같은 다양한 재무 기능을 최적화하는 '중간 사무실(Middle Office)' 솔루션을 제공한다.

또 앱투스는 기업이 온라인 채널의 활성화를 돕기 위한 AI 솔루션을 제공하는데, ApptusSales 솔루션은 다른 기능 중에서도 고객 이해를 기본으로 한 상품화를 자동으로 설계한다. 이 소프트웨어는 빅 데이터와 머신 러닝을 결합해 잠재 고객이 온라인에서 검색하거나 추천을 받을 때 어떤 제품을 결정하는지 알려준다.

예를 들어 고객이 ApptusSales를 사용하는 온라인 스토어를 방문해 검색어를 입력해 제품을 찾기 시작하면 머신 러닝 솔루션은 관련 검색 문구를 예측해 자동으로 표시하고, 해당 검색어와 연결된 제품을 바로 표시해준다.

스웨덴의 서적 판매업체 보쿠스(Bokus.com)도 앱투스 솔루션을 활용해 고객 확대와 최소한의 인력을 유지하고 있다.

AI와 머신 러닝 플랫폼은 고객에게 받은 정보를 기반으로 고객이 무엇을 원하는지 결정하는 등 예측 작업에 점점 더 능숙해지고 있다. 앱투스의 딥 러닝 데이터 해석이 96%의 정확도를 달성하는 경우가 많은데, 이는 보통 인간이 할 수 있는 수준을 뛰어넘었다.

미국 리테일넥스트, 소매업체 고객 개인화 및 운영 효율 제고

리테일넥스트(RetailNext)는 캘리포니아에 본사를 둔, 200여 명의 직원이 일하는 회사다. 이 회사는 '트래픽(Traffic) 2.0'이라는 소프트웨어를 개발해 소매업체에 제공하는데, 머신 러닝을 사용해 상점 트래픽을 분석하고 소매업체의 운영 효율성을 제고하고 있다.

리테일넥스트는 소매업체 사용자가 리테일넥스트의 SaaS를 소매점의 기존 시스템과 통합하면 IoT 데이터에 접근할 수 있고, 리테일넥스트의 '오로라'라는 자체 IoT 하드웨어 센서도 받는다. 리테일넥스트의 솔루션은 비디오 분석, 센서 및 POS(Point Of Sale) 시스템의 데이터를 사용해 만들어낸다. 결과치는 그래픽 시각화로 쉽게 이해할 수 있고 소매업체가 바로 활용할 수 있다.

리테일넥스트는 화장품 소매업체인 '100%퓨어'가 쇼핑객들의 경험을 개인화하는 데 일조했다. 동 소매업체 전국 지점에 리테일넥스트의 솔루션을 배포했고, 소매업체의 과거 POS 데이터, 판촉 캠페인 데이터, 매장 내 IoT 센서의 데이터를 활용해 개별 고객 쇼핑 동향을 분석했다.

리테일넥스트에 따르면, 이를 통해 100%퓨어는 고객의 쇼핑 여정에 영향을 미치는 핵심 요소를 이해하고 대응해나갈 수 있었다. 미국의 블루밍데일스, 클럽 모나코, 피치 존슨, TSI 홀딩스, 버스크피트 등에서도 리테일넥스트의 솔루션을 도입해 효과를 보고 있다.

AI와 만난 BI, '의사 결정 인텔리전스'로 진화

비즈니스 인텔리전스(BI) 플랫폼은 진화하고 있다. 데이터 대시보드와 비즈니스 애널리틱스는 AI, 머신 러닝이 추가되면서 한층 종합적인 의사 결정 지원 플랫폼으로 변신 중이다. 이러한 '의사 결정 인텔리전스(Decision Intelligence)'를 뒷받침하는 일련의 정교한 도구들이 기업 워크플로에 추가되고 있다.

컨스털레이션 리서치(Constellation Research)의 분석 전문가 니콜 프랑스는 "의사 결정 인텔리전스란 의사 결정을 내리기 위해 대량의 데이터를 처리하는 역량"이라면서 "비즈니스 인텔리전스가 하고 있던 것과 같지만, 기업 전체에 걸쳐 접근할 수 있다"라고 설명했다.

의사 결정 인텔리전스가 실무에 적용된 대표적인 예는 추천 엔진이다. 이는 애널리틱스를 이용해 소비자가 가장 선호하는 제품이나 다음에 시청할 영화를 예측한다. 이러한 도구는 맥락 및 연관 선택지를 제공해 사람들이 더 나은 결정을 내리는 데 도움을 준다. 정보는 종종 정리하기 어려운 복잡성이 있다. 의사 결정 인텔리전스의 목표는 명확하고 이해하기 쉬운 방식으로 정보를 제공하고, 이에 따라 사람들은 복잡한 분석을 이해하며, 신속한 결정을 내리게 하는 것이다.

코로나19 팬데믹은 세계경제의 거의 모든 부분에서 디지털 트랜스포메이션을 가속했고, AI는 이의 핵심을 차지해가고 있다. 2021년 설문 결과에 따르면, 41%의 회사가 데이터 및 애널리틱스로의 접근 요청이 증가했고, 가장 중요한 이유 가운데 하나는 이용자가 데이터 주도의 결정을 내리기 위해서였다. 비즈니스 인텔리전스 플랫폼에 AI와 머신 러닝을 추가한다면 이는 맥락, 예측, 추천을 의사 결정자에게 적시에 제공하는 의사 결정 인텔리전스 플랫폼으로 진화할 수 있다.

| AI 입맛으로 작동하는 추천 |

국내 왓챠, 영화 추천 AI

넷플릭스와 같은 국내 영화 스트리밍 회사로 왓챠(Watcha)가 있다. 왓챠는 2011년 9월에 설립된 대한민국의 소프트웨어 회사로, 2018년 3월에 '프로그램스'에서 '왓챠'로 사명을 변경했다. 개인의 취향을 분석해 영화의 예상 별점을 제공하고 사용자가 좋아할 만한 영화를 추천해준다.

온라인 동영상 서비스(OTT) 시장에서 왓챠의 위상은 독특하다. 우선 넷플릭스, SK텔레콤, CJ, KT, 카카오 등 대기업 경쟁사 중 유일한 스타트업이다. 다른 대다수 기업은 처음부터 콘텐츠 '공급'에 집중했다면 왓챠는 콘텐츠 데이터 '분석·추천 서비스'가 시작이었다. 왓챠의 AI 기반 '예상 별점' 서비스는 '나보다 내 취향을 더 잘 안다'라는 평가가 있다.

왓챠의 앱 '왓챠피디아(pedia.watcha.com, 자체 알고리즘을 적용한 영화 추천 서비스로 개인의 취향을 분석해 영화에 대한 예상 별점을 제공하고 사용자가 좋아할 만한 영화를 추천)'에 들어가면 자신이 보시 않은 영화·드라마의 예상 별점을 볼 수 있다. 현재 예상 별점과 실제 별점의 차이가 평균 0.5점(5점 만점)으로 상당히 정확하다고 한다. 개인별 콘텐츠도 추천해주는데 이역시 만족도가 높다. 이는 고객의 만족스러운 콘텐츠 소비 → 왓챠 신뢰도 상승 → 구독 서비스 '왓챠플레이' 유입 등 선순환으로 이어진다고 한다.

이 모든 것을 가능하게 한 힘은 회사의 AI 역량에서 비롯되었다. AI 성능은 데이터의 양과 질, 우수한 AI 알고리즘이 좌우하는데, 왓챠는 6억 2,000만 개의 별점 데이터가 있고, 별점을 정확하게 매기기 때문에 데이터의 질도 높다. AI 분석에는 고도로 복잡한 딥 러닝 모델을 적용하는데 개인별 평점, 콘텐츠 시청 시간, 시청 중단 여부 등은 물론 다른 이용자와의 취향 유사성까지 분석할 수 있으며, 구글의 BERT까지 접목하여 사용한다.

왓챠는 콘텐츠를 수급할 때도 데이터 분석 기법을 활용한다. 미국 HBO의 〈왕좌의 게임〉, BBC의 〈킬링 이브〉, CBS의 〈와이 우먼 킬〉 등을 도입할 때 데이터 분석 기법을 활용해 도입 성공이 높은 콘텐츠 중심으로 수급했다고 한다.

왓챠는 영화 추천 알고리즘을 음악, 공연, 웹툰 등 비영상 콘텐츠에도 적용하도록 업그레이드 중이다.

국내 플래티어, AI 개인화 상품 추천 서비스 '그루비'

그루비(Groobee)는 상품 기반 AI 알고리즘, 방문자 이력 기반 AI 알고리즘, 통계형 알고리즘 등 총 22가지 추천 알고리즘으로 유입 고객을 놓치지 않고 구매까지 이끌어준다. 연관 상품, 보완 상품, 협업 필터링, 사용자 취향 기반, 구매 패턴 기반 등 구매 상황이나 페이지 특성에 맞춰 전략적으로 상품을 추천한다.

마케터가 설정한 마케팅 목표 성과(구매 전환율, 클릭률 등)에 가장 알맞은 추천 알고리즘을 그루비 AI가 자동으로 적용한다. 방문 이력, 방문 유형, 방문 행동, 장바구니 행동, 주문 이력, 주문 행동 등 총 56가지 고객 행동 데이터와 그루비 AI 알고리즘 22종을 결합해 다양한 타기팅 전략을 세울 수 있다.

그루비 AI 개인화 상품 추천은 고객이 관심을 보일 상품만 골라 추천한다. 모든 고객에게 같은 인기 상품을 추천하기보다 그루비 AI 알고리즘으로 개인화 추천을 구현한 결과 구매 전환율이 5.3배 늘었다.

미국 스티치 픽스, AI 데이터 기반 의류 추천

스타일테크(StyleTech)란 패션·뷰티 같은 생활양식 분야에 사물 인터넷, 가상현실(VR), AI, 빅 데이터 등 4차 산업혁명 기술을 결합해 새로운 고객 수요를 만족시키는 사업 영역을 말한다.

미국 샌프란시스코에 본사를 두고 패션계의 넷플릭스로 불리는 '스티치 픽스(Stitch Fix)'가 대표 기업이다.

스티치 픽스는 2011년 창업해 2017년 기업공개(IPO)에 성공한 미국 패션 기업이다. AI를 활용해 개인화된 스타일링 추천 서비스를 제공한다.

고객이 스티치 픽스를 이용하기 위해서는 질문지에 답해야 한다. 질문지에는 고객의 의류 치수, 길이, 몸에 끼는 정도, 노출 정도 등에 대한 선호도를 답해야 한다. 이후 내부 5,000여 명의 스타일리스트가 답변 분석 데이터를 보고 각 고객에게 적합한 몇 개의 아이템을 골라 박스 포장 후 집까지 배송해준다. 고객은 이 중 일부 또는 전부를 선택하고 선택하지 않은 아이템은 사유를 적어 반송한다. 반송 사유도 고객 선호 데이터에 축적된다. 의류는 스티치 픽스 자체 브랜드와 LNA, 스페리

(SPERRY) 등 외부 브랜드 제품을 취급한다. 그리고 자체 웹사이트 홍보 뿐만 아니라 페이스북, 인스타그램 등 SNS 광고를 강화해 로그인을 유도한다.

| B2B 마케팅에도 AI는 지원군 |

미국 허브스폿, B2B 인바운드 마케팅 맞춤형 AI

허브스폿(HubSpot)은 2006년 설립된 미국 회사로 인바운드 마케팅, 판매 및 고객 서비스를 위한 소프트웨어 제품을 제공하고 있다. 주로 B2B 고객형 마케팅과 영업 솔루션을 제공한다.

인바운드 마케팅(In-Bound Marketing)은 회사의 가치 있는 콘텐츠와 경험을 고객에게 제공하는 비즈니스 방법이다.

아웃바운드 마케팅은 원치 않는 콘텐츠로 고객을 피곤하게 할 때도 있지만, 인바운드 마케팅은 고객이 찾아오고 회사와 관계를 맺도록 하는 것이다.

인바운드 마케팅 전략에는 잠재 고객과 현재 고객을 브랜드의 웹사이트로 끌어들일 수 있는 다양한 채널과 콘텐츠 관리가 포함된다. 웹사이트로 끌어들인 잠재 고객이 현재 고객이 된 이후에도 계속 연결하고, 동기부여를 해주어야 한다.

허브스폿은 이런 활동을 하기 위해 기업을 위한 리드 스코어링(Lead Scoring, 고객 등급 분류 후 점수화)을 만들고, 광고를 개인화할 수 있는 AI 툴을 제공한다. B2B에서 리드는 잠재 고객이나 초기 단계의 고객을 뜻한다.

허브스폿은 CRM, 마케팅, 영업, 콘텐츠 허브(Hub)를 보유하고 있는데, 여기서는 마케팅 허브(Marketing Hub) 위주로 소개한다. 마케팅 허브에는 리드 생성, 리드 전환, 리포팅과 커스터마이즈 기능이 있다.

리드 생성에는 고객이 찾는 콘텐츠를 게시하고, 블로그 독자를 고객으로 전환하는 CTA(Call To Action)를 추가하며, SEO(Search Engine Optimization, 검색엔진 최적화) 콘텐츠 최적화 및 페이스북, 인스타그램, 링크드인(LinkedIn) 및 구글(Google) 광고를 관리하고 잠재 고객을 고객으로 전환하는 광고를 추적한다.

리드 전환에는 멋진 랜딩페이지 만들기를 지원하고, 웹 방문자를 회사 CRM으로 유입되는 리드로 전환하며, 리드를 육성해 점수를 매기고, 이메일을 대규모로 개인화하며, 부서 간 업무를 자동화한다. 그리고 콘텐츠를 개인화하고 A/B 테스트를 실행해 클릭률을 높이는 것을 지원한다.

리포팅과 커스터마이즈에는 마케팅 분석 맞춤형 보고를 지원하며, 모든 종류의 고객 관계 데이터를 유연하게 저장하고 세일즈포스(Salesforce) 시스템과 동기화로 연결해준다.

제8장

영업

| AI 영업 사원 |

AI가 영업(Sales) 비즈니스에 활용된 분야를 살펴보자.

판매 여부 또는 판매량 예측

AI는 고객 정보와 과거 판매 이력을 학습해 판매량을 예측할 수 있다. 또 상품 구매 가능성에 대한 고객의 정보를 영업 사원에게 전달해 영업 효율성을 높인다.

유효 리드 식별

상점이나 사이트에 방문한 고객의 프로필과 활동 경로를 인식해 영업 진전 가능성이 큰 유효 리드를 식별해주고, 영업 사원은 이를 중심으로 효율적인 영업을 실행한다.

판매 데이터 자동 입력 및 분석

AI 기반의 CRM을 사용하는 경우 고객 정보를 효율적으로 관리하고 영업에 활용할 수 있다. 구매까지 이어지는 고객과의 영업 활동(전화 통화, 문자, 이메일, 상점 방문, 미팅 등)이 모두 자동으로 CRM에 동기화되며, AI가 고객이 어떤 단계에 속해 있는지, 그 단계에서 영업 사원이 취할 수 있는 가장 적절한 대응은 무엇인지 제안할 수 있다. 예를 들어 전화 통화 횟수와 타이밍이 어떠했을 때 고객 반응이 어떠했는지, 이메일 주제에 따라 반응률이 달라지는지 분석해 최적의 영업 전략을 도출한다.

영업 챗봇(Sales Chatbot)

일반적으로 처음 상점에 방문하는 고객을 대상으로 챗봇이 질의응답에 대응할 수 있으며, 챗봇으로 적절하게 대응하기 어렵다고 인식될 때 자동으로 상담원에게 연결해줄 수 있다. 챗봇의 장점은 24시간 활용할 수 있다는 것과 수많은 고객의 초기 콘택트를 효율적으로 처리할 수 있다는 것이다.

영업 성과에 대한 보상

단순히 클로징을 한 사람에게만 성과를 인정하는 것이 아니라, 단계별로 영업 사원이 거쳐온 액션을 자세히 분석해 객관적인 보상을 도출할 수 있다. _출처 : https://davincilabs.ai/blog

| 신규 고객 확보에도 AI가 나선다 |

미국 할리 데이비드슨, 신규 타깃 고객 발굴

할리 데이비드슨(Harley Davidson)은 뉴욕에서 구글 애널리틱스(Analytics, 구글에서 제공하는 무료 웹 분석 도구)와 메타 플랫폼에서 제공하는 판매 도구를 활용해 수백 배의 영업 성장을 달성했다. 동 회사는 CRM 시스템을 이용해 기존 거래 명세에서 고가치 고객 대상을 찾아내고, 이들의 웹사이트 등의 방문 명세를 분석한 후 기존 고객뿐만 아니라 신규 대상 고객도 세밀화해 표적 영업에 성공하고 있다.

미국 오라클 데이터팍스, 리드(잠재 고객) 제너레이션 솔루션

영업 사원의 성공은 창출된 리드의 품질과 양에 따라 결정된다. AI가 이 업무를 처리해주면 영업 사원은 더 많은 리드 확보에 시간을 할애할 수 있을 것이다. 이런 AI 기반 리드 제너레이션 솔루션을 제공하는 대표적인 회사가 오라클 데이터폭스(Oracle DataFox)다.

데이터폭스는 2013년 미국 샌프란시스코에 설립되었으며, 2018년 오라클에 인수되었다.

데이터폭스는 전사적으로 비즈니스 성과를 높이기 위해 기업 데이터와 판매 기회를 지속해서 추출해 제공하는 인공지능 데이터 엔진이다. 70개 이상의 펌웨어 데이터 포인트와 68개 유형의 판매 기회로 고객 정보를 강화한 데이터폭스를 사용하면 업무 프로세스상에 신뢰할 수 있는 데이터를 제공하고 회사 데이터를 최신 상태로 유지해준다. AI 및 영업 직원들이 검증한 데이터를 사용해 고객을 프로파일링 및 분류해 타깃 시장을 쉽게 확보하고 영업을 확대하는 데 도움을 준다.

세일즈포스 아인슈타인(Salesforce Einstein),
IBM 왓슨 파트너십을 통한 강력한 AI 판매 Tool 개발

왓슨(Watson)은 IBM의 인공지능 이름이고, 아인슈타인(Einstein)은 세일즈포스의 AI 기반 기업용 고객 관리 플랫폼이다. 이 두 거대 글로벌 기업은 2017년부터 파트너십을 맺고 현재까지 협력 관계를 유지하고 있다.

IBM과 세일즈포스는 IBM의 클라우드와 왓슨 서비스를 세일즈포스의 서비스 클라우드인 아인슈타인과 통합해 AI에서 파트너십을 확장해나가고 있다. 두 회사의 플랫폼은 제3의 고객을 지원할 때는 정해진 시나리오가 있는 게 아니라 그 고객의 특성에 따라 지원 플랫폼 조합이 결정된다고 한다. 왓슨과 아인슈타인을 특정 부분에 사용하는 게 아니라 적용 사례에 따라 모두 달라지기 때문에 정답은 없다.

만약 업체에서 영업 지원 용도로 챗봇/가상 비서를 만들고 싶다면, 왓슨과 아인슈타인을 함께 사용하는 몇 가지 다른 방법이 있다.

첫 번째 접근 방식은 아인슈타인 봇(Einstein Bots)으로 표준 Q&A에 대한 간단한 대화 흐름을 영어로 처리하고, 프로파일이나 사례 정보와 같은 세일즈포스 고객 데이터에 기본적으로 접근해 고객에게 응답할 수 있다. 왓슨 어시스턴트(Watson Assistant)는 아인슈타인을 보강하고 복잡한 대화 흐름을 처리할 수 있으며, 질문이 분명하지 않을 때 모호함을 해소할 수 있다. 대화가 옆길로 빠질 때 다시 정상 궤도로 돌릴 수 있고, 다국어 지원을 제공하며, 지식 기사에 포함된 답변을 위해 'Watson Discovery for Salesforce(세일즈포스를 위한 왓슨 솔루션. 왓슨 서비스를 세일즈포스에 통합하고 AI 솔루션을 제공해 영업, 서비스 등 전반에 걸쳐 보다 현명한 의사 결정을 신속하게 내릴 수 있도록 지원)'와 기본적으로 완벽하게 통합할 수 있다. 이 경우 두 플랫폼을 모두 사용할 수 있어 비즈니스 프로세스를 가속할 수 있다. 왓슨은 또한 왓슨 머신 러닝 서비스를 사용해 예측 모델을 만들고 실행할 수 있는 AI 기반 기능을 제공한다. 이를 통해 영업 사례가 확대되거나 고객 리드가 성공적으로 종결될 가능성 등 다양한 사항을 예측할 수 있다.

왓슨은 아인슈타인의 영업 전략 엔진에 필요한 AI 기반 통찰력과 예측을 제공해 어떤 조처를 할 것인지와 이를 완료하는 데 필요한 데이터를 식별할 수 있도록 지원한다. 이후 아인슈타인은 영업 팀이 해당 권장 사항에 따라 실행할 수 있도록 단계별 워크플로를 안내한다.

두 콤비의 협력으로 클라우드와 AI의 힘을 활용해 고객 기업이 완전히 새로운 방식으로 그 기업의 고객과 연결할 수 있도록 훨씬 더 많은 혁신을 제공할 수 있게 된 것이다. 그리고 두 회사의 고객 기업도 같이 공략할 수 있는 시너지를 낸다. 현재 이 파트너십은 오토데스크를 포함해 4,000개 이상의 기업에 AI 서비스를 제공하고 있다.

| AI가 알려주는 최적 가격의 비밀 |

미국 에어비앤비, AI 빅 데이터 활용 스마트 숙박 가격 시스템
에어비앤비(Airbnb)는 호스트 집주인과 게스트를 연결해주는 서비스

플랫폼이다. 호스트는 자신 집의 전체 혹은 일부를 웹사이트에 올려놓으면 게스트는 호스트에게 연락해 계약이 이루어지는 방식이다.

여기서 핵심은 에어비앤비는 제공자(호스트)와 소비자(게스트)로 이루어진 양면 마켓플레이스(Two-Sided Marketplace)이기에, 가격이 적절하지 않으면 예약률이 떨어지기 때문에 적정한 숙박 가격 결정이 주요 성공 요인이 된다. 에어비앤비는 이와 같은 문제를 풀기 위해 적절한 가격 책정을 위해 빅 데이터를 통한 분석을 사용했고, 해당 결과에 대한 논문 〈에어비앤비의 최적 가격 책정을 위한 맞춤형 회귀모델(Customized Regression Model for Airbnb Dynamic Pricing)〉도 발표했다.

먼저 호스트는 '스마트 요금'을 선택하고 시장 수요에 맞게 숙박 가격을 선택할 수 있다. 스마트 요금 기능을 설정하면, 수요에 기반해 1박 요금이 자동으로 변경된다. 요금에 계속 신경 쓸 필요 없이 최적의 요금을 설정하기에 유용한 기능이다. 여기서 제안된 가격은 시장 상황에 따라 실시간 머신 러닝 알고리즘을 활용해 제공받는다. 언제든 달력에서 요금 변동 최저선과 최고선을 설정하고, 특정 날짜에 해당하는 1박 요금을 맞춤 설정할 수 있다. 또 호스트는 특정 날짜별로 맞춤 요금 설정도 할 수 있다.

미국 벤다보, AI 기반 B2B 가격 최적화

많은 회사가 고객과 거래를 성사시키거나 제품이나 서비스 가격을 결정하기 위해 현장 영업 사원에게 의존한다. 마감 프로세스 동안 영업 사원은 주로 가격 조정을 통해 고객과의 관계를 유지하려는 단점이 있다. 벤다보(Vendavo)의 최적 가격 솔루션은 거래 경로, 성공률, 거래 시기 및 기타 매개변수를 기반으로 최적의 할인율을 제공해 회사의 순이익을 극대화하도록 지원한다.

벤다보는 AI가 내장된 최첨단 가격 책정 및 판매 SaaS(S/W as a Service) 솔루션을 제공해 글로벌 제조업체 및 유통업체가 비즈니스 운영을 디지털 방식으로 전환해 가치를 창출하고 수익을 가속하며 비즈니스 우수성을 달성할 수 있도록 지원한다. 벤다보는 가장 까다로운 B2B 조직이 마진을 극대화하고, 판매 효율성을 높이며, 고객 경험을 개선하는 역동적인 고객 통찰력과 최적의 가격 전략을 실행할 수 있도록 지원한다. 벤다보는 고객의 증가하는 요구 사항을 지원하기 위해 클라우드 기반 상업용 인텔리전스 솔루션인 MBA(Margin Bridge Analyzer)와 AI를 이용한 원활한 통합에 대한 증가하는 요구에 발맞추기 위해 벤다보®딜 프라이스 옵티마이저(Vendavo® Deal Price Optimizer)를 출시했다. 벤다보 고객 중 78%가 클라우드에서 서비스를 받고 있다고 한다.

VMBA(Vendavo MBA Solution)는 B2B 기업이 가격, 볼륨, 제품 조합 및 통화 변동을 비롯한 기타 동적 시장 요인의 복잡한 변화에 따른 비즈니스 영향을 정확하게 측정하고 모니터링할 수 있도록 지원하는 강력한 클라우드 기반 상업 인텔리전스 솔루션이다. 기존의 수동 및 스프레드시트 기반 접근 방식과 달리 확장성이 뛰어나고 자동화되며 보다 정확한 접근 방식을 제공해 B2B 기업의 가격, 볼륨, 혼합 분석 요구 사항을 더욱 잘 충족하고 있다.

수만 명의 고객에게 수백만 개의 SKU를 판매하는 기업에는 셀 수 없이 많은 변수가 있다. 수동으로 스프레드시트를 사용하는 프로세스에는 한계가 있다. 가격, 비용, 물량 등에 따라 급변하는 상황에서 적정 수익을 맞추기는 쉽지 않다. 이런 상황에서 VMBA는 현명한 결정을 신속하게 내리도록 해준다. 벤다보®딜 프라이스 옵티마이저는 AI 기반 가격 최적화 솔루션으로, 영업 팀에 최적화된 가격 안내와 모든 견적 및 거래에 대한 솔루션 견적 가격을 제공한다. 이 클라우드 기반 솔루션은 벤다보의 특허 기술과 검증된 '프라이싱 파워 앤드 리스크™(Pricing Power and Risk™)' 알고리즘을 활용해 마진을 극대화하는 동시에 판매 협상 중에 고객을 잃을 위험을 최소화하는 최적의 가격 지침을 추천해 준다.

| 소매와 무인 매장, AI는 보이지 않는 사람처럼 근무 |

소매 분야의 AI

AI의 등장으로 소매 분야에서도 효율성을 바탕으로 고객 만족, 더 나은 서비스, 최적의 공급이 가능해졌다. 온라인이든 오프라인이든 AI는 방대한 거래 정보, 이미지 및 동영상, 고객 행동과 반응 데이터 등 엄청난 양의 데이터를 수집하고 저장할 수 있다. 이를 통해 소매 분야의 혁명은 이미 시작되었다고도 볼 수 있다. AI를 활용할 수 있는 소매 분야는 다음과 같다.

[무인점포] 직원 수를 줄이거나 무인점포가 가능하다. 아마존 등 무인점포를 도입한 사례는 많다. 아마존 고(Go)와 저스트 워크 아웃(Just Walk Out) 쇼핑 기술은 제품을 들고 상점에서 걸어 나올 때 아마존 계정

이 몇 초 안에 구매 금액을 차감한다. 바코드를 스캔하면 구매한 물건의 금액을 알려주는 기계도 있고, 디지털 결제 방식을 받아들일 수 있는 시스템도 갖추어 사람의 의사소통이 거의 필요 없이 거래가 완료된다.

[챗봇 기반 솔루션] AI 챗봇의 도입으로 기업은 고객의 요구를 분석하고 문제를 효율적으로 해결할 수 있다. AI 챗봇은 새로운 상품에 대한 알림 이메일을 보내고, 유사한 제품을 추천한다.

[가격 전략] 첫 거래부터 모든 거래 가격이 축적되고 내부 비용, 판촉 비용 및 판매 예상치뿐만 아니라 계절 수요, 고객별 특성까지 실시간으로 분석할 수 있어 전 세계 여러 상점에서 거래되는 최적의 가격을 실시간으로 제안할 수 있다.

[가상 피팅 룸] 가상 피팅 룸(Fitting Room)은 고객의 시간을 절약해주고 집이나 가게에서 몇 분 만에 소비자가 원하는 의상이나 소품을 찾게 해준다.

[상품 분류 및 재고관리] 고객이 찾는 상품의 최적 위치와 매시간 필요한 재고 수량을 AI가 알려준다.

[피드백과 예측] 상품 후기나 고객 경험 설문을 통해 고객 개개인의 성향과 세부 정보를 얻을 수 있고, 이는 다음 구매 시 개인화된 서비스와 새로운 상품 추천도 가능하게 해준다.

일본 소프트뱅크, 네이버제트 제페토에 메타버스 영업점 오픈

일본 통신사 소프트뱅크(SoftBank)가 2022년 6월 네이버제트의 가상 세계 플랫폼 제페토에서 소프트뱅크 영업점 '소프트뱅크 숍 인 제페토(SoftBank Shop in ZEPETO)'를 열었다. 이 영업점은 아바타 채팅을 활용해 365일 24시간 고객 지원 서비스를 제공한다. 고객은 오전 10시부터 오후 9시까지 영업 사원에게 직접 상담받을 수 있다. 그 외 시간에는 AI 로봇이 안내한다. 고객은 담당 직원의 제품 설명을 듣고 공식 온라인 매장으로 이동해 원하는 제품을 구매할 수도 있다. 향후 오프라인 매장에서 사용할 수 있는 쿠폰도 지원한다. 아울러 'Y!모바일' 공식 온라인 스토어, 액세서리, 사물 인터넷 제품을 판매하는 공식 스토어와의 제휴도 선보일 예정이다.

네이버제트는 네이버 자회사 스노우가 2018년에 출시한 증강 현실 아바타 서비스 '제페토'가 독립 법인으로 2020년에 설립된 네이버 손자회사다. 제페토는 AI 기반의 얼굴 인식 기술로 '또 다른 나'인 3D AR 아바타를 만들어 가상공간에서 지인, 친구와 소통할 수 있는 새로운 형태의 SNS다.

2018년 8월 출시한 제페토는 글로벌 가입자 3억 명을 돌파했다. 2020년 가상현실 내에서 착용할 수 있는 의상 등 다양한 아이템을 직접 제작하고 판매할 수 있는 크리에이터 플랫폼 '제페토 스튜디오'를 선보였으며 6월 기준 등록 크리에이터 260만 명, 누적 아이템 판매량 1억 5,000만, 아이템 거래액 300억 원에 이르는 '크리에이터 생태계'를 구축했다. 아울러 랄프 로렌, 구찌, 나이키, 디올 뷰티 등 패션·뷰티 회사와 BTS, 셀레나 고메즈, 블랙핑크, 엔믹스 등이 소속된 엔터테인먼트 회사 및 스타벅스, 비자, 현대자동차, 삼성 등 다양한 글로벌 회사와 협업하기도 했다.

제페토에서는 사용자들이 자신을 표현할 수 있는 다양한 창작 도구를 제공한다. 소셜 네트워크 활동과 사용자 창작 콘텐츠(UGC, User Created Contents) 활동이 활발하게 이루어지고 있다. 또 제페토에서는 인플루언서와 유저가 직접 다양한 콘텐츠를 제작해 판매할 수 있는 제페토 스튜디오를 제공한다.

제페토에서는 직접 커스터마이징한 자신만의 아바타로 가상공간에서 다른 이용자들과 함께 게임의 액티비티 요소를 즐길 수 있다. 3D 월드 지도에서 전 세계 친구를 만나고 다양한 포즈와 콘셉트의 포토 부스, 케이팝 댄스나 각종 제스처를 즐길 수 있는 비디오 부스를 이용한다. 이러한 콘텐츠를 자신의 피드에 업로드하고 친구들과 소통하는 소셜 활동도 가능하다.

제페토 스튜디오는 제페토 계정이 있는 사용자라면 누구나 스튜디오를 통해 아이템을 제작·판매할 수 있다. 2020년 4월에 오픈했으며, 가상현실 안에서 착용 가능한 의상과 아이템을 직접 제작하고 판매할 수 있는 크리에이터 플랫폼이다. 명품 브랜드인 구찌와 크리스찬 루부탱과 같은 글로벌 패션 브랜드 또한 제페토 내에서 신상품을 홍보한다. 제페토 스튜디오는 전문적인 디자인 지식이 없어도 누구나 손쉽게 작업할 수 있게 아이템 템플릿을 제공한다. 이를 이용하면 전문적인 모델링과 3D 디자인 작업에 대한 이해 없이도 간단한 2D 그래픽 이미지를 수정해 제페토 아이템을 제작할 수 있다.

제페토에는 사람들이 현실 세계에서 활동하는 공간과 같이 아바타가 활동하는 가상공간인 월드가 있다. 아바타를 통해 테마파크에서 롤러코 스터를 타거나, 세계의 랜드마크에 들러 인증 사진을 찍거나 혹은 평소 관심 있던 모던 하우스를 찾아가 인테리어를 둘러볼 수 있다. 아바타 친 구들과 게임이나 점프, 댄스 대회에 참가할 수도 있다. 월드에는 제페토 가 만든 공식 월드도 있고, 사용자가 직접 월드를 만들 수도 있다.

다시 일본 소프트뱅크로 돌아가자. 소프트뱅크는 2015년부터 IBM 왓슨과 협력해 페퍼 로봇뿐만 아니라 회사 업무에도 AI를 적극 활용하 고 있다. 소프트뱅크는 고객과 회사에 대한 데이터베이스인 '소프트뱅 크 브레인(SoftBank Brain)'을 구축하고 이를 콜센터와 매장, 기업 고객 응 대 등에서 사용하고 있다. 2016년 2월 소프트뱅크는 소프트뱅크 브레 인을 활용한 영업 지원 AI 대화형 서비스를 출시했다. 통신사에서 판매 하는 2,500여 개의 서비스를 영업 사원이 온전히 이해하고 제안하기는 어려워서 상품 설명 지원, 담당자 찾기, 미팅 기록 자동 입력 등 영업 사원의 업무를 지원하는 방식으로 출시되어 업무 부담을 줄였다.

국내 딥브레인AI, AI 은행원

AI 전문 기업 딥브레인AI는 국내 대표 금융 기업인 KB국민은행과 기술 공급 계약을 체결하고, 국내 최초의 키오스크형 'AI 은행원'을 개 발해 2022년 3월 정식으로 선보였다.

다양한 분야에서 완전한 비대면을 실현할 수 있는 기술로, 특히 은행 에서는 코로나19 상황에 맞춰 비대면 선호 고객에게 안심 상담 서비스 를 제공하고, 더 빠른 응대로 고객 대기시간을 단축하는 효과가 있다. AI 기술을 이용하면 업무 자동화를 통한 비용 감소는 물론 대규모 데이터 분석을 통한 의사 결정 지원, 고객 맞춤형 서비스가 가능하다. 또 고객의 요구와 선호를 파악해 언제 어디서나 상품과 서비스를 제공할 수 있다.

국민은행의 AI 은행원은 AI 기술을 활용해 ATM과 STM(Smart Teller Machine)은 물론 미리 작성 서비스 등 은행 업무를 처리하는 주변 기기 사용 방법을 직접 안내한다. 또 은행의 상품 소개와 업무별 필요 서류 안내도 가능하다. 은행 업무 외에도 금융 상식, 날씨, 주변 시설 안내 등의 생활 서비스도 제공한다.

딥브레인AI의 AI 휴먼 기술은 실시간 양방향 소통이 가능한 가상 인간을 만들어내는 솔루션으로 음성 합성, 영상 합성, 자연어 처리, 음성 인식 기술을 융합해 사용자와 직접 대화를 주고받을 수 있는 인공지능을 구현한다.

AI 은행원은 대화 중에는 물론, 대기 상태에서도 손을 움직이거나 고개 끄덕임, 옷매무새 정리 등 자연스러운 제스처를 취할 수 있어 고객 관점에서 느끼는 거부감을 최소화했다.

KB국민은행의 AI 은행원은 지점에서 근무 중인 남녀 직원 2명을 모델링해 이들의 실제 음성 및 영상 데이터를 활용했다.

국내 마인즈랩, 지능형 AI 휴먼 'M1' 스토어 공개

2014년 설립된 마인즈랩은 각 분야에서 AI 서비스를 제공하는 종합 AI 서비스 스타트업이다. 마인즈랩은 자체 개발한 AI 엔진 40여 개를 바탕으로 고객 맞춤형 인공지능 제작 플랫폼을 구축해왔다. 회사의 AI API 커넥터인 '마음 오케스트라(maumOrchestra)' 플랫폼에서 음성 지능과 시각 지능, 언어 지능, 사고 지능을 통합해 서비스를 제공하고 있다.

2021년 5월, 마인즈랩은 텔레마케터, 큐레이터, 리셉셔니스트 등 다양한 직업을 수행할 수 있는 AI 휴먼의 온라인 스토어를 오픈했다. 마인즈랩이 개발한 AI 휴먼인 'M1'은 아바타 기술과 음성 인식·합성 기술, 자연어 처리 기술 등을 적용해 사람의 얼굴과 목소리를 그대로 재현한 AI 모델이다. 지식과 언어 습관까지 재현해 사용자와 AI 아바타가 음성이나 텍스트로 상호작용을 할 수 있도록 개발됐다.

M1은 키오스크에서 출입을 통제할 수 있는 리셉셔니스트 역할, 미술 작품을 소개하는 큐레이터 역할, 메타버스에서의 가이드 역할, 텔레마케터, 상담원, 아나운서 등 다양한 역할을 맡을 수 있다.

더불어 2022년 1월 CES 2022에서 신한은행과 함께 미래 은행 영업점 모습을 구현해 업계의 주목을 받았다. 실제 은행 영업점 직원 업무 중 단순 반복 업무를 AI 행원이 대신 수행하는 모습을 생생하게 보여주었는데, 추후 국내 은행 영업점에 도입될 예정이다. 이는 자체 구축한 딥 러닝 기반 STF(Speech To Face) 알고리즘과 음성 생성(TTS) 알고리즘을 상용화해 이루어진 성과로 다국어 TTS를 적용해 영어, 일어, 중국어 대응이 가능하다.

국내 알체라, 무인 매장 솔루션

영상 인식 AI 기업 알체라는 2022년 4월 13일부터 15일까지 서울 코엑스에서 열린 AI 엑스포 코리아 2022(AI EXPO KOREA 2022, 이하 AI 엑스포)에 참가해 AI 스토어 콘셉트의 전시 부스를 열었다.

알체라는 자사 기술을 접목한 AI 스토어(무인 매장) 전시 부스를 통해 일상 속으로 성큼 다가온 AI 기술을 소개했다. 자체 개발한 안면 인식 기술을 활용해 입장하는 순간부터 결제까지 얼굴 하나면 된다. 걸리는 시간은 단 3초면. 매장 입구에서 얼굴 전체를 스캔하면 그 후 마스크를 써도 안면 인식이 가능하다. 매장 입구부터 출구까지 동선을 따라 출입 관리 솔루션 '에어패스', 통합 관리 모니터링 솔루션 '에어스카우트', 신분증 확인 솔루션 '에어아이디', 얼굴 인식 페이먼트 시스템 '페이스 SDK'를 직접 체험해볼 수 있다.

무인 매장인 만큼 보안 관리 또한 필수다. 방문하는 모든 사람의 움직임을 추적한다. 방화나 도난 같은 이상행동을 사전에 지정해둔다. 패턴을 분석해 모니터링한다.

나만의 아바타를 만들 수 있는 '아바타 포토존'에서는 알체라의 메타버스 원천 기술 중 하나인 아바타 크리에이션 기술을 경험할 수 있다.

국내 더 현대 언커먼스토어, AI 무인 매장

AI 기술로 무인 매장 시대가 열리고 있다. 도난 위험이 있는 제품과 성인 인증 절차가 필요한 주류 판매 등에 AI 기술을 도입하면서 무인 판매 영역이 확대됐다. 이미 일부 백화점과 편의점에는 AI 기술을 도입해 무인 판매를 진행 중이다.

서울시 여의도에 있는 더 현대 6층 언커먼스토어(Uncommon Store)는 AI 무인 판매 기술을 대중에게 본격적으로 알린 매장이다. 현대백화점그룹 IT 전문 자회사 현대IT&E와 AWS가 협업해 만든 이 매장에는 계산하는 직원이 없다. 고객이 매장에 들어가 구매하고자 하는 물건을 집고 매장을 나가면 저절로 계산된다. 소비자가 어떤 제품을 골랐고, 몇 개를 구매했는지 등은 AI가 판단한다.

여기에 사용한 AI 기술은 AI 카메라와 무게 감지 센서다. 천장에 설치된 40여 대의 AI 카메라는 상품의 이미지를 보고 제품을 식별할 수 있다. 상품 이미지를 데이터로 수집하고 분석해 소비자가 구매한 상품이 무엇인지 판단하는 것이다. 무게 감지 센서는 무게 변화를 읽어 고객이 어떤 상품을 선택했는지 알아내는 역할을 한다. 물건을 집으면 기존에 있었던 무게가 줄어들고, 물건을 내려놓으면 무게가 늘어나는 원리를 이용해 소비자가 어떤 제품을 선택하고, 다시 내려놓았는지 등을 판단한다. 여기 스토어에는 150여 개 무게 감지 센서가 고객 동선과 상품 이동을 추적한다.

AI 카메라와 무게 감지 센서 외에도 무인 판매 솔루션에는 다양한 기술이 녹아 있다. 언커먼스토어에는 현대IT&E가 특허를 낸 결제 프리 패스 기술을 적용했다. 소비자가 물건을 집고 나오면 자동으로 결제되는 기술이다. 미국 아마존고의 저스트 워크 아웃 기술과 유사하다.

물론 고객이 해야 하는 과정은 있다. 입장 전 '현대식품관' 앱을 스마트폰에 설치하고 이 앱에 결제 카드를 등록해야 한다. 앱에 있는 QR코드를 매장 입구에 찍어야 입장할 수 있다. 퇴장할 때는 고객이 고른 물건 가격이 등록한 결제 카드에서 저절로 계산된다.

언커먼스토어로 시작된 무인 판매 기술은 편의점으로 확산했다. 편의점은 AI 기술 없이 무인 판매를 진행해왔지만, 성인 인증이 필요한 주류는 예외였다. 직원이 소비자가 성인인지 아닌지 판단해야 했기 때문이다.

하지만 이제 성인 인증을 AI가 진행한다. 서울시 성동구 이마트24 본점과 경기도 성남시 현대지식산업센터 1층 '아이스 Go24(AISS Go24)' 무인 편의점에는 AI 주류 판매기가 있다. 소비자는 통신 3사의 패스(PASS) 앱을 통해 성인 인증을 해 주류를 살 수 있다. 다른 사람의 신분증을 도용하는 등의 편법이 통하지 않는다. AI 주류 자판기는 언커먼스토어와 마찬가지로 소비자가 어떤 제품을 골랐고 몇 개를 구매했는지 등을 AI가 판단한다. 캔의 무게와 크기는 같지만, 브랜드별로 가격이 다른 맥주도 AI가 판단해 정확한 값을 계산한다. 소비자가 성인 인증을 마치고 신용카드를 리더기에 삽입해 물건을 집고 문을 닫으면 결제가 자동으로 이뤄진다.

AI를 활용한 무인 판매 기술은 인구 감소가 가속화되면서 미래에 꼭 필요한 기술 중 하나로 꼽힌다. 편의점의 경우 현재 소상공인의 인력 비용을 줄일 수 있는 기술로 활용되고 있다.

언커먼스토어처럼 매장 전체를 AI 무인화하는 것은 아직 기술 개발이 더 필요하다고 평가받는다. 우선 단가가 비싸다. 언커먼스토어의 매장 크기는 $33m^2$(약 10평) 규모였지만, 이 매장에 적용된 기술 비용은 3억 원 이상으로 본다. 매장에 설치되는 AI 카메라와 무게 감지 센서의 수가 많기 때문이다.

미국 아마존, '아마존 스타일' 의류 매장

아마존은 2022년 5월 LA 인근 글렌데일에 오프라인 최초의 패션 가게를 열었다. 아마존이 앱을 통해 기술 중심의 경험을 '매장 내 쇼핑을 다시 상상'하는 목표를 실현하기 위해 남성복과 여성복을 위한 아마존의 첫 번째 물리적 매장을 그랜드 오픈했다.

2,787㎡ 규모의 매장은 두 층으로 이뤄졌다. 1층엔 빈스, 리바이스, 챔피언 같은 유명 브랜드와 아마존 자체 상표의 옷과 액세서리, 신발 등이 진열돼 있다. 그리고 40개에 이르는 피팅 룸이 1층과 2층에 나뉘어 있다. 진열된 모든 상품에는 QR코드와 가격이 적혀 있다. '아마존 스타일(Amazon Style)' 매장에서 스마트폰으로 QR코드를 찍어 원하는 옷을 고른 뒤 입어보기를 선택하면 몇 분 뒤 '피팅 룸이 준비됐다'는 메시지가 뜬다. 피팅 룸에 가보면 스마트폰으로 선택한 색깔과 치수의 옷이 놓여 있다.

피팅 룸 오른쪽 디스플레이에서 AI 추천 상품을 선택하면 3~5분 뒤 직원이 왼쪽 옷장에 옷을 넣어준다. 같은 디자인의 옷이 치수별로 여러

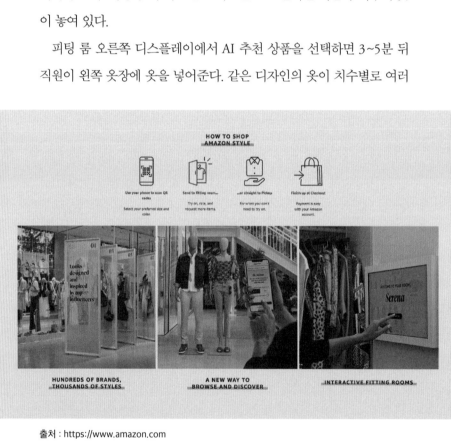

출처 : https://www.amazon.com

벌 진열된 일반 매장과 달리, 1벌씩만 진열돼 있다. 피팅 룸에서 입어본 옷은 아마존 앱에 기록이 남는다. 원하는 옷이 있으면 현장에서 결제할 수도 있고, 아마존 앱에서 주문할 수도 있다. 가격은 온·오프라인이 똑 같다.

구독 서비스도 진행하고 있다. 스타일링당 4.99달러의 비용으로 퍼스널 쇼퍼(Personal Shopper) 서비스를 받을 수 있다. 스타일링 횟수에 따라 1개월, 2개월 또는 3개월 단위로 선택할 수 있다.

| 리테일 건축에도 AI를 활용해보자 |

건축물, 레픽아나돌의 기계 지능 시대의 예술

2020년 8월 18일 자 테드(TED)의 유튜브에 레픽아나돌(RefikAnadol) 의 '기계 지능 시대에서의 예술(Art in the Age of Machine Intelligence)'이라 는 동영상이 올라왔다. 레픽아나돌은 AI를 활용한 새로운 미디어 아트 와 건축에 대해 얘기하고 있었다.

이는 놀라운 시도이며, 그 규모는 정말 대단했다. 레픽아나돌은 LA 를 기반으로 왕성하게 활동 중인 터키 이스탄불 출신의 미디어 아티스 트다. 그는 2019년 12월, 서울 동대문 디자인플라자(DDP) 건물 외벽에 서울과 동대문에 대한 데이터를 시각화해 영상을 투사하는 '서울 해몽' 이라는 미디어 아트를 선보인 바 있다. 미디어 아트와 건축의 조합, AI 로 완성한 작품이라는 점에서 큰 주목을 받았다.

2018년 가을에는 LA의 랜드마크인 월트 디즈니 콘서트홀(WDCH)의 금속 외벽에 '월트 디즈니 콘서트홀의 꿈(WDCH Dreams)'을 소개했다. 당시 〈뉴욕 타임스〉는 '콘서트홀이 테크노 꿈을 꾼다'라는 제목의 기사에서 "프랭크 게리가 설계한 건물이 아나돌의 지휘 아래 첨단 테크놀로지로 공연을 펼쳤다"고 전했다.

그의 작품에는 많은 소셜 데이터, 풍력 데이터, 역사 기록물 등을 사용했고, 데이터 그림을 조각해내고 이를 예술로 만들었다. '월트 디즈니 콘서트홀의 꿈'에는 45테라바이트의 데이터(이미지 파일 58만 7,763개, 비디오 파일 1,880개, 메타 데이터 파일 1,483개, 오디오 파일 1만 7,773개)가 사용되었다.

제9장

물류

—

| AI가 알려주는 물류 네트워크 최적 설계 |

물류에서 AI가 활용되는 분야는 창고 등의 거점 배치와 폐지, 최적 운송 경로 및 운송량 최적화, 물류 인력 최적 배치, 총 물류비용 절감 계획, 컨테이너 최적 배치 등이 있다.

AI 주도 물류 최적화로 실시간 예측과 비용 절감이 가능하며, AI가 라우팅을 최적화할 수 있어 연료 효율을 개선하고 배송 시간을 단축할 수 있다. 예를 들어 유럽의 한 트럭 회사는 AI의 도움으로 이동 경로 최적화를 달성하고, 연료 비용을 15%까지 줄였다. 그리고 차량 성능과 운전자의 행동을 모니터링하는 센서를 사용해 연료 최적화와 안전 운행 등을 실시간 코칭할 수 있으며, 물류 관련 차량에 대한 유지 관리 비용도 줄일 수 있다.

또 다른 예로 항공사는 AI를 사용해 혼잡과 날씨 관련 문제를 예측해 비용 손해가 큰 취소 사태를 막을 수 있다. 하루에 10만 편의 항공기를 운항하는 항공사의 경우, 1%인 대략 1,000편의 항공기 운항이 취소되어 큰 기회비용이 발생했으나 AI의 도움으로 이를 줄일 수 있다.

| 24시간 근무 중인 AI 물류 로봇 |

아마존 등의 물류 센터 AI 로봇에 대해 알아보자.

국제로봇연맹(International Federations of Robotics)에서는 지난 2021년 7월 〈모바일 혁명(A Mobile Revolution)〉이라는 논문에서 전 세계 물류 부문 AMR(Autonomous Mobile Robots) 판매량이 2020년부터 2023년까지 연평균 31% 고성장할 것으로 예측했다. 현재는 AGV(Automated Guided Vehicle)와 AMR이 대세가 된 것이다. 하지만 이 둘에도 차이점이 있다.

AGV는 경로 안내를 위한 유도선이나 추가 장치로 신호를 받고 운행한다. 반면 AMR은 AI, 자율주행 기술을 적용한 솔루션이다. AMR이 자체적으로 경로를 설정해 자율주행이 가능한 점으로 새로운 물류 자동화 단계로 볼 수 있다.

아마존은 2012년부터 자사 물류 센터에 키바(Kiva)라는 AGV 로봇을 설치해 운용 중이며, 롯데글로벌로지스(롯데택배)는 2021년 4월, CJ대한통운은 2021년 12월에 각각 AGV를 도입한 풀필먼트(Fulfillment, 통합 물류 관리) 센터를 열었다. 여기의 AGV는 주문이 들어온 제품을 물류 창고에서 포장 작업 공간으로 옮기는 일을 한다.

LG전자도 자사의 스마트팩토리에 LG유플러스가 개발한 '5G 전용망 기반 AGV'를 운영 중이며, 현대중공업과 두산도 AGV의 일종인 무인 지게차 상용화를 추진하고 있다. 한화그룹 지주사인 (주)한화도 2022년 초 기계 부문에 AGV 로봇 센터를 신설했다.

AMR은 정해진 공간에서 많은 물동량을 취급해야 하는 대형 물류업체보다 로봇의 작업 동선이 자주 바뀔 수 있는 작업장이나 AGV 작동에 필요한 각종 인프라를 갖추기 힘든 소규모 물류 창고, 호텔, 병원 등에 더 적합한 것으로 평가받는다. 또 활동 공간이 너무 넓어 자기 테이프 등 각종 인프라를 충분히 설치하기 힘든 공항이나 백화점 등에도 AMR이 더 적합하다. 예를 들어 최근 식당에서 종종 볼 수 있는 음식 서빙 로봇은 대부분 AMR이다.

아마존이 〈아마존 로봇공학의 10년(10years of Amazon Robotics)〉이라는 보고서에서 물류 및 배송 시스템에서 활용되는 로봇과 기술에 대해 공개했다. 10년 전 '키바'라는 운송 로봇을 개발한 키바 시스템스(Kiva Systems)를 인수하며 물류와 배송에 본격적으로 로봇을 적용한 이후, 전 세계 물류 센터와 허브에서 열두 가지 이상의 다른 유형의 로봇 시스템을 개발해서 활용하고 있다.

회사에 따르면 로봇공학과 자동화를 기반으로 한 물류, 배송, 창고 운영 및 관리에서의 혁신은, 지난 10년 아마존의 성장을 견인한 핵심적인 전략이자 기술이다. 아마존이 로봇을 도입한다고 했을 때 로봇 때문에 일자리가 줄어들 것이라고 했던 우려와 달리, 실제로는 고객과 직원 경험을 개선하고 더 안전한 작업장을 만들게 되었다.

프로테우스(Proteus)는 완전 자율 이동 로봇으로 아마존이 자체 개발한 고급 안전(Advanced Safety), 인식(Perception), 탐색 기술(Navigation Technology)의 집약체다. 로봇과 사람의 작업 영역을 구분하지 않고, 사람과 한 공간에서 작업하면서 안전을 확보하도록 개발한 카트 운반용 자율 로봇이다. 아마존의 주문 처리 센터나 분류 센터에서는 고카트(GoCart)라는 제품 운반용 카트에 상품을 담아 이동한다. 사람이 운전하는 지게차를 통해 팔레트 위에 적재된 제품을 이동하는 것이 아니라, 바퀴가 달린 캐비닛 형태의 카트에 담은 후 프로테우스를 통해 필요한 곳으로 운반한다. 이러한 고카트와 프로테우스를 통한 작업장 자동화로 무거운 상품을 사람이 직접 옮기는 수고와 작업 시간을 단축했다.

카디날(Cardinal)은 고급 인공지능과 컴퓨터 비전을 결합한 로봇 시스템이다. 패키지 더미에서 상품을 선택하고, 들어 올리고, 라벨을 읽은 후, 이를 기반으로 고카트에 정확하게 패키지를 담아 발송 작업을 하는 데 활용할 예정이다. 컨베이어 벨트로 이동한 상품이 카디날 작업 공간에 도착하면, 포장에 붙은 라벨을 식별한 정보를 기반으로 로봇 팔이 고카트에 옮겨 담는다. 카디날은 배송 프로세스 초기에 패키지를 분류하기 때문에 처리 시간이 빨라진다. 또 협소한 공간에서 크고 무거운 제품을 들어 올리는 작업을 처리하기 때문에 직원의 부상을 줄일 수 있다는 것이 아마존의 설명이다. 현재 최대 50파운드의 패키지를 처리하기 위한 카디날 시제품을 테스트하고 있으며, 내년에 주문 처리 센터에 배치할 계획이다.

컨테이너식 스토리지 시스템(Containerized Storage System)은 작업장에서 고객의 주문을 처리하는 직원의 업무 효율과 안전을 고려해 개발 중인 자동화 기술이다. 직원이 필요한 상품을 찾아서 담을 때 손을 뻗거나 몸을 구부리거나 사다리에 올라가는 동작을 최대한 줄일 수 있도록, 필요한 제품이 있는 컨테이너를 효율적이고 편리하게 직원에게 맞는 위치로 전달하는 역할을 한다.

ADI(Amazon Robotics Identification)는 직원들의 피드백을 컴퓨터 비전과 기계 학습 기반의 인공지능 스캔 기능을 결합해 구현한 기술이다. 현재 주문을 처리하는 과정에서 이루어지는 제품 정보의 스캔 과정은 수동으로 이루어진다. 작업자가 작업대에 도착한 제품 패키지에서 바코드를 찾고 이를 핸드 스캐너로 스캔해야 상품 정보와 배송 정보를 입력하고 확인할 수 있다. ADI는 이러한 과정을 자동으로 처리할 수 있도록 한 기술이다. 1초에 120프레임으로 작동하는 카메라 시스템을 활용해 제품 패키지에 부착된 라벨을 자동으로 스캔한다. 작업자가 제품 패키지를 들어 옮기면, 카메라가 자동으로 라벨 위치를 확인하고 필요한 정보를 판독한다. 일일이 제품 패키지를 돌려가며 바코드를 찾고 핸드 스캐너로 스캔할 필요가 없어, 작업자의 부상 위험도 줄이고 작업 속도도 높일 수 있다. _출처 : https://www.ciokorea.com/news/241449

영국 오카도, 온라인 쇼핑 물류 혁신 로봇 AI

오카도(Ocado)는 영국에서 2000년 창립되었으며, 처음부터 오프라인 매장 없이 웹사이트와 배송 트럭으로 시작한 온라인 슈퍼마켓이다. 오프라인 매장 없이 온라인만으로 2011년부터 흑자를 이어가고 있다. IT 기술을 바탕으로 빠른 물류를 경쟁력으로 삼고 있다. 이름도 아보카도(Avocado)에서 첫 두 글자를 뺀 Ocado로 정하고, 빨리 상하는 아보카도를 신선도를 유지하며 고객 집으로 배송해주겠다는 회사 비전을 가지

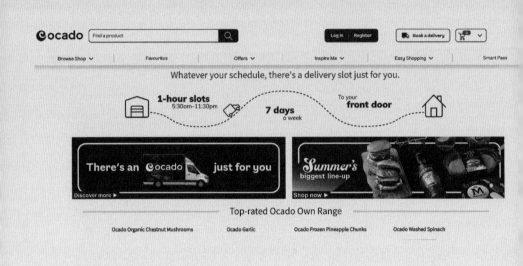

출처 : https://www.ocado.com/webshop/startWebshop.do

고 있다.

케임브리지 컨설턴트 팀의 기술 지원을 받는 오카도는 온라인 주문을 받는 동시에 1,000대 이상의 물류 창고 로봇이 동시에 자동으로 물품을 담아 내부 최적화된 컨베이어 벨트(오카도는 기존 컨베이어 벨트 시스템이 아닌 바둑판 모양의 스마트플랫폼을 개발·도입했다)를 통해 포장대로 운반하고 바로 배송을 시작한다. 그리고 위성 항법 시스템을 접목한 물류 트럭이 최적의 경로로 집까지 배송한다. 이런 AI 알고리즘과 AI 로봇 시스템 기술로 '유통계의 MS', '아마존 킬러'라는 별칭을 얻었다.

미국 최대 슈퍼마켓 체인 크로거는 자사 물류 센터와 매장에 오카도의 무인 물류 시스템을 도입했다. 이 외에 영국 모리슨, 프랑스 카지도,

스웨덴 ICA, 캐나다 서비스 등도 오카도의 물류 기술을 적용하고 있다.

사용하고 있는 AI 기술을 보면, 머신 러닝 기술로 예측 분석을 개발하고 운영 복잡성을 관리하는 한편, 서비스의 실시간 최적화를 달성한다. 고객 분석을 위해 구글의 텐서플로를 활용해 우선순위에 따라 고객 메일에 태그를 지정하고 분류하는 알고리즘을 개발했다. 그리고 알고리즘 및 스마트 최적화를 위해 초당 400만 라우팅을 계산해 재고를 모니터링하고 창고 내 재고 판매를 예측해 계산하며 공급업체에 자동으로 재고를 주문하는 재고 보충 시스템을 구축했으며, 컨베이어 대신 바둑판 모양의 그리드를 설치하고 AI 물류 로봇 기술을 적용했다.

로봇 1대가 하루에 이동하는 거리가 60km라고 한다. 이는 무선 칩이 내장돼 있어 무선 네트워크를 통해 빠르게 통신할 수 있는 새로운 통신 프로토콜을 구축했기 때문이다. 그리고 3D 게임 기술을 활용한 3D 물류 조망 시스템을 통해 물류 센터 내의 모든 상황을 그래픽으로 시각화하고 관리한다. 배송 프로세스에는 IoT를 사용해 초당 수백만 경로를 자동 계산해서 그중 최적의 경로를 실시간으로 업데이트한다. 이는 차량에 부착된 저전력 임베디드 센서가 수집한 차량 위치, 바퀴 속도, 연료 소비량, 엔진 회전수, 기어 변경 및 코너링 속도, 온도 등의 데이터와 영국 교통 인프라 데이터를 활용해 가능하게 된 것이다.

오카도는 자율 배송 트럭 '카고팟(Cargopod)'를 테스트하는 중이다. 자율주행 시스템 개발업체인 옥스보티카(Oxbotica)와 협업해 개발 중인 자율주행 트럭 카고팟은 전기차로 제작돼 친환경적이다. 차량 내 장착된 카메라와 센서로 GPS 도움 없이도 위치를 확인하고 도로를 주행해 목적지까지 도달하게 한다. 또 카고팟을 이용한 라스트마일 딜리버리도 시범 운행하고 있다.

오카도는 2022년 5월 자재 취급 로봇 스타트업 '미르멕스(Myrmex)'를 인수했다. 미르멕스는 식료품점의 '클릭 앤드 콜렉트(Click and Collect, 온라인 주문하고 매장에서 수령)' 서비스의 빠른 고객 주문 처리 지원을 위해 자율 이동 로봇(AMR) 등 자동화 솔루션의 적용을 추진하는 회사다. 미르멕스 솔루션은 은행 ATM과 유사한 고객 대면 솔루션으로, 고객이 24시간 연중무휴로 식료품 주문을 할 수 있게 해준다.

| 물류에도 디지털 쌍둥이가 있네 |

국내 CJ대한통운, 물류 시스템에도 디지털 트윈 도입

2021년 11월 CJ대한통운이 발표한 자료에 따르면 2023년까지 디지털 트윈 물류 시스템 도입을 완성한다고 한다. 각종 변수를 분석해 적은 시간에 더 많은 물류를 처리하는 효율적인 화물 동선을 찾아내는 게 목표다.

가상 세계에 현실과 같은 공간을 구축하고 시뮬레이션을 통해 최적의 운영 방식을 찾아내는 첨단 기술인 디지털 트윈은 전자, 자동차, 에너지 기업에 활발하게 도입되고 있다. 그동안 일부 물류 기업들이 초기 디지털 트윈 기술을 적용한 경우는 있었지만, CJ대한통운처럼 AI와 알고리즘이 결합한 고도화된 디지털 트윈을 구축한 사례는 없었다.

글로벌 종합 물류 기업 CJ대한통운은 현실 물류 센터와 같은 환경의 가상 세계 물류 센터를 구축해 운영 현황을 모니터링·재현하는 기술을

2021년 12월까지 구축하고, 2023년까지 단계적 기술 개발을 통해 AI·알고리즘을 적용한 디지털 트윈을 완성하는 한편 전체 현장에 확산하기로 했다.

물류 센터 내에 설비가 다양해지고 프로세스가 복잡해지면서 기존 시스템으로는 모든 상황을 한눈에 파악하고 효율성을 높이는 게 불가능해졌다. 디지털 트윈을 활용하면 기존 물류 센터 효율성 향상은 물론 물류 설비 위치, 작업 속도, 작업자 동선 등의 시뮬레이션을 통해 검증할 수 있어 프로세스 개선 시행착오를 크게 줄이는 것이 가능하다.

글로벌 선도 물류 기업 DHL의 경우, 생활 용기 생산 기업인 테트라 팩(Tetra Pak)의 싱가포르 물류 센터에 디지털 트윈을 구축해 설비 상태와 재고 수준을 실시간으로 추적, 시뮬레이션함으로써 운영 생산성을 높이고 있다.

디지털 트윈은 실제 현장의 데이터를 모아 AI가 각 시나리오를 학습해, 몇 시간이 걸릴 일을 수 초에서 수 분 만에 해답을 찾아낼 수 있다. 현장에서 나타나는 여러 변수를 가상공간에 적용해보고 가장 좋은 해결책을 찾아 곧바로 현실에 적용할 수 있게 해주기 때문에 시행착오를 줄이는 데 큰 역할을 하는 것이다. 이를 통해 현장 프로세스의 혁신 속도를 지금보다 3배 이상 빠르게 할 수 있을 것으로 기대한다.

2022년부터는 네트워크 부분에도 디지털 트윈을 구축한다. 택배 허브 및 서브터미널의 작업 현황, 시간대별 택배 물량, 일일 집화량 등을 분석해 인력과 차량 등 터미널 운영을 최적화할 수 있다. 또 운송장 정보, 고객 주문 정보, 도로 교통·차량 정보 등을 분석해 최적의 운행 경로와 권역을 산정할 수 있다. 이를 통해 23년 거점 최적화, 라우팅 최적화를 실현해 디지털 트윈을 완성한다는 계획이다.

| 물류와 분류는 내가 잘해 |

카카오의 AI 물류 플랫폼 'KakaoiLaaS'

LaaS(Logistics as a Service)는 말 그대로 서비스로서의 물류다. 카카오 iLaaS는 AI를 기반으로 화물업체(화주)와 물류 센터(회원사)를 연결하고 판매, 주문, 창고 관리까지 누구나 쉽게 물류를 관리할 수 있도록 돕는 물류 생태계 플랫폼이다. 카카오의 AI 자회사 카카오엔터프라이즈는 카카오만의 플랫폼 노하우와 쉽고 편리한 사용성, 언제 어디서나 모바일로 연결되는 연결성에 더해 고도화된 AI와 검색·데이터 분석 역량을 제공하며 물류업계의 디지털 전환을 실현하겠다는 목표를 세웠다.

여행객과 숙박업체를 연결하는 숙박 매칭 서비스처럼 화주와 회원사도 쉽고 편리하게 서로를 연결하도록 지원한다. 또 수십 개의 쇼핑몰 주문을 한 번에 수집하고 자동화된 물류 시스템으로 쉽고 정확하게 창고를 관리할 수 있도록 돕는다. 기존 물류업계가 효율성, 유연성, 디지털화 측면에서 겪고 있던 어려움을 근본적으로 해결하기 위해 솔루션을 제공하겠다는 취지다.

에어비앤비나 우버처럼 빈 차 혹은 빈 공간을 활용해 숙박 장소로 대여하거나 사람을 태울 수 있다는 의미다. 화주는 매칭 서비스를 통해 쉽고 편리하게 최적의 물류 센터를 사용할 수 있어 물류비를 절감하고 주문부터 창고 및 재고관리, 배송 등 물류 전 단계를 모바일로 확인할 수 있다. 회원사는 유휴 자원을 활용할 수 있게 되면서, 비워둘 수밖에 없었던 물류 센터 공간을 효율적으로 운영해 새로운 수익을 창출할 수 있고, 고객 유치 비용도 줄일 수 있다.

카카오엔터프라이즈는 물류업계(2020년 기준 114조 원 규모)의 다양한 참여자를 연결해 네트워크를 확장한다. 카카오iLaaS는 쿠팡이나 마켓컬리처럼 대형 물류 창고를 짓고 효율성을 강화하는 방식을 채용한 것이 아니다. 물류 역량을 갖춘 한진·롯데글로벌로지스(롯데택배) 같은 물류 기업의 디지털 전환을 돕고, 물류 시장 진입을 노리는 중앙M&P 같은 기업에 표준화된 물류 운영 프로세스를 구축해주는 형태다. 카카오 iLaaS 생태계 참여자들을 연결하고 관련 데이터와 정보를 매개로 네트워크를 확장하는 방식이다. '직접 뛰어들기보다 연결한다'라는 점에선 네이버의 NFA(Naver Fulfillment Alliance)와 비슷하다. 차이점은 네이버가 49만 개 스마트스토어와 브랜드 스토어 사업자를 대상으로 풀필먼트(Fulfillment, 물류 전문업체가 상품의 입고, 포장, 배송 등 판매자를 대신해 주문한 제품이 물류창고를 거쳐 고객에게 배달하기까지의 전 과정뿐만 아니라 교환, 환불까지 일괄적으로 처리하는 것) 서비스를 중개 연결하는 데 반해, 카카오는 디지털 전환을 노리는 물류 기업을 대상으로 한다.

쿠팡, 이커머스 플랫폼 물류 AI

앱·리테일 분석 서비스를 하는 '와이즈앱·리테일·굿즈'가 2022년 4월 발표한 데이터에 따르면, 쿠팡은 2022년 1분기 국내 이커머스 결제 금액이 9조 6,000억 원으로 전년 대비 28% 증가해 국내 1위를 차지했다. 쿠팡은 AI를 활용해 소비자 수요를 정확히 예측하기로도 유명한데,

전국적으로 100여 개 메가 물류 센터의 물류 AI를 활용한 차별화된 배송 서비스를 선보이고 있다. 2022년 2분기 기준으로 쿠팡 활성 고객(최근 3개월 구매 이력이 있는 고객)은 1,788만 명이며, 이들의 배송 이력을 AI로 분석해 소비자가 구매하기 전에 소비자 배송 주소에 가까운 물류 센터로 구매 예상 상품을 미리 준비해두는 예측 시스템을 운영하고 있다. 넷플릭스, 왓챠 등 온라인 콘텐츠 운영자들이 사용하는 추천 및 예측 시스템과 유사한 AI 기술을 물류 시스템에 사용한 것이다.

쿠팡과 아마존은 모두 풀필먼트 서비스를 도입했다. 배송의 경우, 아마존은 아마존 물류(Amazon Logistics) 외에도 페덱스, UPS(United Parcel Service), DHL과 같은 세계적인 물류 회사들과 협력하고 있지만, 쿠팡은 2014년 '로켓 배송' 서비스를 도입하면서 자체 물류 네트워크를 구축했고, 배송 기사인 '쿠팡 친구(구 쿠팡맨)'도 직고용했다.

그리고 아마존은 주로 미국과 글로벌 시장을 무대로 이커머스 사업을 하고, 미국에서는 광활한 지역에 지역 단위 배송이 주가 된다. 하지만 쿠팡은 대한민국 대도시 중심의 인구 밀집 지역과 아파트 등 직접 고객 집까지 배송이 이루어져 이에 맞는 조밀한 물류 AI와 라스트 마일 배송 AI가 더 발전해 있다.

쿠팡 뉴스룸 2022년 9월 6일 자에는 매일 수백만 종의 다양한 물건을 단 몇 시간 만에 고객 집까지 배송하는 '로켓 배송' AI 기술이 소개되어 있다. 1개의 물류 센터는 보통 여러 개의 축구장이 합친 크기로 광대한데 모두 AI가 관리하고 있다. 고객이 주문하면 즉시 작업자의 개인용 디지털 단말기(PDA)에 실시간으로 주문 데이터가 뜨며, 쿠팡 AI 알고리즘은 단 몇 초 만에 재고, 상품 위치, 배송 경로 등 수백만 개의 다양한 옵션을 고려해 가장 빠르고 효율적인 프로세스를 예측하고 작업을 할당한다. 그리고 바닥의 바코드를 읽으며 움직이는 물류 센터 운송로봇(AGV, Automated Guided Vehicle)은 수백 개의 상품을 작업자에게 빠르게 전달하며, 로봇이 물건이 진열된 선반을 들고 작업대까지 옮겨주고, 어느 칸에 있는 물건을 꺼내면 될지 블루 라이트로 위치까지 알려준다. 포장 작업대에도 직원을 돕는 기술이 숨어 있다. 오토 배거(Auto Bagger)라는 자동 포장 기기는 작업자가 빠르게 포장할 수 있도록 도와준다. 포장백 안으로 물건을 넣기만 하면 된다. 분류 역시 자동화 로봇의 영역이다. 포장이 끝난 제품을 작업자가 분류 로봇(Sorting Robot)에 올려놓으면 로봇들이 운송장의 주소를 스캔한 후 단 몇 초 만에 지역별로 분류한다. 이렇게 고객이 주문한 물건이 단 몇 분 만에 준비 완료된다. 이후 고객과 가까운 지역의 배송 센터로 상품은 이동하며, 배송 센터에도 거대한 자동 분류 시스템이 있다. 쿠팡의 배송 직원이 출근하기 전 이미 모든 물량이 분류돼 있다.

| 유명한 자율주행 대표 선수들 |

자율주행 차의 자율성 레벨(저널 세인의 저서에서 인용)

- 레벨 0(자동화 없음) : 정속 주행 제어이고 사람이 직접 운전
- 레벨 1(운전자 보호) : 적응형 주행 제어 혹은 차선 유지, 사람이 일부 운전
- 레벨 2(부분적 자동화) : 레벨 1에 해당하는 것이 두 가지 이상 함께

작동하고 앞차와 간격을 유지하면서 도로를 주행할 수 있지만, 운전자가 언제든 운전할 준비가 되어 있어야 한다.

- 레벨 3(조건부 자동화) : 일부 상황에서는 자동차 스스로 운전할 수 있고, 교통 체증 모드 혹은 고속도로 모드를 갖춘 자동차이며, 운전자가 개입해야 하는 경우는 드물지만 반드시 준비되어 있어야 한다(사람 눈을 뗌).
- 레벨 4(높은 자동화) : 통제된 경로에서는 운전자가 불필요하고, 종종 운전자가 뒷좌석에서 자도 되지만, 그 밖의 경로에서는 여전히 운전자가 필요하다(사람이 손과 발을 뗌).
- 레벨 5(완전 자동화) : 운전자가 전혀 필요 없다. 자동차에 핸들이나 페달이 없다(사람 자체를 없앰).

미국 테슬라, AI Day

지난 2021년 8월 19일, 테슬라(Tesla)는 AI 데이 1(AI Day 1)에서 운전자 없이 카메라 8대만 활용해 2D를 넘어 3D로 주변 환경을 벡터(Vector)화하고 인간의 눈처럼 알아서 교통 환경에 대처한다고 했다. 8개 카메라에서 수집한 데이터는 모두 도조(DOJO) 컴퓨터를 통해 중앙 서버에 저장한다고 하니 전 세계 교통정보 실황을 알 수 있고, 이 데이터를 활용해 예측까지 가능할 것이다. 그리고 전 세계 기상 데이터도 실시간 업데이트할 수 있게 되었다. 무엇보다 이런 자동차 방문 데이터를 통해 일·월 단위 상권 분석도 할 수 있으며, 내비게이션도 실상황을 반영할 수 있게 되었다.

2022년 9월 30일에 있었던 테슬라 AI 데이 2(AI Day 2)에서는 완전

자율주행(FSD, Full Self-Driving)을 사용하는 고객이 2021년 2,000명에서 2022년 16만 명으로 늘었다고 한다. 신규 버전의 FSD가 1만5,000달러임을 감안하면 놀라운 증가세다. 발전된 AI 기술로 비와 안개 등 궂은 날씨에서도 더 정확하게 물체를 인식할 수 있고, 건널목에는 사람이 다가오고 도로에는 차량이 오는 상황에서 좌회전 끼어들기가 원활하게 되었다고 발표했다. 이는 어떤 특수한 상황에서도 AI를 활용해 기술적으로 해결할 수 있다는 자신감을 보여준 사례다. 또 자율주행 기술 외에도 테슬라 전기차에 활용된 배터리 저장 기술, 냉각 기술, 파워 전달 기술을 활용해 휴머노이드 로봇(옵티머스, Optimus) 시제품을 제작, 시연했다.

국내 포티투닷, 자율주행 솔루션

포티투닷(42dot)은 2019년 설립된 ATaaS 스타트업이다. ATaaS(Autonomous Transportation-as-a-Service)란 모든 움직이는 이동 수단에 자율주행 기술을 적용하는 것을 의미한다.

포티투닷이 국토교통부가 주관하는 포항 스마트시티 챌린지 사업에서 우수성을 인정받아 수요 응답형 교통(DRT, Demand Responsive Transit) 운행을 맡게 됐다. 수요 응답형 교통은 정해진 노선에서 운행 구간과 횟수, 시간 등을 탄력적으로 운영하는 신개념 대중교통 수단이다.

포티투닷은 모빌리티 분야에서 자사의 DRT 서비스 탭!(TAP!) 운영을 맡는다. 2022년 1월 17일부터 2월 28일까지 포티투닷은 포항 양덕 일대에 지역 택시 면허를 활용해 대형 승합차 3대로 탭!을 운행했다.

탭!은 포티투닷의 유모스(UMOS, Urban Mobility Operating System, 최적의

이동 서비스를 제공하는 도심형 모빌리티 통합 솔루션) 알고리즘을 활용해 승객과 DRT 차량을 최적으로 매칭하고 배차한다. 이용자가 서비스 지역 내에서 출발지와 도착지를 입력하고 호출하면 AI가 차량과 승객의 위치를 파악하고 실시간으로 이동 경로를 분석한다. 이어 유사한 경로로 향하는 승객이 함께 탑승할 수 있는 경로가 생성되고 배차가 이뤄진다. 이용자 데이터가 쌓일수록 승객의 대기시간과 이동 시간을 단축할 수 있다.

포티투닷은 2021년 11월부터 서울 상암에서 전체 주민을 대상으로 자율주행 차량을 운행 중이다. 이에 앞서 국내 최초로 유상 운송 자율주행차 1호 면허를 받고, 서울시 운송 플랫폼으로 단독 선정되면서 기술력을 인정받았다. 포티투닷은 고유의 자율주행 서비스 기술 인프라 '에이키트(Akit)'와 모빌리티 플랫폼 탭! 개발에 주력하고 있다. 에이키트는 UMOS를 통해 스스로 움직이는 풀 스택(Full Stack, 운영 시스템과 소프트웨어를 모두 다루는) 자율주행 기술이다. 풀 스택은 자율주행 운영 시스템과 소프트웨어를 모두 다루는 것으로 웨이모·GM크루즈·죽스(Zoox) 등이 풀 스택 자율주행 기술을 보유한 대표적인 글로벌 기업이다.

2024년부터 포티투닷은 세종시에서 모빌리티 솔루션을 제공할 예정이다.

미국 MIT 'M21', 더 진화된 보행자 · 운전자 행동 예측 AI

MIT 연구진이 운전자, 자전거 타는 사람, 보행자 등 도로 사용자의 미래 궤적을 효율적으로 예측하는 AI 시스템 'M21'을 만들었다. 자율주행 자동차의 가장 큰 과제는 결국 인간일 것이다. 보행자는 물론 자동차나 모터사이클, 자전거 등의 운전자도 정해진 규정대로 움직이는 게 아니기 때문이다. 도로에서 사고가 일어나는 이유다. 그러므로 자율 주행 자동차가 안전하게 주행하려면 도로에 있는 모든 사람의 행동을 정확하게 예측해야 한다. 이는 나날이 진보하는 AI에도 난제다. 인간의 예측 불가능한 움직임 때문이다.

지금까지의 AI는 지나치게 단순하고(보행자가 똑바로 걷는다고 전제), 너무 보수적이며(사고가 없도록 주차장에서 움직이지 않는다), 단지 한 사람의 움직임만 예측한다는(현실에는 많은 차와 보행자가 있다) 단점을 안고 있었다. 그래서 MIT 연구 팀이 개발한 진로 예측 AI 'M2I'은 교통 상황을 상호작용이 일어나는 최소 레벨까지 나누었다. 즉 2명, 2대, 1명과 1대 등 상호작용이 일어나는 한 쌍의 최소 레벨까지 분할하고 그 위에 교차점에서의 자동차, 자전거, 보행자의 과거 행동 데이터와 도로 정보(위치나 차선 등)를 토대로 양쪽이 어떻게 진행할지 예측하는 것이다.

편의상 자동차, 자전거, 보행자를 각각 에이전트라고 부른다. 구체적으로는 우선 2명의 에이전트 중 어느 쪽에 통행 우선권이 있는지 진단해, 각각을 '통행 에이전트'와 '대기 에이전트'로 분류하고 이어 통행 요원의 경로를 예측한다. 또 대기 에이전트가 통행 에이전트의 행동에 따라 어떤 행동을 취할지를 예측한다. 이처럼 통행/대기 에이전트 쌍의 진로를 몇 가지 예측하고 최종적으로 전체에서 가장 일어나기 쉬운 상황의 조합을 여섯 가지 선택한다. 이런 방식으로 M2I는 8초 후까지 미래를 예측한다.

그만큼 앞을 읽을 수 있다면, 보행자가 있는 교차로에서는 감속하면서 접근하고, 보행자가 다 건너면 가속하거나 교차로를 회전할 때 간선

도로의 차가 통행하는 것을 기다리며 안전한 자율주행을 할 수 있다. 핵심은 AI가 2인의 정보 교환만 분석하지만 거기서부터 도로 전체에서 가장 먼저 일어날 것 같은 상황을 예측할 수 있다는 점이다.

| 교통 기계의 유지 보수는 AI가 선지자 |

**미국 제너럴 일렉트릭,
교통 관련 기계의 수리 및 유지 보수 예측**

기계, 차량, 생산 공장 및 기타 하드 장비 공간에서 센서의 보급이 증가함에 따라 물리적 장비가 디지털화되고 인공지능에 의해 모니터링 될 수 있다. 사물 인터넷은 단지 소비자용 기기에 대한 것이 아니다. 상업용 트럭, 기차, 석유 굴착 장치, 화물선도 모두 네트워크를 통해 디지털화되고, 감시되고, 평가될 수 있다. 예를 들어 석유와 가스, 항공 등의 산업에서 제너럴 일렉트릭(General Electric)의 '프리딕스(Predix, GE의 산업 분야용 사물 인터넷 플랫폼)' 운영체제를 사용해 산업용 장비의 성능 데이터를 점검한다. 이는 기계가 고장 날 수 있는 경우와 같은 다양한 작동 결과를 식별하는 데 사용될 수 있다.

프리딕스는 단순히 초보적인 소규모 물류 관리만을 위한 것이 아니다. 예측치를 개발하는 데는 시간이 지남에 따라 더 많은 양의 정보가 필요할 수 있다. 이는 제삼자뿐만 아니라 GE가 개발한 앱을 통해 이루어진다. 예를 들어 GE와 액센추어(Accenture)사의 'Intelligent Pipeline Solution'은 전 세계 수백만 마일의 송유관을 감시하는 데 사용된다. 여기에는 지지 정보 시스템, 작업 관리 시스템, 제어 센터를 비롯한 여러 소스와 미국 해양대기청 및 미국 지질조사국과 같은 외부 소스의 데이터를 통합하여 사용한다. 안전을 관리하고 자원을 사용하는 방법을 관리하기 위해 파이프라인 자산 및 외부 소스에서 데이터를 가져오는 것이 포함된다.

항공기 운영자는 GE의 항공기 착륙 장치 및 인포시와 같은 프레딕스에 구축된 앱도 사용한다. 이 진단 앱을 통해 항공사 엔지니어들은 비행기가 서비스를 위해 투입되기 전에 착륙 기어가 얼마나 오랫동안 운행될지 알 수 있다. 이 정보를 바탕으로 유지 보수 일정을 작성하는 것은 예상하지 못한 장비 문제와 비행 지연을 줄이기 위한 것이다.

예측 분석은 과거의 함수로 미래를 예측한다. 기기, 자동차, 시추기 등에 대한 유지 보수가 필요한 시점을 계산해 심각한 고장이 발생하기 전에 수리 및 유지 보수를 예약할 수 있다. 상용 트럭 제조업체 나비스타는 자사 제품에 브레이크, 조명 및 엔진을 분석하는 센서가 있어 정비공을 투입해야 하는 시기를 감지함으로써 유지·보수한다. 이를 통해 다운타임을 최소화할 수 있으며, 트럭의 정기 이동 경로의 일부로 유지 보수를 예약하고 운영 비용을 절감할 수 있다.

| 통관도 AI에 맡기세요 |

LG CNS 사내 벤처 '햄프킹', AI 통관 서비스

LG CNS는 2020년 사내 벤처 프로그램으로 육성한 '햄프킹(Hempking)'을 로봇 업무 자동화(RPA, Robotic Process Automation), AI 통관 분야 전문 기업으로 분사했다. RPA, AI 수입 통관 자동화 기술은 전 세계 각지에서 접수되는 인보이스(송장/거래 물품 명세서) 정보를 읽어 관세 시스템에 입력하고, 관세 비용 산정까지 모두 자동으로 처리하는 기술이다. 이 기술을 이용해 해외에서 들어오는 컨테이너 1개 물량 기준으로 통관 처리 시간을 기존 5시간에서 5분대로 줄일 수 있다.

구체적으로 RPA가 인보이스를 광학 문자 판독으로 읽어내면 AI 이미지 인식 기술이 문서 내 물품 번호·도착일·보험료 등 필요 없는 항목은 제외하고 품목·수량·단가·금액 등 관세 시스템에 입력해야 할 필수 정보만 추출한다. 이렇게 추출된 정보를 RPA가 관세 시스템에 입력한다. 이 통관용 RPA 솔루션은 햄프킹이 순수 자체 기술로 개발했다.

관세 비용은 관세 시스템에 입력된 정보로 산정되는데, 햄프킹은 이 영역에도 AI를 이용해 데이터를 분석하고 비용을 산정하는 작업까지 자동화할 계획이다. 통관 물품 종류별 관세율을 학습한 AI가 '1번 컨테이너의 신발 1만 켤레 관세 비용은 100만 원입니다'라고 자동으로 계산해주는 식이다.

이 사업은 통관 업무 전담 직원 채용에 어려움을 겪는 관세 법인의 고민 해결 방안으로 주목받고 있다. 통관 전담 업무는 단순 반복 작업 성격이 강해 지원자가 줄고 있다. 통관 업무를 수행하는 직원들은 고객 관리 컨설팅 등 중요 업무에 집중할 수 있고, 인원이 부족한 타 부서로 재배치도 가능하다.

제10장

서비스

| AI는 서비스도 잘하네 |

AI를 서비스 비즈니스에 활용한 분야를 살펴보면 다음과 같다.

고객 서비스 챗봇

상담원과 고객의 통화 내용을 챗봇이 듣고 모범 답안을 전해줄 수 있으며, 적절한 제품 사용 설명을 할 수도 있다. 또 고객별로 대응하기에 적합한 콜센터 상담원을 자동 배치할 수 있다. 기존 고객의 구매 패턴과 상담 이력을 참고해 고객이 원하는 서비스가 무엇인지 알아낸다. 만약 통화를 하기 전 고객이 남긴 메시지나 반응 이력이 있는 경우, 자연어 처리를 활용해 고객 요구의 특성을 미리 분류할 수 있고, 적합한 부서에 전달할 수도 있다.

음성 인증

지문 인식을 통한 인증과 마찬가지로 비밀번호 없이 고객의 음성만으로 인증할 수 있다. 또 음성 이력을 통해 더욱 만족도 높은 서비스 제공이 가능하다.

설문 조사 후 분석

기존 설문 조사의 콘텐츠와 응답률 이력을 분석해 적절한 키워드와 문항 수에 대한 전략을 최적화할 수 있고, 결과 보고서를 정리하는 시간도 줄일 수 있다. 특히 정량적 데이터뿐만 아니라 문장으로 구성된 텍스트 같은 정성적 데이터도 분석해 고객 응답 메시지를 효율적으로 정리할 수 있다. _출처 : https://davincilabs.ai/blog

수리 부품 매칭 최적화

AI를 통해 고장 난 제품의 수리 가능 일정, 수리 소요 기간 등을 예측할 뿐만 아니라 수리 부품의 재고 파악, 부품이 없을 때 발주 소요 기간과 대체 부품 가능 여부 등도 자동으로 계산해준다.

| 사람처럼 진화하는 서비스 챗봇 |

콜센터에서 음성 인식 기술을 활용한 챗봇을 많이 사용하고 있다. AI 챗봇은 자연어를 이해하며 '라이브 채팅' 기능을 사용해 많은 온라인 사용자와 대화한다. 또 AI 챗봇은 다양한 웹사이트와 애플리케이션과 통합되어 활용된다. AI가 지속해서 개선됨에 따라 이들 챗봇은 고객 문제를 효과적으로 해결하고 간단한 문의에 대응하며 고객 서비스를 개선하고 24시간 연중무휴 지원한다.

챗봇은 AI 기술의 가장 눈에 띄는 응용 프로그램 중 하나다. 챗봇은 강화된 학습을 기반으로 사용자에게 실시간 응답으로 실제 인간 대화를 시뮬레이션할 수 있는 컴퓨터 프로그램 또는 인공지능 소프트웨어다. AI 챗봇은 문자메시지, 음성 명령 또는 둘 다 사용한다. AI 로봇은 자연어를 사용해 AI 기능과 소통한다.

대부분의 챗봇은 일종의 메시지 처리 인터페이스로, 사람 대신 메시지에 응답한다.

챗봇은 한눈에도 일반 앱처럼 보일 수 있다. 외부 서비스를 호출하기 위한 애플리케이션 계층, 데이터베이스 및 API가 있다. 가장 중요한 것은 UI(User Interface, 사용자 인터페이스, 사람과 사물 또는 시스템, 기계, 컴퓨터 프로그램 등 사이에서 의사소통을 할 수 있도록 일시적 또는 영구적 접근을 목적으로 만든 물리적, 가상적 매개체)인데, 봇의 경우 채팅 인터페이스로 대체된다.

일반적인 앱 입력과 달리 인간의 언어는 복잡하고 부정확한 경향이 있다. 그것이 바로 NLP 엔진이 필요한 부분이다. 수많은 라이브러리로 구성된 NLP 엔진은 토큰화 및 개체명 인식(Named Entity Recognition, 이름이 있는 개체를 인식하는 것으로 어떤 이름을 의미하는 단어를 보고 그 단어가 어떤 유형인지 인식하는 것)과 같은 NLP 작업을 위한 라이브러리를 사용해 사용자가 제공하는 관련 정보인 엔티티(Entity)를 식별하고 추출하는 작업을 수행한다. 토큰화는 문장을 별개의 단어로 분해해 구두점을 제거하는 반면, 개체명 인식은 사전 정의된 범주(예 : 장소 이름 또는 주소)에서 단어를 찾는다. 또 일반적인 철자 오류를 잡아내고, 축약과 약어를 확장하며, 영국 영어를 미국 영어로 변환하는 노멀라이저(Normalizer)라는 라이브러리를 사용한다.

한 가지 기능만 하는 간단한 봇을 예로 들어보겠다. 주문 테이크아웃이다. 누군가가 '피자를 주문한다'라는 메시지를 보내면 봇은 명령('주문')과 요청('피자')을 인식할 것이다. 이러한 기술만으로도 챗봇이 기본적인 명령을 이해할 수 있지만, 언어의 구조와 목적을 실제로 이해하는 것과는 거리가 멀다.

복잡한 요청 이해

간단한 웹 앱의 텍스트 기반 버전이 아닌 보다 일반화된 보조 도구인 봇을 구축하려 한다면 어떨까? 그러기 위해서는 봇이 맥락과 의도를 이해해야 한다. 문맥과 의도를 설정하려면 NLP 엔진이 단어 간의 관계를 이해할 수 있도록 하는 몇 가지 추가 작업이 필요하다. 언어 부분 태그 지정은 문장을 분석해 명사, 동사, 형용사 등을 식별하는 반면 의존성 구문 분석은 구문, 주제 및 대상을 식별한다. 예를 들어 '버섯이 없는 큰 채소 피자를 배달해주세요'라는 문장은 간단한 명령만 처리할 수 있는 기본적인 봇을 혼란스럽게 할 수 있다. 반면 발전된 봇은 채소 피자에서 버섯을 빼야 한다는 것을 인식할 수 있다. 문맥과 의도를 이해하는 것은 봇이 훨씬 더 광범위한 행동을 할 수 있게 해주며, 사용자의 요청을 이해할 때까지 추가적인 질문을 할 수도 있다.

NLP 엔진을 만들 때는 봇에 필요한 기능과 봇을 만드는 데 사용하는 언어에 따라 다양한 옵션이 있다. 파이썬은 NLTK(Natural Language

Toolkit, 교육용으로 개발된 자연어 처리 및 문서 분석용 파이썬 패키지), 스페이시 (SpaCy, 파이썬으로 작성된 고급 자연어 처리를 위한 오픈소스 소프트웨어 라이브러리)를 포함하는 강력한 머신 러닝 라이브러리로 유명하며, 이 라이브러리는 모두 기본 NLP 작업뿐만 아니라 딥 러닝과 같은 일부 고급 응용 프로그램을 지원한다.

네이버의 AI콜 서비스

네이버 클로바에는 'AI콜'이 대표적이다. 네이버가 2019년 8월 공개한 이 기술은 클로버 음성 인식 기술로 고객 음성 데이터에서 문자를 추출한 후 자연어 처리와 대화 엔진을 통해 질문 의도를 이해한다. 이어 사업주가 등록한 스마트 플레이스 정보 중 고객이 원하는 정보를 찾아 자연어 처리로 문장을 다듬는다. 정리된 답변은 음성 합성 기술 (Clova Voice)을 거쳐 자연스러운 목소리로 고객에게 전달한다. 문의에서 답변까지 걸리는 시간은 0.2초다. AI가 음식점 예약·주문, 은행 콜센터 등 답이 정해진 고객 대응 효율을 높일 수 있다.

네이버는 금융, 전자, 모빌리티 생태계와 협업해 각 분야에 맞는 서비스 사례를 확대하고 있다. 클로버 음성 어시스턴트는 토요타, 닛산, 포드 자동차와 LG전자 가전, 그리고 통신사 셋톱박스에 쓰인다. 올해는 외부 협업 범위를 넓히는 동시에 제품 본질에 깊이 관여한다. 예를 들어 냉장고를 열지 않고 내용물을 파악하는 식이다.

네이버 자체도 올해 사업화 가능한 AI 서비스와 상품을 내놓는다. 실생활에서 쓰임새가 많은 제품이다. 출시 예정인 '램프'와 '클락'에서 네이버 AI 상품화 방향성이 보인다. 램프는 종류와 제품에 상관없이 텍스트를 합성 음성으로 변환하는 탁상형 조명 장치다. 정교한 광학 문자 판독 기술을 활용해 소설책은 물론 그림과 텍스트 배치가 개성적인 동화책까지 상황에 맞게 소화해 읽어준다. 어린이뿐만 아니라 몸이 불편한 환자의 독서를 돕는다. 클락은 시계형 제품에 클로바 AI 서비스를 담았다. 날씨, 일정 등을 전달하는 진일보한 비서형 AI 스피커다.

KT AI 콘택트센터의 AI 상담사

KT는 지난 2018년부터 AI 상담 어시스턴트를 비롯해 음성 기반 고객 인식, 고객 불만 자동 분류, 보이스봇 등의 다양한 기술을 개발해왔다. 기존 고객 센터는 자연스레 첨단 사업장으로 전환됐다.

콘택트센터(AICC)는 24시간, 365일 쉬지 않고 고객 상담에 대응한다. 초기에는 평일 특정 시간까지만 운영했지만, 몇 달간 운영하면서 품질에 대한 자신감이 쌓여 운영 시간을 대폭 확대했다.

이용자 편의 측면도 있지만, 직원들의 업무 부담을 덜어 업무 효율성을 극대화하는 데도 유용하다. 상담 어시스턴트를 통해 상담 후 업무 처리 시간이 평균 15초 줄어들었다. AI 상담원이 처리한 130만 건 가운데 100만 건(약 73%) 이상이 상담 과정에서 만족했다고 답했다.

상담사들이 가장 좋아하는 기능은 '대화 기능'이라고 한다. AI 상담사는 고객과 통화 중 대응할 수 없는 영역이라고 판난하면 전문 상담사에게 연결한다. 연결 후 전문 상담사에게 AI 상담사와 고객이 나눈 통화 내용이 텍스트로 전달된다. 상담사는 고객이 어떤 용무로 상담을 요청했는지 알 수 있어 업무 과정을 간소화할 수 있다. 고객 역시 같은 말을 반복하지 않아도 된다.

제11장

관리,
인사 및 지원 업무

—

| AI가 인사(HR, Human Resource)에서 일하는 법 |

기업들은 AI를 통해 블라인드 채용을 하거나 사내 임직원 교육 등에 활용하고 있다. 인력의 성과 관리에도 AI 활용이 대세로 자리 잡고 있다. 성과 관리에 대한 기존 접근 방식에는 편향, 성능 데이터의 부정확성 및 오래 걸리는 프로세스 등 한계가 많았다. 그리고 직원 대부분은 연간 실적 대신 관리자나 상사가 기억하는 최근 성과를 기준으로 평가받는 게 사실이다. 또 연간 단위 평가 또는 전통적인 성과 관리의 전체 프로세스는 개선보다 측정에 중점을 두어 직원들의 잠재력을 발견하고 이를 극대화하는 데 실패했다.

HR에 AI를 활용한 내용은 다음과 같다.

인력 채용

채용이야말로 정밀한 예측이 필요한 분야다. 과연 어떤 지원자가 회사에 더 많이 이바지할 수 있을지, 회사의 문화나 가치관에 잘 맞을지, 적절한 연봉을 제시할 수 있을지 등의 시뮬레이션이 필요하다. 적절한 후보자를 가려내거나, 좀 더 엄밀한 판단을 위해 AI가 직접 지원자를 인터뷰할 수도 있다. 이때 AI는 지원자의 음성, 표정, 말투, 습관 등을 분석해 기업이 바라는 인재상에 맞는지 측정한다.

업무 성과 관리

AI 활용 면에서 공정한 성과 관리가 AI를 활용하면 가장 기대되는 분야다. 또 대시보드를 통해 직원별 KPI를 쉽게 확인할 수 있을 뿐더러 직원의 업무 프로세스에 따른 실시간 피드백 전달도 가능하다.

퇴직 예측

퇴사 가능성이 큰 직원을 예측할 수 있고, 이를 유지할 수 있는 적절한 보상책을 마련해 직무 만족도를 끌어올릴 수 있다. 또 주기적인 만족도 조사나 변화된 직원의 역량을 AI로 분석해 조직 관리에 활용할 수도 있다.

인공지능 비서

모든 임직원이 24시간 이메일 내용을 분석해 회의를 예약하거나, 향후 스케줄을 캘린더에 자동으로 반영할 수 있다. _출처 : https://davincilabs.ai/blog

| 직원 누구에게나 있는 천재 비서 |

미국 탈라, 업무 지원 지능형 비서 탈라

탈라(Talla)는 2015년 미국 보스턴에서 탄생한 챗봇 전문 회사다. 탈라는 AI 기반 예측, 업무 자동화 기술에 강하며, 기업 내부의 커뮤니케이션을 개선하는 데 중점을 둔 챗봇을 개발했으며, 기업 간부들이 빠르고 쉽게 회의·발표를 할 수 있게 해주고, 팀원에게 예정된 메시지를 보낼 수 있도록 지원해준다. 즉 직원들의 업무 생산성 향상을 위해 단순 업무 지원에 AI 기반 챗봇 서비스를 지원하는 것이다. 이미지 인식, 자동 거래, 자연어 처리 및 이해 등 AI 기술이 적용된 탈라와 대화를 통해 일정 관리, 고객 관리, 문서 검색 및 관리 등의 단순 업무 지원은 물론 예측, 자동화, 분류 등 고노화된 업무까지 수행할 수 있다.

국내 테이블 매니저, AI 예약 솔루션

스타트업 테이블 매니저는 B2B SaaS(서비스형 소프트웨어) 형식인 레스토랑 예약 관리 솔루션 '테이블 매니저'와 실시간 온라인 예약 서비스 '더 예약'을 운영 중이다. 예약 전반의 과정과 고객 관리 등을 제공하는 예약 플랫폼을 운영하고, 자체 개발한 '수요 예측 AI'를 토대로 빌 것으로 예상되는 자리를 계산해 해당 자리를 이용할 수 있는 '예약 상품권'도 판매 중이다.

테이블 매니저는 레스토랑 입장에서 모든 예약을 한곳에서 통합적으로 관리할 수 있게 한 것이 특징이다. 카카오·네이버·전화 등 다양한 채널을 통해 이루어지는 예약에 대한 통합 관리를 가능케 한다. 예컨대

레스토랑이 자사 카카오톡 플러스친구를 통해 들어오는 예약을 테이블 매니저 시스템으로 관리할 수 있는 것이다.

솔루션상에 고객 데이터가 쌓이다 보니 레스토랑 입장에선 이를 활용해 이벤트나 쿠폰 등을 대화나 메시지 등으로 고객에게 푸시할 수 있다. 여기서 또 착안해 내놓은 것이 더 예약 서비스에서 판매하는 AI에 기반한 '예약 상품권'이다. 레스토랑별 고객 방문 행태를 AI가 정교히 분석해 요일별로 남을 것으로 예측되는 빈 좌석 수에 해당하는 만큼 상품권으로 팔 수 있게 한 것이다. 이용자는 정가 대비 30% 정도 할인된 가격에 상품권을 살 수 있고, 레스토랑은 더 많은 매출을 올릴 수 있다.

| 잘 보이고 싶다. AI 면접관 |

AI 면접은 AI 기술을 기업 채용 시스템에 적용한 것으로, 기업에는 더 많은 지원자에게 기회를 주고 채용에 걸리는 시간과 비용을 줄이면서 채용 비리를 막는 효과가 있다.

AI 면접은 먼저 PC 화면에서 사용자 본인 확인을 위해 얼굴 및 목소리를 인식한다. 이후 기본 면접, 성향 분석, 상황 대처 및 심층 면접으로 이어진다. 먼저 화면에 나타나는 질문에 맞춰 자신이 준비한 답변을 하면 된다. AI 면접은 효율적이고 객관적이라는 장점이 있지만 공정성 이슈로 한계가 있다는 지적도 있다.

현재로서는 AI를 활용하는 것만으로 채용이 더 공정해지거나 부당한 차별이 사라질 것이라는 보장은 없다. 기술적 한계도 존재하지만, AI

가 판단을 내리기 위해서 학습하는 데이터에 포함하거나 제거해야 하는 내용에 대한 사회적 합의가 아직 이루어지지 않았기 때문이다. 데이터를 잘못 구성하면 판단도 틀릴 수밖에 없다.

실제로 아마존은 이력서를 평가하는 알고리즘을 개발하다가 중단했는데, 그 이유 가운데 하나로 AI의 학습에 활용한 데이터가 꼽혔다. 문제의 알고리즘은 이력서에 여학교 이름이나 여성 전용 동아리 이름이 있으면 부정적으로 평가했다. 기존 지원자의 이력서를 바탕으로 데이터를 구축했는데 여기에 여성 지원자가 적었기 때문이다. 애초에 IT 직군 종사자 가운데 여성 비율이 낮은 것도 문제였다. 이런 한계점도 데이터 양이 쌓이고 공정성 지표를 계속 적용해나간다면 해결할 것으로 본다.

국내 인에어, AI 면접

국내에서도 몇몇 기업이 채용 과정에 AI를 도입하기 시작했다. IT 솔루션 기업 마이다스아이티가 개발한 AI 채용 솔루션 '인에어(inAIR)'가 대표적인 예다.

인에어는 면접 과정에 사용하는 AI다. 지원자들이 컴퓨터만 있으면 원하는 시간과 장소에서 면접을 볼 수 있다는 것이 장점이다. 면접은 자기소개와 인성 검사, 적성 퀴즈, 심층 면접 순서로 약 60분간 이어진다.

인에어는 지원자 외면과 내면을 모두 판단한다. 시각 지능이 지원자 안면에서 감정과 거짓말 여부 등을 판단하고, 음성 인식을 통해 목소리 음색 등을 분석한다. 또 제시되는 문제를 통해 지원자의 문제 해결 능력이나 업무 적합도를 판단한다.

인에어는 채용 공고 홍보부터 채용 결과 공유까지 채용 전체 과정이 온라인상에서 빠르고 공정하게 진행되도록 돕는 솔루션이다. 인에어 내에 포함된 AI 역량 검사는 빅 데이터와 뇌신경 과학에서 추출한 개인별 역량 특성을 기반으로 기업 문화와 직무 적합도를 확인하도록 도와준다.

인에어는 대기업, 중견 기업, 공공 기관 등 1,000여 개 기업에서 채용에 활용 중이다. 학력이나 스펙 같은 일률적 기준으로 인재를 선발하던 대규모 공채 문화에서 수시 직무 채용으로 채용 문화가 변화했다. 개인별 역량 특성에 따른 적합도를 확인해 입사 여부를 검토하는 인에어가 우수한 측량 도구 역할을 맡는다.

채용 과정이 획기적으로 단축되고 선발 정확도와 공정성은 높아져 사용 기업 만족도가 높다. 인에어는 채용 과정 비효율 최소화, 학력이나 스펙 위주 서류 필터링 최소화, 면접관 편견과 편향 보완, 채용 비리 원천 차단 등에 장점을 발휘한다.

국내 현대자동차, 상시 채용 및 AI 면접

현대자동차는 2022년 7월 신입 사원 채용부터 매 홀수 월 1일 부문별 채용 공고를 현대자동차 채용 홈페이지(https://talent.hyundai.com)에 일괄적으로 게시한다. 이전에는 현업 부문마다 채용 공고 게시 시점이 달라 지원자가 수시로 사이트에 접속해 공고를 확인해야 하는 번거로움이 있었다. 새로 도입되는 일괄 게시 방식은 지원자가 매 홀수 월 1일에만 공고를 확인하면 되고, 채용 시점을 예측할 수 있어 지원 준비가 더 쉬울 것으로 예상된다.

더불어 현대자동차는 공고를 게시하는 시기에 맞춰 메타버스 채용 설명회를 정기적으로 개최해 지원자와의 소통을 강화한다. 메타버스 공간에서 공고별 채용 설명회를 열고 지원자와 현직 담당자 간의 일대일 직무 상담도 진행할 계획이다.

현대자동차는 이번 신입 채용부터 최초로 AI 면접을 적용한다. 현대자동차는 스타트업 기업인 '제네시스 랩(Genesis Lab)'과 협업해 개발한 AI를 면접에 적용해 평가의 객관성을 높인다는 계획이다. AI 면접은 AI가 지원자에게 질문을 하면 응답 과정에서 지원자의 표정, 행동, 음성 등 비언어적 요소를 분석하고 평가하는 방식으로 진행된다.

아울러 현대자동차는 AI와 빅 데이터를 활용해 지원자 이력서를 자동으로 인식하는 기능과 적합한 직무와 채용 공고를 추천해주는 지원자 맞춤형 서비스 등 지원자 편의를 확대할 방안을 채용 홈페이지에서 제공할 계획이다. _출처 : 현대자동차 홈페이지

| AI가 내 성과 평가까지! |

AI를 활용한 성과 관리(Performance Management)의 장단점을 좀 더 자세히 살펴보자.

AI 기반 성과 관리는 완전히 데이터 중심이다. 여기에는 개인적인 호불호가 없다. 여러 소스에서 정보를 수집해 데이터 자체의 오류 가능성을 제거한다. 따라서 AI는 관리자가 조직뿐만 아니라 직원에게도 이익이 될 수 있는 객관적인 피드백을 제공하도록 지원한다. 또 AI는 다양

한 직원의 개선 영역을 쉽게 분석해 관리자에게 알리고 개선하는 방법까지 제안한다.

AI는 관리자가 과거의 성과 검토, 향후 관심 사항 등의 데이터를 통해 직원의 경력을 분석함으로써 개인에 맞는 교육 훈련을 제안한다. 하지만 AI의 가장 중요한 단점은 의심스러운 윤리 기준이다. 조직이 점점 더 많은 데이터와 개인 데이터를 찾는 경우, 개인 데이터를 수집하도록 설계된 AI는 공격적으로 개인 신상 정보를 수집할 수 있다. 이는 오히려 직원들의 사기를 떨어뜨릴 수 있다. 또 AI가 성과를 관리하다 보면 인간적 요소가 결여되거나 직원의 잠재력을 적절하게 파악하지 못할 수도 있다.

미국 프라핏닷코, AI 성과 관리

프라핏닷코(Profit.co)는 미국 캘리포니아 프리몬트에 있는 소프트웨어 회사다. 프라핏닷코의 성과 모듈은 AI 기반 성과 관리 소프트웨어로 기업에 필요한 인사관리와 완벽하게 연동된다. 관리자, HR 관리자 및 기타 지정된 성과 평가 구성원은 프라핏닷코의 성과 관리 내에서 통합 관리가 가능하고, 360도 평가 및 개인별 맞춤화 성과 관리도 가능하다.

직원이 자체 평가를 완료하고 다른 직원이 수행평가를 완료한 후, '9 박스 매트릭스(9 Box Matrix)'의 점수를 평균화해 점수를 결정한다. 9 박스 매트릭스는 개인의 잠재적 평가와 성과 평가 점수를 결합한 대시보드이며, 이에 따라 9개 박스 중 하나에 배치된다. 직원의 잠재적 평가는 Y축에 위치하며 X축에는 성과 평가가 위치한다. 직원들은 각 점수에 따라 9개 중 하나(스타 직원, 핵심 직원, 저성과자 등)에 분류된다. 어떤 직원이 어느 위치에 속하는지 보려면 가운데에 있는 '직원' 단추를 선택하면 된다. 그러면 아래 나열된 직원의 성과 및 잠재 등급을 확인할 수 있다.

HR과 관리자는 직원들의 개인별 개발 계획을 수립해 다음 경력 단계로 나아가도록 유도하거나, 저성과 내용 혹은 비전문적 행동을 개선하기 위한 성과 개선 계획을 수립할 수 있다. 모든 리뷰는 가상 클라우드에 저장되며 언제든지 참고할 수 있다.

| AI가 알아서 관리하는 기업 보안 |

LG CNS, AI 엑스레이 영상 분석 통해 가방 안 저장 매체 판독

LG CNS는 AI를 엑스레이 장비에 결합, 기업·기관의 정보 유출을 원천 차단하는 'AI 엑스레이 영상 분석' 기술을 2020년 개발했다. 건물 출입구에 설치된 엑스레이 장비가 촬영한 가방, 외투 등의 사진을 AI가 분석해 정보 유출 가능성이 있는 저장 매체나 전자 기기를 찾아낸다.

LG CNS 영상 기술은 가방, 외투 안 저장 매체를 0.3초 만에 식별한다. 숨겨놓은 저장 매체를 발견하면 모니터상에 'USB 99.0%', '메모리 카드 85.5%'와 같이 저장 매체명과 판단 결과에 따른 확률을 표시해준다.

LG CNS는 AI가 엑스레이 사진을 인식하도록 하기 위해 저장 매체 이미지 5만여 장 이상을 학습시켰다. 학습 결과 USB·하드디스크·메모리 카드·노트북·태블릿 PC·스마트폰·카메라·e북 등 8종의 저장 매체를 판독할 수 있으며, 정확도는 99%에 달한다고 한다.

미국 IBM, AI 큐레이더 보안 솔루션

IBM 큐레이더(QRadar)는 SIEM(Security Information and Event Management, 보안 정보 및 이벤트 관리), 위험 관리, 로그 관리, 네트워크 행동 분석, 보안 이벤트 관리 등 서로 다른 기능을 통합한 제품으로, 가장 지능적인 자동화된 통합형 보안 인텔리전스 솔루션이다. 큐레이더는 보안 데이터에 머신 러닝 및 행동 분석을 적용함으로써 내부자 위협에 대한 가시성을 높이고, 이상행동을 발견하고, 위험성 높은 사용자를 쉽게 식별하며, 의미 있는 인사이트를 빠르게 생성한다.

한국 IBM이 한국중부발전의 지능형 사이버 공격을 방어하기 위해 AI와 머신 러닝 기반 탐지, 대응, 분석, 사전 예방 보안 프로세스를 일원화했다. 한국중부발전이 2020년 10월 도입한 'IBM 큐레이더'를 통해 지난 1년간 사이버 위협에 실시간 대응할 수 있는 차세대 통합 보안 관제 시스템을 최적화했다.

또 급변하는 지능형 공격에 대응할 수 있도록 보안 위협 예측부터 실시간 모니터링, 분석, 선제 대응을 아우르는 일원화된 통합 보안 관리 시스템을 구축하는 한편 유연한 위협 정보 연동 시스템으로 사이버 안전 센터 보안 관제의 운영 효율성을 높였다.

IBM 큐레이더는 'IBM 엑스포스(X-Force)'가 제공하는 최신 글로벌 위협 정보를 바탕으로 외부 위협에 빠르게 대응할 수 있는 환경을 구축한다. 사이버 안전 센터 보안 관제 팀은 IBM 애플리케이션을 통해 복잡한 쿼리 언어에 대한 전문 지식 없이도 쉽게 위협을 탐지할 수 있어 운영과 인력 변화에 유연히 대응할 수 있다. 아울러 앱을 통한 로그뿐만 아니라 네트워크 위협도 분석할 수 있는 환경을 구축해 한국중부발전의 전사적 시스템에 대한 가시성을 높여 더욱 신속하게 위협을 감지하고, 초동 대응할 수 있다. 실제로 한국중부발전은 보안 로그 상관분석 고도화를 통해 기존 통합 보안 시스템에서 탐지하기 어려웠던 지능화된 최신 사이버 공격을 파악하고, 자산 중요도에 따라 위협의 우선순위를 정해 효과적으로 대응하는 시스템을 구축했다. 또 IBM 큐레이더의 머신 러닝 기능을 활용해 내부 사용자 행위를 학습해 비정상 행위로 인한 보안 위협 결과를 확인하고 대응할 수 있는 환경을 구축했다.

미국 벡트라 네트웍스, 사이버 공격에 대응하는 NDR 솔루션

미국의 벡트라 네트웍스(Vectra Networks)는 AI 기반 사이버 보안업체다. 현재 미국에서는 제로 트러스트(Zero Trust) 기술이 보안 트렌드로 주목받고 있다. 제로 트러스트는 '믿을 사용자는 아무도 없다'는 전제 아래 검증되지 않은 모든 사용자를 차단하는 보안 기술이다. 2010년에 처음 제안된 이 모델은 특별히 검증된 사용자 외에는 누구도 신뢰할 수 없으며, 접근을 허용하지 않는다. 실제 미국표준연구소(NIST, National Institute of Standards and Technology)는 제로 트러스트 기술과 관련된 가이드라인을 발표했으며, 정부 기관은 해당 기술을 도입하기 위한 다양한 시도를 진행하고 있다. 하지만 제로 트러스트 기술은 변화하는 환경에 적용하기 어렵다. 클라우드 기반에서는 환경이 계속 변화하는데, 한 가지 기준만으로 신뢰도를 평가할 때 오류가 생기는 경우가 종종 있다. 무엇보다 제로 트러스트 기술은 허가받은 사용자가 권리를 남용하는 경우를 모두 탐지하고 제어할 수 없다.

네트워크 전체를 철저히 감시하기 위해서는 호스트 접근량, 서버의 데이터 처리량, 유저나 서비스의 균형 등 다양한 요소를 고려해야 한다. 이를 지원하기 위해 벡트라는 네트워크에서 발생하는 모든 사이버 공격을 탐지하고 대응할 수 있는 NDR(Network Detection and Response) 솔루션을 포함한 코그니토(Cognito) 플랫폼을 선보였다. 코그니토 플랫폼은 지속해서 유저와 호스트, 서비스의 행동과 움직임을 감시하고, AI로 위협 요소를 파악해 위험 순위를 매긴다. 이를 통해 벡트라는 네트워크 전체를 다양한 기준으로 감시하고, 지속적인 실시간 평가를 제공한다. 벡트라는 NDR 솔루션의 강점으로 낮은 오탐지, 다른 기술과의 조화, 전체 네트워크 트래픽 감시를 꼽았다.

중국 AI 유니콘 센스타임, 스마트 안면 인식 출입기 '센스패스'

지난 2014년 창립된 센스타임(SenseTime)은 홍콩중문대학 정보공학과 교수이자 세계 AI 기술의 '개척자'로 불리는 탕샤오어우가 설립한 기업이다. 센스타임은 컴퓨터 비전 딥 러닝의 원천 기술 연구 개발에 주력하며, 안면 인식을 비롯해 패턴·문자·의료 영상 인식, 영상 분석, 자율주행, 원격 탐지 등 일련의 AI 기술을 내놓으며 스마트시티, 스마트폰, 엔터테인먼트, 교육 등의 분야에 광범위하게 적용하고 있다.

최근 센스타임은 한국의 LG CNS와 제휴를 맺고 컴퓨터 비전 알고리즘 등 AI 기술을 한국에서 응용하는 계획을 추진하고 있다. 센스타임의 스마트 안면 인식 출입기 '센스패스(SensePass)'가 LG CNS 본사의 26개 입구에 설치되어 회사 직원과 방문객의 안면 인식을 통해 비접촉 출입 서비스를 제공해 입구에서 불필요하게 인파가 몰리거나 통행이 정체되는 현상을 방지해 코로나19 전파 위험성도 낮출 수 있게 한다.

센스패스는 체온 측정과 출입 통제 기능을 결합해 신속하고 정확하게 출입 인원의 정보를 기록하고 체온을 측정하며, 이상 상황 발견 시 스마트 분석과 관리를 진행한다. 출입구에서 센스패스가 신원을 확인하는 데 걸리는 시간은 단 0.3초이며 마스크 미착용을 알리는 등의 기능도 갖추었다.

| 직원 교육, 훈련도 AI의 몫 |

국내 스타트업 뤼이드, 산타토익 서비스 출시

토익 점수가 필요할 때 앱을 켜면 'AI 튜터'가 커리큘럼을 설계해준다. 학원에 갈 필요 없이 언제 어디서든 스마트폰으로 나만의 맞춤 강의를 본다. 출제 유형을 망라한 1만 개의 예제 중 AI가 선별해준 문제를 풀고 초고속으로 점수를 올린다. 신개념 토익 학습 솔루션 '산타(Santa)'가 바꾼 학습 풍경이다.

산타(https://aitutorsanta.com)는 교육 스타트업 뤼이드(Riiid)가 2017년 처음 선보였다. 서비스 고도화를 거쳐 2018년 본격적으로 매출을 올렸고, 1년 후엔 매출이 2배로 증가했다. 산타토익의 누적 이용자 수는 110만 명이다. 산타에서는 일단 이용자가 꼭 풀어야 할 문제의 수를 최소화하면서 학습 효율을 높이는 데 집중한다. 여기에도 AI 기술이 적용되는데, 현재까지 이용자가 푼 문제는 무엇이고 그중 불필요한 문제는 무엇인지, 그리고 이용자에게 가장 부족한 유형은 무엇인지 분석해서 꼭 필요하다고 판단하는 문제만 제시해 풀도록 유도한다.

국내 플리토, AI 기반 통합 번역 서비스

2012년 창립된 플리토(Flitto)는 다국어 번역 통합 서비스를 통해 수년간 '언어 데이터'를 쌓아온 국내 데이터 기업이며, 웹과 앱 플랫폼을 통해 집단 지성 번역, AI 번역, 전문 번역 등의 서비스를 제공 중이다. 그리고 한국전자통신연구원, 한국정보화진흥원, 현대자동차, 중국 텐센트, 일본 NTT 도코모 등과 파트너십을 체결해 다양한 언어 번역 관련 사업을 전개하고 있다.

플리토는 약 10년간 언어 데이터에 집중해온 전문 기업인 만큼 다양한 고품질 데이터를 보유하고 있다. 텍스트 데이터는 인공 신경망 기반 기계 번역, AI 기반 챗봇을 비롯한 자연어 처리 기술, 알고리즘 교육 및 다양한 앱/웹 데이터로 활용된다. 음성 데이터 역시 자연어 처리 엔진 개발에 활용 가능하며, 이미지 데이터는 광학 문자 판독(OCR), 자율주행 차량 시스템 개발 등에 사용할 수 있다.

플리토의 강점은 집단 지성을 활용하는 웹/앱 기반 플랫폼이라는 것이다. 173개국 1,000만 명 이상의 사용자를 확보해 데이터를 빠르게 수집하고 정제·가공할 수 있다.

2021년부터는 B2B 회사용 '기업 맞춤형 AI 번역' 서비스를 시작했다. 기업들은 범용 번역 엔진을 사용하고 있어서 기업이 속한 업계나 해당 기업의 특정 용어를 이해하는 것이 불가능에 가까웠다. 이런 한계를 극복하고자 플리토는 기업 맞춤형 AI 번역 서비스를 제공한다. 기업 개별 엔진에 기업 특화 데이터를 학습시켜 개인화 특성을 강화한다.

또 2021년 3월 AI 번역기 파파고를 오픈한 네이버와 손잡고 언어 AI 고도화를 추진하고 있다. 파파고의 업그레이드 등 기술 협력을 기대하며 특히 AI 번역, 광학 문자 판독 기술 향상에 초점을 두고 정확도를 높이기 위한 협력을 지속 추진할 예정이다.

대부분의 AI 번역은 한영·영일 번역을 만들면 한·일을 만드는 식으로 조합을 넓혀나가는 기술을 채택하고 있다. 플리토도 같은 식으로 적용되었다.

LG CNS 'AI 튜터'

AI 튜터는 LG CNS가 캐럿 글로벌과 함께 구현한 외국어 회화를 학습할 수 있는 AI 튜터링 서비스다. AI 튜터는 음성 AI 기술과 문장 유사도 알고리즘을 활용해 일상 및 비즈니스 상황 영어를 대화형 UX(User eXperience, 사용자 경험)로 시공간의 제약 없이 자연스러운 대화를 통해 스스로 학습할 수 있는 트레이닝 서비스다. 또 AI 튜터는 음성 AI 기술과 언어 지능 기술을 이용해 학습자의 회화 수준을 백분위로 수치화하고, 원어민처럼 자연스러운 대화를 통해 학습자에게 적합한 대화와 학습 콘텐츠를 추천하는 학습자 맞춤형 영어 학습 서비스를 제공한다.

AI 튜터를 통해 일상생활과 비즈니스 상황에서 필요한 영어 회화를 AI와 실전으로 연습할 수 있다. 상호 소개, 주말 계획, 야외 활동 등의 상황 영어가 300개 이상 포함되어 있으며, 비즈니스 현장에서 필수적인 직무 맞춤형 영화 콘텐츠도 제공한다. 학습자가 구사한 문장이 표준 문장에 얼마나 가깝고, 그 문장을 얼마나 정확하게 말하는지 백분위로 수치화해 다음 대화로 이어가거나 학습 기능과 대화 콘텐츠를 추천한다. 대화가 끝난 후 녹음된 AI와의 대화를 다시 들어보고 복습할 수 있으며 대화에 가장 핵심이 되는 표현을 카드 단위로 연습할 수 있게 복습 기능을 제공한다. 그리고 음성 명령을 활용해 메뉴 터치 조작 없이 말로 애플리케이션을 제어할 수 있는 대화형 UX를 제공한다. 구글 STT(Speech To Text, 음성을 텍스트로 전환하는 기술)와 TTS(Text To Speech, 텍스트를 음성으로 변환하는 기술)도 사용하며, 코딩이 필요 없는 대화 저작 플랫폼을 활용해 다양한 대화를 추가할 수 있으며 스마트 기기뿐만 아니라 스피커, 로봇 등의 단말에 확대할 수 있다.

국내 세종학당, AI 한국어 대화 연습 서비스 'AI 선생님'

세종학당재단에서는 인공지능 한국어 대화 연습 서비스인 '세종학당 AI 선생님(KSI Korean AI Tutor)' 앱을 2021년 3월 공개했다. '세종학당 AI 선생님'은 언제 어디서나 한국어 대화를 연습할 수 있는 인공지능 활용 모바일 앱이며, 외국인 학습자가 '한국어 표준 교육과정' 초급 수준의 한국어 능력을 익히고 연습할 수 있도록 다양한 기능을 제공한다. 외국인 학습자는 이 앱으로 길 찾기, 주문하기, 쇼핑하기 등 일상 대화는 물론 결혼식, 학교, 직장 등 상황별 한국어 대화를 음성 인식 기능을 통해 학습할 수 있다. 여기에 사용된 AI 기술은 자연어 대화 처리와 음성 인식 기술이며, 학습자의 학습 결과를 그래프 등으로 시각화해 보여준다.

한국어 대화 연습 수준에 따라 주제별, 등급별로 AI와 대화할 수 있도록 대화형 학습활동을 제공한다. 해당 스크립트에 대한 역할 연습 및 미션, 어휘 학습 서비스를 통해 보충 학습 및 학습자의 자기진단 기능도 지원한다. 음성 인식에 따른 학습자의 발음 점수 기록 및 통계 관리와 AI의 발음 피드백을 통한 발음 교정도 가능하다.

세종학당에서 주관하는 '인공지능 기반 한국어 학습 지원 시스템' 개발에 한국전자통신연구원의 한국어 음성 인식 및 자연어 대화 처리 기술을 적용해 사업화를 추진 중이다. 세종학당은 국가/도시별로 한두 개소로 운영 중인 오프라인 한국어 교육의 한계 때문에 2019년부터 온라인 한국어학당 서비스를 시작했다. 이에 원어민(한국인)과의 대화 기회가 부족한 한국어 학습자를 지원하기 위해 ETRI의 음성 인식 및 발음 평가 기술과 자유 대화 처리 기술을 적용해 AI 기반 자유 대화를 통한 말하기 학습 및 발음 유창성 평가 서비스를 개발했다. 이 AI 한국어 선생님 서비스는 기업에서 근무하는 외국인 직원 교육 훈련 과정에 활용해보도록 추천한다.

| 기업 운영 업무도 AI가 척척 |

AI가 회사의 전반적인 관리와 운영 개선에 활용되고 있다. 로봇 업무 자동화를 통해 사용자가 컴퓨터나 단말기로 수행하는 반복 업무는 로봇 소프트웨어가 자동으로 대신해준다. 상품/고객별 수익성을 분석하는 등 경영 재무에서도 활용되며, 인사 분야에서도 직원의 입사 절차나 복리 후생 등의 업무를 자동 처리해준다. 그리고 AI는 ERP, CRM 등의 솔루션에 기록되는 이벤트 로그를 분석해 업무가 처리되는 프로세스를 한눈에 확인할 수 있도록 이미지 맵으로 생성해준다.

AI를 활용해 향후 상품별 판매량, 적정 출하량을 예측할 수 있으며 이를 통해 불용 재고와 폐기물을 감소시킬 수 있다.

마지막으로 아직도 많은 회사에서는 인보이스 처리를 수동으로 진행하고 있다. 많은 양의 인보이스를 처리해야 하는 경우 시간과 비용이 낭비되고 실수가 발생하기 마련인데, 인보이스 발행 절차를 자동화하면 오류를 줄이고 상당한 시간을 절약할 수 있다.

미국 월마트,
SAP의 HANA 머신 러닝 솔루션 사용해 비즈니스 혁신 가속

미국 월마트는 거대하고 복잡한 기업 인프라를 보유하고 있지만, 기술 혁신을 기반으로 하여 신속하고 사실에 근거한 의사 결정을 내리고 있다. 여기에는 SAP 기술이 한몫한다.

2007년부터 백오피스 운영에서 SAP 기술을 사용하는 월마트는 이제 SAP HANA 비즈니스 인텔리전스 플랫폼을 사용해 회사의 5조 건의 거래 기록을 신속하게 처리하고 있다. 월마트는 매주 2억 5,000만 명의 고객, 1만 1,000개의 글로벌 로케이션, 급성장하는 전자 상거래 채널, 220만 명의 직원을 거느리고 있는 거대 리테일(Retail) 회사다. 여기에 HANA의 인-메모리(In-Memory, 외부 저장 장치에 데이터를 저장하지 않고 메모리에 데이터를 읽고 쓴다. 속도가 훨씬 빠르다는 장점이 있다) 데이터 처리 기능을 사용해 기업 내 여러 부분에서 데이터를 수집해 실시간으로 시각화하고 있다. 월마트는 HANA를 적용해 이전에는 이용할 수 없었던 규모와 속도로 데이터와 통찰력을 확보했다.

SAP HANA는 SAP의 ERP 애플리케이션의 빅 데이터 체계화 및 분석을 돕는 인메모리 데이터베이스로 고성능 분석 어플라이언스(High-Performance Analytical Appliance)를 뜻한다.

HANA 플랫폼은 사내에서 회사 서버 또는 클라우드를 통해 실행된다. HANA는 모바일 및 데스크톱 컴퓨터, 금융거래, 센서 및 생산 공장의 장비 등 비즈니스 액세스 포인트에서 수집된 정보를 가져온다. 영업직원이 현장에서 회사 스마트폰이나 태블릿을 사용해 구매 주문을 기록하는 경우, HANA가 이러한 거래의 데이터를 분석하고, 동향과 부정 여부를 파악할 수 있다.

| AI로 부정도 막고 투자 성과도 내자 |

AI 기술로 새로운 규칙과 규제를 분석하거나 개인별로 개별화된 재무 보고서를 제공하는 등 업무 프로세스 자동화가 가능하다.

IBM 왓슨은 미국에서 금융 관련 복잡한 법률을 이해하고 몇 초 만에 해결책을 제안할 수 있다. 그동안 금융 전문가들이 며칠 동안 매달렸던 부분이다. 재무 관리자는 AI를 활용해 고객에게 더 자세한 보고서를 더 빨리 제공할 수 있으며, 더 많은 고객에게 더 개인화된 조언을 제공할 수도 있다.

네덜란드 ING, 예측 분석하는 카타나 솔루션

네덜란드의 은행 서비스 제공업체 ING는 1991년 암스테르담에서 창립되었다. 2017년 12월, 네덜란드 은행은 채권 트레이딩 부문에 '카타나(Katana)'라는 인공지능 트레이더를 도입해 수십만 개의 거래 데이터를 빠르게 분석한 후 휴먼 트레이더가 최적의 가격을 신속히 파악하도록 지원하고 있다. 카타나는 과거 및 실시간 데이터를 기반으로 한 예측 분석을 통해 거래자가 고객을 위해 채권을 사고팔 때 어떤 가격을 제시할지 결정하는 데 도움을 준다. 이 플랫폼은 과거 및 실시간 거래 데이터를 통해 학습할 수 있고, 거래자가 자연스러운 직관에 더해 사용할 수 있는 통계 예측 기능이 있다.

ING는 본격적으로 론칭하기에 앞서 6개월간 이머징마켓 채권 트레이딩 부문에서 시범 운영한 결과, 90% 이상의 거래에서 가격 결정속도가 빨라졌고, 25% 이상의 거래 비용 절감 효과도 발생했다고 한다. ING는 이머징마켓 부문에서 거둔 성공을 바탕으로 향후 100명 이상의 소속 채권 트레이더들이 카타나를 활용할 수 있도록 확대할 계획이며, 이를 위해 현재 데이터 과학자, 컴퓨터 과학자 등 250명 이상의 IT 전문가가 AI 및 관련 프로젝트에 참여 중이다.

미국 AI 투자회사 켄쇼 테크놀로지

켄쇼 테크놀로지(Kensho Technology)는 2013년 하버드 박사과정을 밟던 대니얼 내들러(Daniel Nadler)가 창립한 AI 스타트업이다. 딥 러닝 기술을 적용한 AI를 금융 분야에 실용화하고자 빅 데이터 분석을 통해 투자자의 질문에 답할 수 있는 워런(Warren) 프로그램을 만들었다. 이는 월스트리트 애널리스트 15명이 4주에 걸쳐 할 수 있는 작업을 단 5분 만에 처리하는 성과를 올려 명성을 얻었다. 2014년에는 골드먼삭스에서 1,500만 달러의 투자를 받았으며, 2018년에 S&P 글로벌이 약 6,000

억 원으로 인수했다.

켄쇼는 S&P의 세계적 수준의 데이터를 활용해 S&P 글로벌 내부 및 고객을 위한 최첨단 기계 학습 애플리케이션을 구축했다. 주로 복잡한 문서와 음성을 포함한 자연어 데이터로 작업하고, 비정형 및 반정형 데이터에 구조 계층을 추가하는 기계 학습 모델을 구축했다.

이러한 기본 AI 서비스는 데이터 수집의 폭과 속도, 데이터 품질 수준, 데이터 검색의 용이성과 관련성을 향상해 오늘날 기업이 직면한 가장 어려운 과제 중 일부를 해결한다.

'금융계의 알파고'로 불리는 미국의 켄쇼 테크놀로지는 영국 브렉시트 이후의 파운드화 변동, 트럼프 미국 대통령 당선 직후의 환율 예측, 겨울 한파의 수혜 주식, 시리아 내전 관련 주 등 세계적인 사건이 있을 때마다 정확한 예측으로 성과를 거두어왔다.

| 인간 회계사를 돕는 AI |

회계 업무 시 문서나 계약서를 분석하고 회계 부정을 찾아내는 데 자연어 처리 기술을 이용할 수 있다. 또 소셜 미디어나 온라인 데이터를 통해 해당 회사의 역량을 측정하고 이해하는 데 활용된다. 정부 기관도 비구조화된 데이터를 분석할 때 자연어 처리 기술을 적극 활용한다. 2008년 금융 위기 때는 미국 증권거래위원회에서 토픽 모델링(Topic Modeling, 각 단어나 문서의 집합에 대해 숨겨진 주제를 찾아내 문서나 키워드별로 주제끼리 묶어주는 비지도 학습 알고리즘) 기법 가운데 하나인 LDA(Latent

Dirichlet Allocation) 모델을 사용해 금융 부정행위를 한 회사들의 재무 보고서에 있는 문제점을 파악했다. 딜로이트 감사 팀은 감사를 할 때 자연어 처리를 활용해 반년에 걸쳐 12명이 넘는 직원이 검토해야 할 문서를 6명이 한 달 만에 끝냈다. 또 다른 빅 4 회계 법인인 EY는 AI를 이용해 리스에 대한 회계기준을 검토하는 데 자연어 처리 기술을 사용했다.

| 어려운 법률, AI야 도와줘 |

AI가 법정에서 판사를 대체할 수 있을까?

이미 일어난 일이다. 법원에서 AI 판사가 활동하고 있다. 하지만 판결을 행사하는 것과 판단을 예측하는 것에는 차이가 있고 AI가 어떤 분야에서 더 잘하는지는 분명하다. 호주 연방법원은 2021년 AI 시스템이 특허를 소유할 수 있다는 의미로 "발명자가 비인간일 수 있다"라고 판결했다. AI 시스템을 특허 소유자로 인정하기를 거부한 영국과 미국과는 달리 호주는 AI에 우호적인 분위기다.

이것은 AI가 법정에서 더 큰 역할을 할 수 있다는 것을 의미할까? 에스토니아는 정부 서비스를 효율화하고 판사들의 밀린 사건을 정리하기 위한 움직임으로 AI 판사를 도입했다. 에스토니아 정부는 7,000유로 이하의 계약 클레임 같은 소규모 클레임 분쟁에 대해서는 AI 판사를 이용하고 있다. 캐나다에서도 마찬가지로, 지적 재산 분쟁과 일정 금액 이하의 자동차 청구와 같은 일부 법률 분야에서 AI를 활용한다. 캐나다 브리티시컬럼비아주에서는 민사 결의 재판소(CRT)가 '전문가 시스템'

이라고 불리는 AI를 이용한다.

인간의 편견을 극복하는 방법 중 하나는 아이러니하게 AI 예측 분석을 활용하는 것이다. 예측 분석의 주요 이점은 엄청난 양의 컴퓨팅 능력과 데이터를 활용함으로써 인간의 뇌가 찾을 수 없는 상관관계를 찾을 수 있다. 하지만 데이터가 불완전하거나 편향되었다면 예측도 부정확할 수 있다. 또 판사는 불완전한 정보와 알 수 없는 편견을 가지고 있을 수는 있지만, 결정의 이유와 절차적 공정성을 제공하는 것을 포함한 열린 정의와 같은 피해자 보호는 의사 결정의 투명성과 비판을 허용한다. 인간 판사는 다방면으로 따져보고 어떨 때는 동정심을 발휘하기도 한다.

AI가 법정에서 더 큰 역할을 맡게 되면 어떤 위험이 있을까? 블랙박스 형태의 AI는 법원 시스템에서 절대 허용되어서는 안 된다는 주장이 있다. 정의, 절차적 공정성에 부합하지 않는다는 것을 문제 삼는다. AI에 대한 윤리 논쟁이 있는 것도 사실이다. 또 AI가 공정하고 투명한 방식으로 작동하는지 확인하기 위해 테스트할 수 없다면 무용지물일 것이다. 비용을 줄이고 효율을 높이는 것도 중요하지만 정의의 핵심 요건을 희생시키지 말아야 한다는 취지다.

법정에서 AI를 사용하는 것이 아니라 판결하기 전에 AI를 활용하는 것은 어떨까? 사람들이 법정에 오기 전에 그들의 사건을 분류하기 위해 어떤 종류의 AI 심사를 거쳐야 한다면 AI는 그들의 성공 가능성을 평가해줄 것이다. 이로 인해 법정 업무량을 적절하게 조절할 수 있을 것이다. 적은 금액 청구 문제에 AI 판사를 도입하는 것은 어느 정도 타당성이 있지만, 복잡한 사건에 대해서는 인간 판사의 필요성이 남아 있다. AI가 어떤 것이 합리적이고 어떤 것이 오해를 불러일으킬 수 있는지 판단하는 정서적 지능이 없으므로 현재 소송 대부분을 자동화하는 것은 매우 어려운 일이다.

AI에 대한 정식 판사직은 실현할 수 없지만, 기술은 여전히 효율성을 높이고 비용을 줄이기 위해 법원 절차를 간소화하는 데 이용되고 있다. 예를 들어 AI는 부상 관련 비용 계산과 기회비용의 가치를 추정하기 위한 예측 모델을 통합해 피해를 평가하는 데 필요한 지침을 제공할 수 있다. 당사자가 법정 양식을 작성하는 데도 도움을 줄 수 있다. 협상이나 중재를 제안할 수도 있다. 이 기술의 목적은 당사자들이 스스로 분쟁을 해결하고 판사의 사건을 줄여주는 데 있다.

AI가 고도화하면서 행동을 심사해 결과를 제시하거나 가장 유사한 판례를 파악할 수 있게 되었다. 그렇지만 앞에서 언급했듯 판단과 예측 사이에 엄청난 차이가 있다. AI 시스템이 할 수 있는 것은 판사들이 어떻게 행동할지 예측하는 것이다. 그들은 판단을 내리지 않는다. 그들은 결과를 예측할 수 있지만 판단을 내릴 수는 없다. 또 사람들이 법정에 가서 판사에게 원하는 것은, 그들의 사건에 대한 판결이지 다른 유사 사례에 따라 자동으로 제공되는 답변을 원하지 않는다는 것이다. 가까운 미래에도 AI가 행정직과 사법적 의사 결정을 지원하는 데 활용될 수 있지만, 판사를 대체하지는 못할 것이다. _출처 : 호주 뉴사우스웨일스대학교 뉴스룸의 2021년 10월 1일 자 뉴스 요약

미국 로스 인텔리전스, IBM 왓슨 기반의 법률 AI '로스'

'로스(Ross)'는 스타트업인 로스 인텔리전스(ROSS Intelligence)의 인공지능 변호사다. 2016년 뉴욕에서 100년의 역사를 지닌 대형 로펌 베이

커 앤드 호스테틀러(Baker & Hostetler)와 고용 계약을 맺었다. 로스는 파산 분야 판례를 수집·분석하고 자문한다. IBM의 AI 왓슨을 기반으로 240년간 수집된 수천 건의 판례를 검색해 사건과 관련 있는 정보를 골라 법안을 추천한다.

IBM 왓슨 기반으로 제작된 로스는 자연어 처리가 가능해, 방대한 법률 관련 문서를 초당 10억 건의 속도로 검색하는 한편, 최신 법령과 판례까지 학습해 사용자의 문의에 적합한 답변을 도출한다. 딥 러닝과 머신 러닝 기술을 적용했기 때문에 사용하면 할수록 더 높은 수준의 답변을 낼 수 있다. 이러한 연산 능력을 바탕으로, 의뢰인이 맡긴 법률 분쟁과 가장 관련이 큰 판례를 찾아내 이를 분석한 후, 가설을 세운 뒤 승소 확률까지 계산한다. 〈포브스〉는 로스를 미국 로펌이 최초로 AI를 도입한 사례라고 평했다. AI는 판결 예측에도 쓰이고 있다. 판사가 될 수 없지만, 판사와 같은 결정을 미리 냄으로써 소송 전략에 활용하는 것이다.

로스는 2007년 9월 캐나다 토론토대학교 학생들의 과제 수행에서 시작되었다. 로스 인텔리전스의 현재 CTO(Chief Technology Officer, 최고 기술 경영자) 지모 오비애글은 수천 페이지의 법률 문서를 왓슨의 Q&A API에 연계했다. 그리고 분류학 체계 및 온톨로지(Ontology, 실재라는 의미의 그리스어 'Onto'와 학문을 뜻하는 'Logia'의 합성어로 사물의 존재 의미를 논의하는 철학적 개념이며 존재론이라고도 한다. 컴퓨터상에서는 사람들이 세상에 대해 느끼고 생각하며 합의한 바를 컴퓨터에서 다룰 수 있는 형태로 표현한 모델을 말하며, 일종의 지식 표현)에 따라 데이터를 분류하도록 트레이닝시켰다. 이것이 바로 오늘날 법률 지원 인공지능 변호사 로스의 시초다.

왓슨의 NLC(Natural Language Classification), 대화, STT, TTS, API와 음

성 인식, AI의 조합으로 탄생한 로스는 자연어 기반으로, 재판을 준비하는 법조인의 시간과 노력을 현격히 줄여준다.

국내 '인텔리콘 메타연구소', AI 기반 국내 법률 서비스

2010년 창립한 인텔리콘은 지능형 법률 종합 시스템 '아이리스'와 법률 검색엔진 '유렉스' 솔루션을 보유하고 있다. 해당 사건 개요를 입력하면 연관도 높은 관련 법 조항과 판례를 찾아내는 방식이다. 지난 2018년 2월에는 국내 10대 로펌인 법무 법인 '대륙아주'와 법률 인공지능 시스템 도입을 위한 업무 협약을 맺었다.

최근에는 변호사를 직접적으로 지원하는 법률 AI 'C.I.A(Contract Intelligent Analyzer)'를 선보였다. 계약서만 올려도 법적 문제와 쟁점을 변호사 대신 찾아내는 AI다. 2019년 8월에는 한국인공지능법학회와 사법정책연구원이 주최한 변호 자문 대결인 '알파로 경진 대회'에서 '변호사 + C.I.A' 팀이 변호사만으로 이뤄진 팀에 비해 압도적인 점수 차로 이겼다.

대한민국에서 AI와 법의 만남은 아슬아슬한 경계선에 있다. 변호사법 제109조 제1호에 따르면, 비변호사의 법률 사무 취급을 포괄적으로 금지하고 있다. 이를 위반할 경우 형사처벌에 처한다고 명기되어, '만약 AI가 법률 사무를 집행한다면 AI를 형사처벌해야 할 수 있냐'는 법적 논란이 벌어질 가능성이 크다. 이 때문에 법조계에서는 해당 조항을 개정하자는 주장도 제기하고 있다.

이 같은 문제는 증거 수집과 관련해 해외 소송에서 발생할 여지가 크다. 영미법 국가의 경우, 재판 개시 전 당사자 양측의 증거와 서류를 서로 공개해 쟁점을 명확히 하는 '전자 증거 개시(e-Discovery)' 제도를 시행하고 있다. 미국의 민사소송에서도 원고 승소 시 받게 되는 '소송 목적 가격(소가)'이 4만 달러 이상의 소송에서는 90% 이상이 '증거 개시' 명령을 받는다. 공개된 증거 역시 빅 데이터 중 하나로, AI 분석을 통해 소송 당사자와 변호사에게 전략을 제시할 수 있다. 만약 법률 AI가 보편화되지 않는 상황에서 우리 중소기업이 소송당한다면 AI로 무장한 미국 기업에 속수무책 당할 수밖에 없는 형편이다. AI의 재판 전 지원에 대해서는 법의 재해석이나 법의 수정이 필요한 시점이다.

국내 베링랩, 법률·특허 AI 번역 서비스

베링랩(BeringLab)은 변호사와 AI 개발자가 설립한 스타트업으로, 2020년 네이버 D2SF(네이버의 기업형 액셀러레이터 D2 스타트업 팩토리)와 서울대학교 기술 지주에서 시드 투자를 유치한 회사다. 변호사가 진행하는 영문 계약서, 판결문, 의견서, 법령, 약관, 정관의 전문적인 법률 번역을 AI를 활용해 합리적 가격으로 신속하게 제공한다. 약 4,800만 건의 법률/특허 문서를 학습 데이터로 활용하고, 변호사들의 데이터 정제 과정을 거쳐 AI 엔진을 고도화한 덕분이다.

최근에는 머신 러닝 분야에서 세계적인 권위를 인정받는 번역 품질 평가 대회 WAT(Workshop on Asian Translation, 아시아 번역 품질 평가 대회)에서 4개 부문(특허 번역에서 한↔일, 한↔중, 일↔영, 일↔중)에서 1위를 차지했다. 2021년 베링랩은 법률/특허 AI 번역 웹서비스를 정식으로 출시해 국내 유명 법무/특허 법인의 베타 테스트 및 글로벌 학회에서 번역 품질을 인정받고 있으며, 개인도 웹 환경에서 쉽게 이용할 수 있다.

| 직원 의료 복지도 AI가 쉽게 도와줘 |

미국 컬렉티브 헬스, 기업 대상 의료 관리 통합 AI

2013년 캘리포니아주 샌프란시스코에 본사를 두고 설립된 컬렉티브 헬스(Collective Health)는 온라인 관리 플랫폼을 통해 머신 러닝을 사용해 인구 데이터, 의료 청구 등을 통합, 기업의 의료 관리를 단순화했다.

2017년 3월, 회사는 머신 러닝을 활용해 의료 내비게이션 프로세스를 개인화하고, 의료보험 옵션을 잘 탐색하는 엔진을 소개했다. 플랫폼으로 CareX를 론칭했는데, 예측 기술 및 통합 지원으로 사용자가 의료 환경을 쉽게 탐색할 수 있도록 지원하고 있다. 전체 스택(Stack, 데이터를 임시 저장하는 기본 자료 구조) 데이터와 머신 러닝을 사용해 회원을 식별하고 필요한 관리를 능동적으로 연결해준다. 이 제품은 대부분의 미국 회사원이 산부인과 관련 병, 당뇨병 같은 복잡한 의료 문제를 다룰 때 직면하는 혼란, 두려움을 줄여 근무 환경을 개선해나가고 있다.

컬렉티브 헬스에 따르면 CareX 플랫폼은 컬렉티브 헬스의 회원 포털에서 클레임 및 검색뿐만 아니라 사용자의 질문에서 수집된 데이터에 대해 훈련된 여러 알고리즘을 사용한다. CareX는 패턴을 식별하고 각 고유 사용자(기업 직원과 고용주 포함)의 건강 권장 프로그램도 추천할 수 있다. 그리고 보험사와 연결되어 원스톱 관리를 받을 수 있다.

미국 레모네이드헬스, AI로 환자 맞춤 원격의료 서비스

2013년 미국 캘리포니아주 샌프란시스코에 본사를 두고 창립된 레모네이드헬스(LemonaidHealth)는 원격진료 및 온라인 약국 서비스 스타트업이다. 최근 레모네이드헬스는 머신 러닝을 이용해 의료 전문가와 당일 화상 상담을 제공하고, 처방 약 전달 등을 협의할 수 있다고 주장한다. 환자가 레모네이드 헬스앱을 스마트폰에 다운로드하면 온라인 건강 설문지 작성부터 절차가 시작된다. 설문지로 수집한 정보에는 병력, 현재 의약품, 알레르기 및 현재 증상이 포함된다. 이 정보는 사용자를 의료 전문가와 매칭하는 데 사용되는데, 비디오 상담은 일반적으로 지정된 의사 또는 간호사와 2분 이내에 신속하게 받을 수 있다. 만약 의사나 간호사가 처방전이 필요하다고 결정한다면, 환자는 무료 배달을 선택하거나 지역 약국에서 약을 받을 수 있다. 처방전은 의료 전문가가 전자 문서로 약국으로 보낸다. 모든 것이 온라인으로 진행되므로 간단한 진단은 병원에 갈 필요가 없어졌다.

미국 유선성보 분석업체이며 유전자 검사를 통한 뿌리 찾기(조상 찾기) 서비스로 유명한 23앤드미(23andMe)가 2021년 원격의료업체 레모네이드헬스를 4억 달러에 인수하고 원격의료 사업에 진출했다.

코로나19 팬데믹 이후 원격의료 서비스 수요가 증가한 데 따른 대응이며, 더 개인화된 의료 서비스를 제공하겠다는 취지다. 23앤드미는 자사가 보유한 고객 유전자 정보를 레모네이드헬스의 원격의료 서비스와 결합하고, 레모네이드헬스 의사가 환자의 유전자 정보를 참고해 좀 더 적절한 약물을 처방하게 할 것으로 보인다. 이제 회사에서 근무하다 질병 관련 문의를 하거나 처방을 받고 싶다면 병가를 내거나 월차를 사용하지 않고도 회사 사무실에서 의료 서비스를 받을 수 있게 되었다. 한국에서도 조만간 이와 유사한 서비스가 가능해지길 기대해본다.

제3부

전체 통합 플랫폼으로 가자!

제1장

BMW, 스타벅스 등의 힘차고 멋진 여정

| BMW, AI 통합 플랫폼 활용 |

BMW가 AI를 어떻게 활용하는지 알아보자.

최근 전 세계 기업들이 AI의 잠재력을 깨닫고 디지털 전환뿐만 아니라 고객 경험 향상에도 활용하고 있다. AI는 기업이 이용할 수 있는 모든 종류의 데이터를 사용할 수 있도록 해주기 때문에 이 기술은 모든 비즈니스의 필수적인 부분이 되었다. BMW도 예외는 아니며 AI 활용에서도 선두 주사나. 세계 최고의 프리미엄 자동차와 오토바이 제조업체이고 프리미엄 금융 및 모빌리티 서비스 제공업체이며 생산, 연구 개발, 고객 서비스 등 가능한 모든 분야에서 AI를 활용하고 있다.

BMW의 AI 활용은 '프로젝트 AI(Project AI)'를 빼놓을 수 없다. 이는 BMW가 가치 사슬 전반에 걸쳐 AI를 활용하겠다는 것이다. BMW에서의 AI 적용은 연구 개발부터 내부 관리와 고객 지원에 이르기까지 가능한 모든 부서에 확산돼 있다. AI 기반의 자연어 처리 기술로 고객, 직원 및 비즈니스 프로세스의 가치를 높이고 있다. 고객은 차량에서 인공지능 개인 비서(Intelligent Personal Assistant)의 도움을 직접 받고, 직원은 관리 프로세스에서 번역 도구와 컨텍스트 처리 보조자의 도움을 받는다. 또 AI와 빅 데이터 분석은 차량뿐만 아니라 건물 내 에너지 관리에 활용되고, 이미지 처리 AI는 운전자 보조 시스템으로 고객 및 생산 직원을 돕기도 한다. 2021년 3월, BMW가 공개한 차세대 인포테인먼트 시스템인 iDrive 8은 머신 러닝, 자연어 처리, 클라우드 및 5G에 의해 구동된다.

BMW는 글로벌 빅 테크 기업처럼 다재다능하게 AI를 활용하고 있다. BMW가 AI를 어떻게 사용하는지에 대해 부문별로 자세히 살펴보자.

연구 개발

BMW 그룹 연구 개발 부서는 차량 내 에너지 관리를 위한 AI 기반 시스템을 구축했다. 차량 내에는 시트 난방, 엔터테인먼트 시스템, 에어컨 시스템 등 에너지 소비량이 많은 분야가 있다. 또 이산화탄소 배출은 환경에 악영향을 미칠 뿐만 아니라 ESG 경영에도 영향력이 크다. AI 기반 시스템은 사용자 행동과 경로 정보를 고려해 운전자의 요구 사항 및 에너지 효율의 필요성에 따라 가능한 한 효과적으로 차량 내 에너지 소비를 조정하는 방법을 학습하고 관리한다. 이와 별도로 AI 센서 융합에 음향 신호 처리를 추가하는 작업도 진행 중이다.

R&D 부서는 에너지 효율 관리를 위해 많은 정보를 처리하고 있다.

차량, 구성 요소 및 3,000만 명 이상의 개인 특성을 포함하는 3만 3,000개 이상의 요구 사항 명세서를 처리해 AI를 통한 최적의 관리가 가능하다.

공급망 관리 및 물류

BMW는 공급망 관리 시스템에 AI를 배치했다. 오스트리아 오버외스터라이히주 슈타이어(Oberösterreich Steyr) 공장에는 컨베이어 벨트에 빈 컨테이너가 불필요하게 운반되는 것을 막아 물류 처리 속도를 높이는 AI 애플리케이션을 설치했다. 이 외에도 공급망 관리에서 AI의 사용은 로봇 애플리케이션이 더 빠르고 정확하게 객체를 식별할 수 있도록 돕고 있다.

건물과 공장의 고해상도 3D 스캔을 만드는 것을 포함한 가상 레이아웃 계획에서 AI는 컨테이너, 건물 구조, 기계와 같은 개별 물체를 인식하는 데 도움을 준다. 간단히 말해 AI는 로봇 애플리케이션이 내비게이션 기술, 사람과 사물을 인식하는 능력 및 조정 능력을 향상할 수 있도록 한다. AI를 활용하면 정해진 경로에 장애물이 존재할 때 밀리초 이내에 대체 경로를 계산할 수 있다. AI 기반 기술은 로봇 애플리케이션이 사람과 사물에 관련된 다양한 반응을 학습하고 적용할 수 있도록 돕는다. 이러한 방식으로 공급망 관리 전체 프로세스의 효율성을 높일 수 있다.

생산공정

BMW 그룹은 2018년부터 AI를 생산공정에 활용하고 있다. 심지어 회사는 AI를 생산에서 다양하게 활용해 2020년 커넥티드카 개척자 상을 받았다. BMW 8 시리즈 '그란쿠페'라고도 불리는 최신 브랜드 시리즈는 자동차 외관을 색칠하는 데 AI를 채택해 예술가의 색감을 살렸다. 또 AI 애플리케이션은 생산 과정의 모든 결함을 확인하는 데 사용된다. 예를 들어 AI는 현재 생산 중인 구성 요소 이미지를 평가하고 밀리초 단위로 같은 시퀀스의 수백 개 다른 이미지와 비교한다. 이렇게 하면 AI 애플리케이션은 정상 기준과의 편차를 실시간으로 확인할 수 있다. 모든 부품이 제대로 장착됐는지 확인할 수 있게 된 것이다.

최종 점검 영역에서는 AI 애플리케이션이 새로 생산된 자동차의 라이브 이미지와 차량 주문 데이터를 비교한다. 이미지 데이터베이스에는 모델 지정 배지와 사륜구동 차량용 'xDrive' 같은 기타 식별 번호판 및 일반적으로 승인된 모든 조합에 대한 정보가 포함되어 있다.

AI는 매우 민감한 자동차 생산 장비의 작동을 훨씬 정확하게 제어하는 데 도움을 줄 수 있다. 예를 들어 지속적인 건조 기간으로 먼지 수준이 증가하는 경우, 알고리즘은 초기에 추세를 따라잡고 그에 따른 조처를 할 것을 알려준다. 이 알고리즘은 차량의 160개 이상 특징을 모니터링하고 페인트 도포의 품질을 매우 정확하게 예측할 수 있게 한다.

프레스샵에서 AI 애플리케이션은 결함을 예방하는 데 도움이 된다. 예를 들어 이전에 카메라 기반 품질관리 시스템을 사용하면 금속 시트의 오일 잔류물 또는 먼지 입자가 미세한 균열과 혼동되는 경우가 많았다. 새로운 AI 애플리케이션을 통해 인공 신경망은 기능당 약 100개의 실제 이미지에 접근할 수 있다. 즉 완벽한 구성 요소의 이미지 100개, 먼지 입자가 있는 이미지 100개, 구성 요소에 오일 잔류물이 있는 이미지 100개를 실시간으로 비교하기 때문에 이러한 유사 결함은 더 이상 발생하지 않는다.

애프터서비스 및 고객 서비스

BMW는 고객 문제를 해결하는 데도 AI를 사용한다. 고객이 차량 문제를 신고하기 위해 딜러점을 방문할 때 서비스 직원은 지식 데이터베이스를 사용해 문제를 해결한다. AI는 같거나 유사한 사례에 대해 갖고 있는 컨텍스트 정보를 검색 프로세스에 통합한다. 차량 고장 분석 과정에서는 언어 장벽을 고려한 자동 번역 기능이 당연히 뒷받침된다.

건물 관리

BMW 그룹은 차량 내부의 에너지뿐만 아니라 건물 내부의 에너지 관리에도 인공지능을 활용한다. 기존의 에너지 관리 방식이 시대에 뒤떨어지면서 회사는 AI와 스마트 데이터를 도입해 모든 에너지 관련 데이터를 처리하고, 이전에 발견하지 못한 에너지 소비 패턴을 설정하는 데 사용한다. 이 또한 날씨와 관련된 데이터의 도움을 받는다. 회사는 이 기술을 사용해 건물을 더 지능적이고 효율적으로 냉난방을 할 수 있다. 건물 내 에너지 관리를 위해 AI를 사용한 대표 사례 중 하나가 뮌헨의 시범 사업이다. 이 사무소는 IT 센터에서 연간 1,200MWh(메가와트시)의 열에너지를 절약할 수 있었다.

관리 및 지원 기능

BMW는 다국적 기업으로 100여 개국에 진출했으며 고객, 직원과 딜

러는 수백 개의 언어를 사용하며 외부 소스에서 다국어 텍스트가 매일 들어온다. 회사는 BMW 텍스트를 전문으로 하는 자체 번역 솔루션을 개발했고, 직원들은 이를 사용해 2,000개 이상의 텍스트를 시스템에 입력·관리하고 있다.

고객과 차량 기능

BMW는 드라이빙 어시스턴트 프로페셔널과 같은 운전자 보조 시스템에 AI를 통합했다. AI는 운전자가 안전하게 운전하고, 주차하고, 연결을 유지할 수 있도록 도와주는 자동화 기반 운전 기능을 통해 운전자를 돕는다. BMW는 운전자의 주의력을 확인하기 위해 감정 인식 소프트웨어를 채택하며, 자동차에는 쾌적한 운전 경험을 만들어주는 BMW 인텔리전트 퍼스널 도우미도 있다. 코타나, 시리, 구글 어시스턴트와 같은 다른 스마트 어시스턴트와 마찬가지로 BMW 인텔리전트 퍼스널 어시스턴트는 음성 명령으로 작동된다. 이 개인 비서는 '헤이 BMW'에 응답해 음성 명령만으로 차량 운행, 기능 접근, 정보 획득이 가능하다.

| 미국 스타벅스의 AI, IoT, 데이터 활용 사례 |

스타벅스는 로열티 시스템, 결제 카드, 모바일 앱을 커피 사업에 도입한 선구자이며, 전 세계 3만 개 이상 점포에서 일주일에 1억 건 이상의 거래 데이터를 활용해 커피 사업자가 아니라 식음료 분야의 데이터 기술 기업으로 새로운 혁신을 하고 있다. 오늘날 스타벅스의 데이터 활

출처 : https://www.zdnet.com/article/starbucks-to-step-up

용은 부동산 투자뿐만 아니라 마케팅과 생산 활동에도 영향을 미치고 있다. 또 공급망 관리에 대한 지식에도 영향을 준다. 이런 전략의 핵심을 이루는 것이 2008년에 시작된 스타벅스 포인트 프로그램 '스타벅스 리워드(StarBucks Rewards)'다. 이제 스타벅스가 경쟁 우위를 위해 데이터, AI, IoT를 사용한 다섯 가지 활용 사례를 살펴보자.

[개인화된 프로모션과 혜택으로 고객 정밀 타기팅] 고객 데이터를 활용해 개별 소비자의 취향에 맞게 행사를 맞춤화한다. 미국에서만 1,600만 명 이상의 회원을 보유한 스타벅스의 로열티 프로그램은 미국 내 전 점포 거래의 약 절반을 차지하고 있다. 고객 각각의 주문 경향과 구매 패턴을 아는 스타벅스는 더 관련성이 높은 맞춤 제안을

제공할 수 있다. 이 캠페인을 강화하기 위해 2017년부터 '디지털 플라이휠(Digital Flywheel)' 프로그램에서 AI를 활용하고 있다.

디지털 플라이휠은 4개 영역이 있다. 리워드 시스템은 충전형 멤버십 카드 서비스부터 시작해 모바일 앱을 출시했고, 현재는 마이 스타벅스라는 리워드로 음료를 주문할 때마다 별이 1개씩 쌓이는 방식으로 할인 혜택을 준다. 개인화 서비스는 고객의 구매 이력과 장소, 날짜, 시간을 결합해 매장을 방문하는 고객에게 개인화된 서비스를 제공한다. 매장에서 주문 시 POS에 고객의 기존 구매 이력이 표시되어 매장 직원이 주문을 도와줄 수 있는 용도로 활용된다. 결제는 구매나 선물 받은 기프트 카드를 마이 스타벅스 리워드에 등록해 모바일 앱에서 사용할 수 있다. 주문은 사이렌 오더가 대표적이다. 매장을 방문하지 않더라도 모바일로 결제와 동시에 주문이 이뤄진다. 한국 스타벅스에서 제일 먼저 실시했다.

[채널을 넘어서는 통찰력 기반의 제품 개발] 스타벅스가 데이터를 이용하는 강력한 방법 중 하나는 많은 소비자의 구매 습관 데이터를 보고 새로운 제품을 개발하는 것이다. 예를 들어 몇 년 전 핼러윈에 호박 맛 음료를 도입하는 아이디어가 있었다. 지금 그 아이디어는 호박에 영감받은 세계적인 제품 라인업이 되어 가을 몇 달 동안 손님이 급증했다. 또 2016년 가정용 커피 분야에 진출할 때 채널의 데이터를 활용했다. 고객이 집에서 끓여 먹을 수 있는 커피 제품을 슈퍼마켓에 투입한 것이다. 매장의 데이터는 '집에서 커피 마시는 사람을 대상으로 하여 어떤 제품을 투입할 것인가'를 결정하는 강력한 기초

데이터가 되었다.

[정교한 부동산 투자 계획] 스타벅스 매장을 어디에 오픈할지 계획하는 것은 데이터 분석의 아주 복잡한 부분이다. 이러한 분석에 스타벅스가 데이터를 사용하는 방법은 예상되는 모든 요인을 커버하는 것이다. 매장 계획을 지원하는 AI는 위치에 대한 경제적 요인을 모델링하고 있다. 그 요인은 인구, 소득수준, 교통, 경쟁사의 존재 등이 포함된다. 이러한 모델을 이용해 매출, 이익, 기타 경제적 성과 등을 예측한다. 이 시스템은 기존 스타벅스 매장의 위치도 고려한다. 제안된 새로운 매장이 인근 지역의 기존 매출에 미치는 영향도 고려한다. 이 응용 프로그램의 핵심 AI 기술은 위치 기반 분석이다. 이것은 매핑 및 GIS(Geospatial Information Systems, 지리 정보 시스템)로도 알려져 있다.

[동적 메뉴 생성 및 조정] 스타벅스는 제공하는 서비스를 지속적으로 정교하게 조정할 수 있는 능력을 갖추었다. 이는 고객, 장소, 시간에 따라 서비스의 업데이트가 가능하다는 것을 의미한다. 이러한 방법은 상품, 프로모션, 가격에 영향을 미친다. 그러나 카운터에 인쇄된 보드 메뉴는 점내에서 제공하는 것을 지속해서 업데이트할 수 없다. 그래서 스타벅스의 경우, 니시털 간판을 짐포에 도입해 고객 경험으로 일어날 수 있는 변화가 어딘가에 발생해도 그 변화를 즉시 매장에 반영할 수 있는 환경을 구축했다.

[최적화된 시스템 유지·보수] 마지막 예는 커피 머신을 시작으로 한

매장 기계들의 유지·보수다. 전형적인 스타벅스 매장에서 이루어지는 거래는 비교적 적은 비용으로 단시간에 집중적으로 이루어진다. 대량의 고객 유입이 점포의 성공 열쇠를 쥐고 있다. 따라서 기계가 고장 나면 점포 운영에 중대한 문제가 발생한다. 스타벅스는 고장에 대비해 엔지니어를 현장에 상주시키지는 않는다. 대신 수리 대응은 물론, 계획적인 유지·보수를 위해 그들을 파견하고 있다. 엔지니어가 점포에 신속하게 파견될 수 있는지가 큰 차이를 낳는다. 정기적으로 고장, 기계 사용, 필요한 수리 등 데이터를 수집한다. 정기적인 데이터 분석은 경향과 패턴을 찾아내기 쉽다. AI는 이 접근 방식을 고도화해 고장이나 유지 보수의 필요성을 예측하는 데 도움을 주고 있다.

여기에는 MS의 기술이 녹아 있다. 스타벅스 매장에서 사용하는 커피 머신은 IoT를 가능하게 하는 마이크로소프트의 클라우드 서비스 '애저 스피어(Azure Sphere)'가 도입됨에 따라, 각 시스템에서 데이터를 수집하고 있다. 수집되는 데이터는 원두 종류, 커피 온도, 수질 등 수십 개에 이른다. 이러한 데이터가 에스프레소 샷을 추출할 때마다 수집됨으로써 기기 고장을 사전에 예측할 수 있게 되었다. 덧붙여서 애저 스피어에 연결된 커피 머신은 새로운 레시피를 받을 수 있다. 이전에는 레시피 업데이트가 수작업으로 이루어졌다.

스타벅스가 한 걸음 전진한 것은 새로운 커피 머신 '클로버 X(Clover X)' 개발 덕분이다. 이 기계는 현재 플래그십 스토어와 컨셉스토어에서 사용되는데, 클로버 X는 커피 만드는 능력만 첨단이 아니라 클라우드에 직접 연결된다. 클라우드 연결을 통해 더 포괄적인 운영 데이터를 수집할 수 있을 뿐만 아니라 기계 고장의 원격 진단과 수리도 가능하다.

스타벅스의 AI와 데이터 활용법은 데이터를 전략적으로 사용하고, 계획을 체계적이고 철저하게 수행하는 교과서적 방법이다. 스타벅스의 사례에서 얻을 수 있는 교훈은 AI의 도입 과정이 회사가 데이터 활용을 배워가는 과정의 일부가 된다는 것이다. 회사의 혁신은 AI를 사용하고 싶다는 열망이 있었기 때문에 일어난 것이 아니라, 시기가 왔을 때 각각의 분야에서 다음에 할 일을 제대로 수행한 결과였던 것이다.

대부분은 스타벅스처럼 자신의 사업에 AI 및 데이터 분석을 도입하지 않았지만, 그렇다고 해서 AI와 데이터 분석이 기업에 아무 의미가 없다고 생각하면 안 된다. 자신의 사업과 AI 및 데이터를 관련지으려고 시도만 해도 실제 비즈니스에 대한 근원적인 질문이 생긴다. 그 질문들이 회사를 한 단계씩 성장시킬 것이다. _출처 : https://doooob.tistory.com/169, aiprescience.com에서 최초로 공개된 문서에 기초

미국 음향 기기 회사 보스,
세일즈포스 '커스터머360' 도입으로 고객 경험 개선

2022년 4월 미국 세일즈포스는 음향 기기 전문 기업 보스(Bose)가 세일즈포스의 '커스터머360(Customer 360)' 도입을 기반으로 세일즈, 마케팅, 서비스, 커머스 영역에서 고객 경험을 혁신할 계획이라고 밝혔다.

보스도 이를 통해 D2C(Direct to Customer, 기업이 소비자와 직거래를 하는 형태의 비즈니스) 커머스 환경 구축 및 고객 로열티 제고 가속화를 추진한다.

보스는 세일즈포스 '마케팅 클라우드'를 통해 다양한 마케팅 채널 간 워크플로를 최적화하고, 고객에게 개인화된 브랜드 경험을 제공하게 된다. 또 세일즈포스 '서비스 클라우드'가 제공하는 콜센터 관리 솔루션을 기반으로 세계적 수준의 고객 서비스 환경을 구축하고, '커머스 클라우드'를 통해 디지털 판매 채널을 확장해 매출 상승을 견인해나갈 계획이다.

백엔드 시스템을 기업용 시스템 통합 플랫폼인 '뮬소프트(Mulesoft)'로 통합하고, 세일즈포스의 AI 솔루션인 아인슈타인을 통해 다양한 고객 접점 채널의 최적화된 초개인화도 추진한다. 세일즈포스의 고객 데이터 플랫폼(CDP)은 보스의 고객 데이터를 축적·가공·관리해 더 신속하고 개인화된 방식으로 다양한 마케팅 툴과 연동될 수 있도록 지원한다.

이와 같은 협력으로 영업, 마케팅, 커머스, 서비스 등 다양한 업무 영역이 연결되어 시너지 효과를 누릴 수 있다. 예를 들어 서비스 부서의 고객 센터에서 파악한 특정 제품에 대한 고객의 선호도 데이터를 바탕으로 선제적으로 영업·마케팅 전략을 펼칠 수 있다.

제2장

애플 vs 삼성

애플이 AI를 활용하는 다양한 방법

애플은 AI를 주로 자사 제품의 서비스 향상에 활용하고 있다. 제품에 쓰인 사례를 살펴보자.

[애플 스마트 홈 솔루션인 홈키트 얼굴 인식에 AI 활용] 애플 홈키트는 사용자가 앱을 이용해 다양하게 연결된 기기를 제어하고 통신할 수 있게 도와준다. 홈키트(HomeKit) 프레임워크를 통해 사용자는 연결 기기들을 구성하고 이를 제어하는 작업을 한다. 사용자는 또한 시리(Siri)를 사용해 연결 작업을 그룹화할 수도 있다. 홈키트에 연결된 보안 카메라는 사용자 휴대폰에 태그된 사진을 사용해 해당 태그된 사람이 문 앞에 왔을 때 그 사람의 신원을 확인할 수도 있다.

[애플워치의 기본 절전 모드 추적] 수면 목표를 세운 사용자는 애플워치의 수면 앱을 통해 취침 시간표를 만드는데, 이때 사용자가 단지 애플워치를 침대에서 착용하기만 하면 사용자의 수면을 자동 추적한다. 깨어났을 때 수면 시간을 알려주고, 지난 2주 동안의 수면 패턴도 AI를 활용해 추적하게 해준다.

[iOS 14의 번역 앱과 사운드 인식에 활용] 애플은 iOS 14에 번역 앱이 추가되어 있다. 이 앱은 다른 언어로 번역해주는데, 이때 내장된 머신 러닝으로 오프라인에서도 작동한다. 앱을 통해 말하는 언어를 감지하고 실시간 대화를 해독할 수도 있다.

[iPad용 필기 인식] 필기 인식은 인공지능에도 쉬운 작업이 아니다. iPad OS의 최신 업데이트에서 사용자가 애플 펜슬(Apple Pencil)로 무언가를 쓸 때 iPad는 이를 이해할 수 있고, '스크리블(Scribble, 낙서)'을 사용해 입력된 텍스트로 변환할 수 있다.

이제 애플이 빅 데이터를 어떻게 수집하고 활용하는지 살펴보자.

애플은 크게 애플리케이션 설계와 사람들의 건강 및 라이프스타일 개선을 목적으로 빅 데이터를 수집하고 활용한다.

먼저 애플은 빅 데이터를 분석해 애플리케이션 설계에 활용하고 있다. 빅 데이터를 사용하면 사람들이 실제로 어떻게 앱을 사용하는지 알아내고 고객 성향에 맞게 미래 디자인을 바꿀 수 있다. 애플워치는 빅 데이터를 활용하는 애플의 좋은 예다. 애플워치는 일반적인 웨어러블 기기뿐만 아니라 데이터 수집에도 혁명을 일으킬 가능성이 있다. 애플은 이제 고객이 하루 동안 하는 일에 대한 데이터를 수집할 수 있다. 애플은 애플워치 사례에서 빅 데이터의 잠재력을 깨닫고 IBM과 손잡았다. 이 파트너십을 통해 디지털 건강 정보를 최대한 활용하고자 하며, 이는 새로운 의료 기기의 도입으로 이어질 것으로 기대된다.

두 번째는 빅 데이터 분석을 사용해, 사람들의 건강을 추적하고 그들의 생활 방식 개선을 계획하고 있다. 수집한 정보는 질병을 치료하고, 질병의 빠른 확산을 방지하며, 예방 가능한 질병에 대한 더 나은 대처를 제공하기 위해 사용될 수 있다. IBM과의 파트너십은 애플 기기와 함께 사용할 수 있는 건강 관련 모바일 애플리케이션을 만드는 것을 목표로 한다.

2022년 7월 20일 자 애플 자체 뉴스룸 기사를 보면, 건강 데이터 관련 보고서 에 대한 자세한 설명이 나와 있다.

새로운 보고서는 애플 제품이 사용자, 개발자 및 의료 기관이 개인 건강, 연구 및 관리를 발전시키는 데 어떻게 도움이 되는지 공유한다.

건강을 향상하기 위한 애플의 노력은 두 가지 범주로 분류되며 보고서의 해당 섹션 2개에 자세히 설명되어 있다.

첫 번째 섹션에서는 실행 가능한 과학 기반 통찰력을 제공하고 사용사의 건깅과 인전을 보호하는 데 도움이 되는 애플워치 및 아이폰의 개인 건강 및 피트니스 기능에 대한 애플의 초점을 설명한다. 두 번째 섹션에서는 연구 및 치료를 지원하기 위해 의료계와 애플의 작업을 공유한다.

2014년 건강 앱과 2015년 애플워치가 출시된 이래 애플은 사용자에

출처 : https://www.apple.com

게 이해하기 쉽고 의미 있는 통찰력을 제공해 생활에 힘을 실어줄 수 있도록 다양한 혁신적인 건강 및 피트니스 기능을 도입했다. 2022년 가을, iOS 16 및 watchOS 9 출시와 함께 애플워치와 아이폰은 심장 건강과 수면, 이동성 및 여성 건강 등 17가지 건강 및 피트니스 영역에 초점을 맞춘 기능을 제공할 예정이다. 심각한 심장 질환을 발견한 고객, 낙상 후 응급 지원을 받은 고객, 일상적인 활동으로 건강이 극적으로 개선된 고객 등 여러 고객이 보고서에서 자신의 이야기를 공유한다.

이제 사용자는 애플워치, 아이폰, 연결된 타사 앱 및 장치의 150개 이상의 다양한 건강 데이터를 건강 앱 하나의 중앙 보기에 저장할 수 있다. 현재 앱 스토어(App Store)에는 헬스키트 API(HealthKit API)를 사용하는 앱이 수만 개 있으며, 이를 통해 개발자는 사용자가 헬스(Health) 앱에서 공유하기로 선택한 데이터를 통합해 엄격한 개인 정보 보호 및 데이터 보안 프로토콜과 함께 혁신적인 건강 및 피트니스 경험을 제공할 수 있다.

애플은 가장 강력한 건강 혁신이 의료계와의 직접적인 협력을 통해서만 가능하다고 믿으며, 보고서는 이러한 협력의 네 가지 범주를 설명한다. 의미 있는 데이터, 건강 기관과 협력해 대규모로 건강한 생활 방식 촉진, 공중 보건 및 정부 이니셔티브 지원이다.

리서치키트(ResearchKit) 프레임워크는 연구원들에게 아이폰 및 애플 워치의 대규모 사용자 기반에서 연구 참가자를 모집하고, 참가자가 과학 발전에 도움이 되도록 건강 데이터를 공유하도록 선택할 기회를 제공한다.

애플은 리서치(Research) 앱을 통해 하버드 T. H. 챈 보건대학원 등과 협력해 미국 전역의 사용자에게 제공한다.

아이폰의 건강 기록은 애플 개발자 도구를 사용해 타사에서 개발한 앱 및 기기와 함께 건강 앱에서 의미 있는 데이터로 의사-환자 관계를 강화하는 데 도움이 된다.

이제 건강 기록은 800개 이상의 기관에서 환자가 사용할 수 있으므로 환자가 선택할 때마다 건강 앱에서 여러 제공자의 의료 데이터를 쉽게 볼 수 있다. 연구에 따르면 환자와 진료 팀을 원격으로 연결하면 더 나은 결과를 얻을 수 있다.

2022년 7월 22일 자 CNBC 뉴스를 보면, 지난 6월 공개한 애플의 새로운 자동차 소프트웨어 카플레이(CarPlay)는 자동차 산업의 트로이 목마가 될 수 있다고 전망했다.

애플은 아이폰의 인기를 이용해 자동차 산업에 뛰어들고 있다. 새로운 카플레이는 모든 내부 화면의 사용자 인터페이스를 운전자의 아이폰으로 구동하는 디지털 버전으로 대체한다. 애플은 미국 내 신차의 98%가 카플레이가 설치된 상태로 제공된다고 한다. 또 미국 구매자의 79%는 카플레이를 지원할 때만 자동차를 구매할 것이라는 통계 자료도 공개했다.

매킨지 보고서에 따르면 자동차 소프트웨어 시장은 2030년까지 매년 9%씩 성장할 것이며 이는 전체 자동차 산업보다 빠르다. 매킨지 분석가들은 자동차 소프트웨어가 2030년까지 500억 달러의 매출을 올릴 것으로 예측한다.

애플의 발표 자료에 나열되지 않은 GM은 이미 차량 내 구독으로 연간 20억 달러의 매출을 올리고 있으며 2030년까지 연간 250억 달러로 성장할 것으로 예상한다. 카플레이를 지원하지 않는 테슬라도 최근 구독 판매로 전환했다. 자동 주차 및 차선 유지를 포함한 'FSD' 운전자 지원 기능을 월 199달러의 구독료를 받고 제공한다.

카플레이는 애플에 새로운 수익원이 되어줄 것이다. 그것도 거대한 새로운 수익 엔진이 될 것이다. 이유는 두 가지다.

첫째, 사용자가 아이폰의 카플레이 인터페이스를 좋아한다면 안드로이드(Android) 전화로 전환할 가능성이 작아진다(삼성에는 큰 위협으로 다가온다). 이는 하드웨어를 판매해 매출 대부분을 창출하는 애플의 전략적 우선순위다.

둘째, 회사는 아직 자동차 제조 혹은 공급업체에 수수료를 청구하지 않지만, 아이폰 소프트웨어를 배포하는 것과 같은 방식으로 차량 서비스를 판매할 수 있다. 그리고 애플은 자동차 조종석에 앉아서 쇼핑 및 결제하는 기능을 연구하고 있다. 지난 6월 발표한 새로운 기능 중 하나가 카플레이 사용자가 주유소로 이동해 자동차 대시보드를 통해 연료비를 낼 수 있도록 하는 것이다.

애플은 이미 앱 스토어에서 수백억 달러를 창출하고 있으며, 자동차 서비스에 대한 비용을 청구하기로 하면 이를 통한 매출은 훨씬 더 높아질 것이다.

예를 들어 2021년 애플은 앱 스토어에서 총 700억~850억 달러의 매출을 올렸다. 이는 앱에 따라 다르지만 15~30%를 차지한다.

애플은 카플레이를 장착한 차량을 2023년 말에 발표하기 시작할 것이라고 밝혔다. 새로운 카플레이를 사용하려면 자동차의 실시간 시스템이 해당 정보를 사용자의 아이폰으로 다시 전달해야 한다. 이 정보는 애플의 자체 소프트웨어에 분석 및 통합되어 자동차 화면에 표시된다. 애플의 인터페이스에는 차량 제어 기능도 포함된다. 애플의 홍보 비디오에 따르면 사용자는 애플이 디자인한 터치스크린 버튼을 눌러 에어컨을 켤 수 있다.

또 애플은 새로운 카플레이를 통해 사람들이 차량을 사용하는 방식에 대한 높은 수준의 지식과 데이터를 수집할 수 있다. 향후 비밀스럽게 개발해온 자체 자동차가 출시된다면 이는 애플 자동차에 귀중한 정보가 될 것이다(애플의 자동차 그룹과 카플레이 팀은 별도로 운영되고 있음).

이런 데이터는 애플 자동차에만 활용되는 게 아닐 것이다. 앞에서 봤듯이 애플은 아이폰, 애플워치, 애플 홈키트 등 전자 기기 및 앱 사용자들에게서 수집하는 많은 데이터와 민감 정보인 의료 데이터, 그리고 이번의 차량 사용 데이터까지 개인, 가정, 사회의 많은 데이터를 수집·저장·활용하고 있다. 애플은 또한 자체 브랜드 제품 간의 연결이 강하고 폐쇄적인 시스템을 사용하면서도 브랜드 충성심이 대단한 사용자 중심의 애플 ECO 플랫폼을 구축해두었다. 의료 시스템과 차량으로 연결이 확대되고, 나중에는 애플 휴머노이드 로봇, 우주선 데이터까지 도전할 것으로 생각한다.

애플은 단일 브랜드라 그룹 차원의 데이터 통합을 고민할 필요도 없고, 브랜드 충성심이 강한 마니아들이 있으며, 기기의 H/W + S/W + 콘텐츠 + 앱 그리고 데이터까지 모든 것을 가지고 있다.

국내 삼성전자, 애플과 다른 거대한 걸음

삼성전자가 데이터 기반 AI를 추진하는 데 있어 다양한 사업 포트폴리오와 글로벌 판매 체계 및 세계 최강의 반도체 AI 칩 기술로 강점이 많다. 그러나 전사 및 그룹 차원 데이터 통합 추진과 초거대 AI를 활용한 문제 해결 접근에서는 다소 시간이 걸릴 것으로 예상된다.

먼저 반도체 AI 칩에 대한 이야기부터 풀어본다.

삼성전자는 2020년부터 세계 최초로 AI 반도체를 출시했다. AI 반도체란 대규모 연산을 초고속·저전력으로 실행하는 'AI 두뇌'에 해당하는 시스템 반도체다. 전력을 덜 쓰면서도 빠르게 수행해 효율성을 극대화한다. AI를 구현하는 데 필요한 엄청난 연산력을 보여줄 수 있는 고성능 반도체를 뜻하기도 한다. AI 반도체의 약점인 '전력 소모' 난관을 넘을 수 있는 가장 좋은 방법으로 제시되는 '인메모리(In-Memory) 컴퓨팅'은 메모리 반도체와 시스템 반도체의 결합인데 여기에 삼성의 강점이 있다.

2022년 1월, MRAM(자기저항 메모리)을 기반으로 한 인메모리 컴퓨팅을 세계 최초로 구현하고, 연구 결과를 〈네이처〉에 게재했다고 밝혔다. 인메모리는 메모리 내에서 데이터의 저장·연산을 모두 수행할 수 있는 기술이다. 데이터의 저장과 연산을 별도의 칩에서 처리하는 기존 컴퓨팅과 달리, 메모리 내 대량의 정보를 자체적으로 병렬 연산하기 때문에 전력 소모가 현저히 낮다. 이러한 특성 덕분에 인메모리는 차세대 저전력 AI 칩을 만드는 유력한 기술로 주목받고 있다.

삼성전자는 사람 뇌를 닮은 반도체를 개발하고 있다. 미국 하버드대학교와 차세대 인공지능 반도체 기술인 뉴로모픽(Neuromorphic) 칩의 미래상을 내놨다.

뉴로모픽 반도체는 사람의 뇌 신경 구조를 모방한 반도체 소자다. 뉴로는 신경, 모픽은 형상을 뜻한다. 병렬로 작용하는 사람 뇌를 따라 병렬 형태 연산 구조를 지닌다. 인지·추론 같은 뇌 기능을 재현하는 게 목표다.

뇌 신경망에서 뉴런(신경세포)의 전기신호를 나노 전극으로 초고감도로 측정해 뉴런 간 연결 지도를 복사하고, 복사된 지도를 반도체에 붙여 넣는 기술을 제안했다. 사람 뇌를 닮은 AI 반도체 기술로 인공 신경망 처리 장치(NPU, Neural Processing Unit)를 주목했다. NPU는 AI로 사물을 인지하는 연산 장치다. NPU는 중앙처리장치(CPU)보다 100배 효율적인 연산을 해낼 수 있다고 진해진다.

삼성전자는 전사 차원의 데이터 통합에도 박차를 가하고 있다.

미래 경영 환경에 대응하기 위한 디지털 혁신 비즈니스 플랫폼인 차세대 'N-ERP' 시스템을 국내 및 글로벌 사업장에 구축·완료했다. ERP(전사 자원 관리)는 기업의 물적, 재무적 자원을 통합적으로 관리해 경영 정보를 투명하게 공유하고 업무를 효율적으로 처리해주는 시스템이다.

2018년 10월 'N-ERP' 프로젝트에 착수해 2021년 4월 동남아·서남아·중국 등을 시작으로 2022년 1월 국내 사업장까지 순차적으로 적용했다. 삼성전자는 글로벌 ERP 기업인 SAP, 삼성SDS와 함께 3년간 차세대 비즈니스 플랫폼을 개발해왔다. 신규 비즈니스의 등장과 융·복합 등 경영 환경이 변화하는 가운데 생산, 판매, 경영관리 전반에서 사업 혁신을 효율적으로 지원하기 위해서다.

N-ERP의 특징은 새로운 비즈니스 대응을 위한 시스템 통합과 진문 솔루션 도입, 데이터 기반 의사 결정을 위한 시스템 성능 향상, 인공지능을 통한 의사 결정 지원과 업무 자동화 등 신기술을 적용했다는 것이다. N-ERP는 판매 관리 등 분야별 시스템을 통합하고 프로세스를 효율화했다. D2C, 온·오프라인 쇼핑 경험을 통합하는 옴니채널 사업도 신속하게 시스템을 이용할 수 있다.

그리고 aATP(납기 약속 관리), EWM(창고 관리), TM(배송 관리) 등 SAP의 전문 솔루션을 도입해 물류 공급망 환경에서 협력사에 효율적인 협업을 지원한다.

N-ERP는 데이터 기반 의사 결정을 위해 데이터 처리 시스템 성능도 향상했다. 온라인 주문·공급망 현황 등 대용량 데이터를 실시간 분석해 경영 시뮬레이션과 리스크 센싱이 가능해 임직원들이 더욱 합리

적인 의사 결정을 할 수 있도록 지원한다. 데이터 보관과 연산을 통합 처리하는 '인메모리 데이터베이스'를 적용해 데이터 처리 속도도 높였다. 의사 결정을 지원하는 머신 러닝, 데이터 작업이나 반복적 업무를 자동화하는 광학 문자 판독, 로봇 업무 자동화 기술을 활용해 임직원들이 핵심 업무에 집중할 수 있게 됐다.

2021년 12월 삼성전자는 CE·IM을 'DX' 부문으로 통합·개편했다. 삼성전자가 통합 세트 사업 부문 명칭을 'DX(Device Experience) 부문'으로 확정한 것이다. TV, 가전, 스마트폰 등을 아우르는 차별화된 '고객 경험(CX)'의 방향성을 제시했다. 삼성전자는 가전, 스마트폰 등 미래 경쟁력으로 '고객 경험'을 꼽고 있다. 상향 평준화된 하드웨어 성능보다는 차별화된 고객 경험이 초격차를 실현할 경쟁력이 된다고 판단한다.

다양한 가전에 AI를 접목해 맞춤형 기능을 제안하거나 TV 기반 건강관리, 온라인 회의 등 서비스 출시에 심혈을 기울이는 것이 대표적이다.

2021년 2월에는 CEO 직속으로 빅 데이터 센터를 설치해 아마존 출신 빅 데이터 전문가를 센터장으로 영입했다. 빅 데이터 센터는 스마트폰을 담당하는 IM(IT·모바일) 부문, TV와 생활 가전 등을 맡은 CE(소비자 가전) 부문 등과 주로 협업하게 된다. 소비자 취향과 구매 경향 등에 대한 빅 데이터를 모으고, 이를 분석해 상품 기획과 개발, 판매에 접목하는 것은 이미 글로벌 기업에서는 보편화된 움직임이다. 특히 가전과 모바일 등 제품 경계가 허물어지고 있는 최근에 이르러 빅 데이터의 중요성은 더욱 커졌다. 소비자를 미리 알면 그에 맞는 제품이나 서비스도 얼마든지 만들어낼 수 있다는 것이다.

초거대 AI 추진을 보면, 2022년 6월 기준으로 글로벌 100위권의 성능을 갖춘 슈퍼컴퓨터(HPC, High Performance Computing)를 구축한 회사(정부 기관은 제외)는 국내에서 삼성전자, 네이버, SK텔레콤(SKT 타이탄으로 친구처럼 자연스럽게 사람과 대화하는 성장형 AI 서비스 '에이닷'도 출시)이다. 세 회사는 대규모 병렬 연산에 최적화된 슈퍼컴퓨터를 활용해 '초거대 AI' 모델 학습과 고도화에 속도를 낼 방침이다.

현재 국내에서 가장 강력한 슈퍼컴퓨터는 삼성전자가 보유한 'SSC-21'이다. 삼성전자가 2021년 구축한 SSC-21은 초당 25.18페타 플롭스(Flops, 1초당 처리할 수 있는 부동소수점연산 횟수)의 성능으로 전 세계 15위에 오른 것으로 조사됐다. 이론상 최대 성능도 초당 31.75페타 플롭스에 달한다. SSC-21은 AMD 에픽7543 프로세서(32코어, 2.8GHz)를 상호 연결하는 형태로 구성되어 있고, 엔비디아의 AI 반도체를 추가로 적용해 연산 능력을 끌어올렸다.

삼성전자에서 데이터 수집 관련, 통합 'N-ERP'와 초거대 AI를 살펴봤다.

이들은 주로 내부 데이터 통합 플랫폼에 관련된 내용이다. 소비자와 직접 만나면서 데이터를 수집하는 소스는 400여 개의 삼성전자 디지털 프라자 판매 POS 데이터와 한국, 미국, 스페인 등 28개국에 출시된 삼성페이를 통해 수집한 데이터 및 삼성 제품을 사용하면서 발생하는 데이터가 있다.

먼저 삼성페이에 대해 알아보자.

삼성페이(Samsung Pay)는 삼성전자가 2015년 3월에 공개한 간편 결제 서비스다. 세계 최초로 MST(Magnetic Secure Transmission)와 NFC를 동시

에 지원하는 온·오프라인 핀테크 결제 플랫폼으로 디지털화된 개인 정보, 결제 정보, 자산을 관리한다. 신분증, 신용카드, 디지털, 블록체인 계좌, 학생증, 차 키, 영화 및 공연 등의 입장권 티켓 서비스, 비행기 티켓 등을 등록할 수 있으며, 등록된 정보를 홍채 인식, 지문 인식을 이용해 쓸 수 있다. 모든 정보는 삼성 녹스(KNOX)가 제공하는 하드웨어 및 소프트웨어 보안 솔루션을 통해 보호한다. 삼성전자는 루프페이의 MST 기술에 NFC 기술과 자체 보안 토큰 기술까지 결합한 결제 솔루션을 개발하고 이를 삼성페이라 명명했다.

카드사들이 제조사인 삼성전자에 지급해야 하는 간편 결제 수수료가 없다(애플 페이는 유료). 덕분에 대한민국 은행과 카드사의 삼성페이 지원이 급속도로 이루어졌다. 다만 제조사(삼성)에 지급하지 않을 뿐이지 별도의 생체 인증 수수료가 있으며, 건당 최소 4.4원에서 최대 9.9원까지 카드사가 보안 인증업체에 부담하고 있다고 한다.

삼성페이는 다른 간편 결제 서비스와 달리 가맹점에 구애받지 않고 온·오프라인 모두 보편적으로 사용된다. 온라인은 삼성페이 자체 가맹점과 신용카드사 경유 가맹점이 있어 대부분의 온라인 상점에서 삼성페이로 결제할 수 있다. 오프라인 MST 결제의 경우 마그네틱 슬롯이 있는 대부분의 카드 단말기에서 결제할 수 있다. NFC 결제의 경우 한국에서는 삼싱페이 전용 결제 패드 혹은 삼성페이와 협정을 맺은 결제 패드에서만 결제가 지원된다.

삼성페이가 지원되는 국가는 2015년 대한민국, 미국을 필두로 2016년 중국, 스페인, 호주 등 2020년까지 28국에 달한다. 필자도 2016년 삼성 스페인 법인장으로 있으면서 카이샤 은행(CaixaBank), 산탄데르 은행(Banco Santander), 사바델(Sabadell) 은행, 엘 코르테 잉글레스(El Corte Ingles) 백화점 등과 협력해 삼성페이를 도입했다.

수집한 빅 데이터와 AI 기술을 활용한 제품을 보면, 삼성 반도체를 사용한 삼성 갤럭시 스마트폰이 대표적이다. 모바일 기기는 진화를 거듭해 소비자에게 새로운 경험을 제공한다. 삼성 반도체는 프로세서, 모뎀, 메모리 등 주요 반도체를 통해 차세대 모바일 기기를 5G 네트워크에 연결하고 AI 연산을 가능하게 만든다. AI 기반의 첨단 이미지 처리 기술이나 새로운 차원의 통신 속도는 콘텐츠를 만들고 공유하는 등 시각적인 커뮤니케이션을 즐기는 MZ 세대에게 필수가 되었다.

5G 시대, 모바일 사용 경험에서 가장 중요한 요소는 연결이다. 모바일 기기는 대용량 데이터 처리와 새로운 애플리케이션 실행을 위해 빠른 통신 속도와 강력한 컴퓨팅 성능을 모두 갖추어야 한다. 삼성은 5G 모뎀을 통합한 엑시노스 프로세서, 고대역폭 모바일 DRAM, 초고속 스토리지 솔루션 등을 결합해 필요한 성능을 제공한다.

삼성은 AI 컴퓨팅과 메모리 기술을 통해 음성 인식이나 비전 인식은 물론 증강 현실과 혼합 현실 경험에 이르기까지 AI 기반 모바일 기술을 발전시켜나가고 있다. 엑시노스 프로세서의 NPU는 LPDDR5X의 빠른 데이터 속도와 함께 AI 기반 애플리케이션을 모바일 기기에서 구동할 수 있게 해준다. 이제 모바일 기기는 사물을 인식하고 사용자의 일상을 학습해 더 나은 경험을 제공한다.

5G와 AI 시대, 모바일 기기를 사용하는 시간은 그 어느 때보다 길어졌고 밀레니얼과 Z 세대는 새로운 모바일 경험을 원하고 있다. 이에 강력한 성능과 최첨단 기능은 물론 저전력은 시대적 흐름이다. 삼성의 첨

단 메모리 솔루션과 엑시노스 프로세서는 차세대 모바일 환경에 필요한 성능과 전력 효율의 완벽한 균형을 제공한다. 속도 빠른 스토리지, 저전력 디스플레이 IC, 다양한 전력 관리 IC 등을 통해 모바일 기기는 새롭고 다양한 경험을 더욱 오래도록 즐길 수 있게 되었다.

사진은 스마트폰이 가져온 가장 큰 일상의 변화 중 하나다. 사람들은 스마트폰으로 고품질의 사진과 영상을 찍고 친구와 가족에게 공유하기를 원한다. 삼성의 아이소셀 이미지 센서는 2억 화소가 넘는 초고해상도, 넓은 다이내믹 레인지, 적은 노이즈 등을 통해 모바일 기기의 작은 카메라에서 고품질의 사진을 제공한다. 엑시노스 프로세서는 온디바이스 AI를 통해 상황과 피사체를 인식하고 사진의 품질을 최적화한다. 또 최첨단 DRAM과 대용량 스토리지 사용자는 8K 비디오를 찍고 저장할 수 있게 해준다.

스마트폰 외 PC, 스마트 TV, 로봇 청소기, AI 세탁기와 건조기, 비스포크 냉장고 등에 빅 데이터와 AI 기술을 적용하며, 이들을 연결하는 '스마트싱스(SmartThings)' 기술에도 활용되고 있다. 스마트싱스를 통해 집에 있는 모든 기기를 집 안에서는 물론, 집 밖에서도 제어할 수 있다. 스마트싱스 앱 하나면 소비자가 꿈꾸던 스마트 홈이 아주 쉽게 완성된다.

2022년 6월부터는 기술 중심으로 사물 인터넷 플랫폼에 한정됐던 스마트싱스 개념을 다양한 기기를 연결하는 고객 경험 전반으로 확장해, 일상 속 스마트싱스 활용성을 체감할 수 있도록 '스마트싱스 일상 도감 캠페인'을 시작했다.

삼성전자는 TV, 온라인 광고, SNS 등을 통해 공개되는 이번 캠페인에서 다양한 방식으로 정보·취미를 공유하는 놀이 문화가 된 '도감' 콘셉트를 활용했다. MZ 세대 등 젊은 고객이 기기 연결 경험을 쉽고 친숙하게 이해할 수 있도록 반려동물 돌봄, 친환경 활동, 홈 엔터테인먼트, 1인 방송, 자녀 건강관리, 홈 쿠킹 등 다양한 스마트싱스 생활상을 제시한다. 일례로 '환경보호에 진심인' 편은 조깅을 하면서 쓰레기를 줍는 플로깅 중이던 한 멤버가 갤럭시 모바일 기기를 통해 원격으로 집안 공기청정기와 에어컨을 절전 모드로 바꾸는 내용으로, 소비자가 에너지 절약을 실천하며 삼성전자 제품을 사용할 수 있는 친환경 일상을 보여준다. 삼성전자의 '스마트싱스 일상 도감'은 모바일 제품뿐 아니라 TV·가전을 아우르는 멀티 디바이스의 연결 경험을 강화하자는 DX 부문 통합 시너지의 취지에 따라 기획됐다.

끝으로 삼성 AI를 언급한다면, 삼성 AI 포럼을 빼놓을 수 없다. 가장 최근의 삼성 AI 포럼은 2021년 11월에 개최된 5회 포럼이다.

삼성 뉴스룸 2021년 11월 8일 자 기사를 보면, '삼성 AI 포럼 2021'에 대한 설명이 나온다. 가장 최신의 AI 동향을 파악할 수 있어 인용해보고자 한다.

내용은 다음과 같다. 삼성전자가 11월 1~2일 제5회 '삼성 AI 포럼'을 온라인에서 진행했다. 세계적 석학과 AI 분야 전문가들이 한자리에 모인 이번 행사는 인류를 위한 확장성 있는 AI 연구 방향을 함께 논의하고, 방향성을 찾아나가는 자리였다.

다양한 분야의 연사들은 이번 포럼을 통해 최근 주목받고 있는 신규 AI 알고리즘과 미래 삶을 위한 혁신 AI 솔루션을 연이어 소개했다. 삼성전자는 이번 AI 포럼을 유튜브 채널로 생중계하며, AI 분야 종사자·

연구원·학생 등 참석자들과 연단에 오른 전문가들의 자유로운 질의응답 시간을 마련하기도 했다. AI 분야 최신 기술 동향과 연구 성과를 들여다볼 수 있는 삼성 AI 포럼. 뉴스룸에서 1, 2일 차 발표 내용과 주요 이슈를 정리했다.

[AI 포럼 1일 차] 삼성전자 종합기술원 주관으로 진행되는 AI 포럼 1일 차 대표이사 부회장의 개회사를 보면 "모든 산업에서 디지털 전환이 가속화되고, 데이터 사이언스와 머신 러닝은 필수 요소가 됐다"면서 "전 세계 연구자들이 모인 이번 포럼은 AI가 인류 공동의 문제를 해결해나가는 데 어떤 역할을 할 수 있을지 논의하는 자리가 될 것"이라고 강조했다.

이어진 기조연설에서는 '삼성 AI 포럼'의 공동 의장이자 삼성 AI 교수인 캐나다 몬트리올대학교 요슈아 벤지오(Yoshua Bengio) 교수가 연사로 나서 신규 머신 러닝 툴 '지플로우넷(GFlowNet)'을 소개했다. 해당 알고리즘을 신약 개발 과정에 적용한 사례를 설명한 그는 "해당 모델이 다른 방식보다 학습 속도가 빠르고, 더 많은 솔루션을 찾아내는 것을 확인했다. 다양한 과학 연구 환경에 적용할 수 있는 매우 의미 있는 연구 결과"라고 강조했다.

AI 분야 우수 인재와 연구자를 만나는 자리도 마련됐다. 삼성전자는 글로벌 우수 신진 연구자 발굴을 위해 지난해 신설한 '삼성 AI 연구자상'의 올해 수상자 5명과 AI 분야 신규 아이디어 발굴을 위해 국내 대학(원)생을 대상으로 진행한 'AI 챌린지 대회' 결과를 발표했다.

삼성 AI 연구자상 수상의 영광을 안게 된 MIT 필립 아이솔라(Phillip

Isola) 교수는 "현재 사람이나 동물의 자연 지능(Natural Intelligence)처럼 움직이는 인공지능에 대해 연구하고 있는데, 더욱 전념해 정교한 인공지능을 구현해 나가겠다"라는 소감을 전했다. 조지아 공과대학의 주디 호프먼(Judy Hoffman) 교수는 "컴퓨터 비전과 기계 학습의 교차점에서 연구를 이어가고 있다. 앞으로도 모두가 신뢰할 수 있고 접근하기 쉬운 비전 시스템을 만들어나가겠다"라고 말했다.

[AI 포럼 2일 차] AI 포럼 2일 차는 삼성 리서치 주관으로 진행됐다. 삼성 리서치 소장은 "인공지능은 사람들이 더 나은 삶을 살 수 있게 해주는 기술"이라고 강조하며 스마트폰 카메라, 온 디바이스 AI, 오픈소스 AI 시스템 소프트웨어, 기계 번역, 로봇의 AI 기술 등 삼성 리서치에서 진행하고 있는 분야별 AI 관련 사업과 혁신 포인트를 설명했다.

가장 먼저 기조연설을 맡은 미국 하버드대학교 레슬리 밸리언트(Leslie Valiant) 교수는 "AI를 작동시키기 위해서는 여러 요소가 필요하다. 그중 하나는 실현하고자 하는 현상이나 기능성이 무엇인지 파악하는 것"이라면서 '추론 이용 지도 학습 보완 방법'에 대해 상세히 설명했다.

전문가들의 의견을 들어볼 수 있는 패널 토의 시간에는 AI 기술이 미래 일상에 어떤 영향을 미칠지에 대한 이야기가 오갔다. 진행을 맡은 삼성 리서치 글로벌 AI 센터장 대니얼 D. 리(Daniel D. Lee) 부사장은 "AI 연구 초기에는 로직에 기반한 연구가 기반이 되지만, 최근에는 딥뉴럴 네트워크와 같이 데이터 기반 러닝이 강세다. 로직과 뉴럴 네트워크를 결합했을 때 어떤 장점이 있나?"라는 질문으로 포문을 열었다.

레슬리 밸리언트 교수는 "러닝과 로직 모두 오랜 역사를 지니고 있지만 분리되어 있었고, 현재 머신 러닝 연구의 상당한 발전으로 로직을 접목할 수 있는 토대가 마련되었다"라고 설명했다.

여러 분야에서 활용되는 머신 러닝을 상용화하기 위해선 지속적인 시뮬레이션을 이어가야 한다. 그렇다면 시뮬레이션 결과와 실제 상황에서의 간극은 어떻게 메울 수 있을까? 암스테르담대학교 맥스 웰링(Max Welling) 교수는 "실제로 시뮬레이션이 세상의 모든 복잡성을 다 반영해주지 않기에, 시스템이 어느 부분에서 불확실한 예측을 하는지 밝혀내고 액티브 센싱을 통해 부족한 부분의 데이터를 더 확보하는 하이브리드 솔루션이 필요하다"라고 설명했다.

앞에서 삼성전자의 AI 반도체 칩, 데이터 통합과 플랫폼 구축, 조직 개편, 삼성페이, AI와 빅 데이터를 활용한 스마트한 기기들, 삼성 AI 포럼에 대해 알아보았다.

삼성전자는 마케팅에서 일찍부터 페이스북, 구글, 네이버, 카카오 등 플랫폼 회사들과 협력해 타깃 마케팅을 기본으로 실시해왔다. 삼성전자 온라인 판매에서 개인화 및 춤 콘텐츠까지는 아직 구현되지 않았지만, 이것도 데이터가 축적되면 곧 실현될 것이다.

그룹 차원의 협력을 하면 파급력은 더욱 커질 수 있다. 삼성도 이것을 알고 있다고 생각한다. 에버랜드에 4인 가족이 방문한 내용과 삼성생명에서 보험을 든 이력, 디지털프라자에서 전자 제품을 구매한 내용,

삼성전자 콜센터에서 제품 불만을 신고한 내용, 신라호텔 면세점에서 구입한 상품 내역 등 세세하지만 귀중한 정보가 모여 데이터화된다면 통합 효과는 엄청날 것이다. 롯데나 CJ 등은 그룹 차원에서 데이터 통합, 쇼핑몰 운영, 멤버십을 운영하고 있다. 삼성전자는 전자 내 무선에서 출발한 데이터 관리가 2021년 빅 데이터 센터가 되어 전사 차원으로 움직이기 시작했다. 조만간 그룹 차원의 통합이 이루어져 대규모 시너지 효과가 일어날 것을 기대해본다.

제4부

AI의
방황과
도전

제1장

AI 참 잘하기도, 아직 아닌 것도

AI는 다재다능하다. 업무 효율을 높이는 데 많은 도움을 주고 있다. 특히 반복적이고 일상적인 업무의 생산성 제고에 큰 역할을 한다. 전문 업무인 법률, 회계, 의료 등에서도 활약하고 있다. 교육 분야에서 학생 개인별 맞춤 교육도 가능하며, 온라인 쇼핑과 영화 콘텐츠에서는 개인에 맞는 추천도 잘한다. 그리고 자율주행 기술은 현실화할 것이며, 최적의 교통량 관리도 가능해졌다. AI와 연관된 산업도 급성장하며 채용도 늘고 있다.

하지만 아직 AI는 많은 약점을 가지고 있는 것도 사실이다. 반복적인 업무는 자동화가 되거나 챗봇으로 대체되어 해당 분야의 고용 인력이 줄어들며, AI 개발자들과 그들이 활용하는 데이터의 편향성으로 윤리적인 문제도 나타나고 있다. 또 AI 기술을 초거대 AI를 가진 글로벌 대기업들이 주로 보유해 경제적 불평등이 가속화될 것이라는 위험도 있다. 많은 국가와 기관들이 사생활 보호를 엄중하게 지켜나가고 있지만 어디든 허점은 있게 마련이다. 많은 사람이 우려하는 AI를 활용한 무기 개발과 AI 로봇도 완전히 투명하게 관리되지 않고 있다. 딥페이크와 합성 데이터 등을 활용한 정치, 의료, 언론, 광고에서의 이슈도 심심찮게 표출되고 있다.

AI 자체의 한계도 분명히 있다. 잘못 입력하면 출력도 엉망이다. 불완전한 기술로 사회적 피해도 발생한다. 아직 완전하지 않은 자율주행에 대한 과신으로 교통사고가 발생한 것이다. 너무나 많은 컴퓨팅 구축으로 에너지 문제와 환경 이슈도 있다. 인간들이 오랫동안 축적한 철학, 윤리학, 심리학 등과의 통섭과 연계도 아직 부족하다. 그리고 무엇보다 딥 러닝의 경우, 결과물에 대한 원인과 결과를 제대로 설명하지 못하고 있다.

AI 한계와 관련, 저널 셰인(Janelle Shane)의 책《좀 이상하지만 재미있는 녀석들(You Look Like a Thing and I Love You)》에서는 실리콘밸리의 한 신생 기업이 입사 지원자들의 영상 인터뷰를 분석해 최적의 지원자를 선택할 때 실패하는 네 가지 징후를 아래와 같이 설명하고 있다.

문제가 너무 어렵다

AI가 아직 미묘한 농담의 뉘앙스나 어조, 문화적 요소를 제대로 이해하는 수준에는 미치지 못하고 있다. 또 AI가 수집한 데이터가 2년 전 것이고 이를 통해 훈련받았다면 새로운 정보에 따라 지원자가 설명한 내용이 얼토당토않은 소리가 되어 불이익을 줄 수도 있고, AI가 다양한 능력을 보유하고 계속 업데이트되었는지도 확실하지 않다.

문제가 우리 생각과 다르다

주로 채용 때 해당 부서에서는 어떤 유형의 직원이 일을 잘했으니 이번에도 그와 비슷한 능력과 성격을 지닌 지원자를 물색해달라는 내용이 많다. 이때 해당 부서 매니저가 과거에 훌륭한 의사 결정을 내렸다면 문제가 없겠지만, 대부분의 미국 기업에서는 다양성 문제(인종, 성별, 종교 등)를 겪는다. 설계자 자신은 문제를 해결하는 AI를 설계하고 있다고 생각했으나, 실제로는 자신도 모르게 AI에 전혀 다른 것, 즉 편견을 훈련한 것이다.

손쉬운 편법이 있다

피부암 감지 AI라고 만들었지만, 실제로는 눈금자 감지기였던 AI를 예로 보자. 건강한 세포와 암세포의 미묘한 차이를 잡아내는 것은 어렵다. 그래서 AI는 이때 사진에 있는 눈금자를 찾는 게 훨씬 쉽다는 사실을 찾아내고 이를 기준으로 분류해낸 것이다. 채용 시에도 AI는 최고의 지원자를 예측하는 대신 손쉬운 편법도 사용해 '백인 남자를 선호하라'라고도 할 수 있다.

AI가 학습하려고 한 데이터에 문제가 있다

'쓰레기를 넣으면 쓰레기가 나온다.' 만약 AI의 목표가 의사 결정에 흠이 있는 인간을 흉내 내는 것이라면, 그 흠결까지 포함한 인간의 의사 결정을 그대로 따라 하는 것이 된다.

제2장

인간성만 못한 인공지능성

| AI가 초래한 인공지능성 윤리 논란 |

2018년 초 미국 캘리포니아 버클리대학교 연구 팀은 AI에서 발생하는 편향성에는 세 가지가 있다고 한다. 첫 번째는 AI에 학습시키기 전에 이미 해당 데이터에 편향성이 존재한 경우이고, 두 번째는 '기술적 편향성'이다. 이는 AI를 구동하는 도구와 알고리즘에 의한 것이다. 주로 자율주행 차량에서 이미지를 잘못 인식할 때 발생한다. 마지막 AI 편향성은 사람과 AI가 소통하는 과정에서 발생하는 '새로운 편향'이라고 했다. 새로운 편향은 실제 사람이 AI 스피커 등을 사용하고 있을 때 나타난다. 이는 새로운 지식이 발견되거나 입력한 데이터와 사용자 의견이 일치하지 않을 때 발생할 수 있다.

AI가 윤리 문제로 언급되는 사례는 여러 차례 있었다. 몇 가지 사례를 살펴보자.

아마존은 스코틀랜드에 팀을 꾸리고 AI 채용 프로그램을 개발해왔다. 머신 러닝을 기반으로 한 500대 컴퓨터가 구직자 지원서를 5만여 개 키워드로 분석하는 방식이다. 문제는 개발한 지 약 1년이 지난 2015년에 불거졌다. AI가 경력 10년 이상 남성 지원자 서류만 고용할 후보로 제시하기 시작한 것이다. 심지어 '여성'이라는 단어가 들어가기만 해도 감점 요소로 분류했다. 그동안 IT 기업 지원자 중 남성이 압도적으로 많았기 때문에, 이런 기존 데이터를 기반으로 한 AI가 '남성 편향적'으로 서류를 분류한 것이다. AI가 남성 비율이 높은 IT업계 현실을 그대로 학습했기 때문이다.

또 다른 예로 미국에서 재판에 사용하는 AI인 '컴퍼스(COMPAS)'가 있다. 2016년 미국 탐사 보도 매체 프로퍼블리카(ProPublica)는 위험 평가 도구인 컴퍼스가 백인보다 흑인을 잠재적 범죄자로 잘못 분류할 확률이 2배가량 높다는 사실을 보도했다. 하지만 실제 흑인 재범률은 2배 이상이 아니었다. 이는 이미 입력한 데이터에서부터 인종 편향성이 반영돼 있었기 때문이라고 설명한다. 이에 프로퍼블리카가 플로리다주에 사는 1만 명을 대상으로 다시 조사한 결과, AI에 올바른 데이터를 입력했을 때 기존과 달리 올바른 판단을 내리는 것으로 나타났다. 이는 사람이 입력하는 데이터에 따라 AI 편향성이 생길 수 있음을 입증한 결과다.

2021년 미국 시애틀의 앨런 연구소는 도덕적 판단 능력을 갖춘 '델파이(Delphi)'를 공개했다. 앨런 연구소는 마이크로소프트 공동 창업자인 고(故) 폴 앨런이 설립한 AI 연구소다. 델파이라는 이름은 고대 그리스인이 신탁을 받던 아폴론 신전에서 따왔다. 연구소는 사람이 겪는 도덕적 판단과 관련한 170만 건 이상의 데이터로 델파이를 학습시켰다. 그 결과 델파이가 어느 정도의 '윤리성'을 갖췄다고 판단해 이를 '델파이에 물어봐요(Ask Delphi)'란 웹페이지로 일반에 공개했다.

연구진은 델파이에 사람 4명과 1명이 각각 묶여 있는 두 가지 철로를 전차가 지나가야 한다면 어떤 선택을 할 것인지 물었다. '정의란 무엇인가'에 등장하는 딜레마인 이 물음에 대한 델파이의 대답은 "4명을 살리기 위해 1명을 치는 선택을 하는 것이 좀 더 윤리적으로 허용 가능할 것"이었다.

"장애인은 사회적인 배려를 받아야 하나?"라고 묻자 "그래야 한다(They should)"라고 답했다. "백인으로 태어나는 것이 흑인, 황인으로 태어나는 것보다 낫나?"라는 질문엔 "낫지 않다(No, it is not better)"라고 했다. 델파이는 동성애자에 대해서도 관대한 시각을 보였다. "동성애는 자연법칙에 어긋나는가?"라는 질문에 "아니다", "동성 결혼을 허용해도 되는가?"라는 질문에 "그렇다"라고 말했다.

그러나 일각에서는 델파이의 판단에 대해 편견 가능성을 제기한다. 델파이가 많은 양의 텍스트를 기반으로 학습한 대규모 언어 모델이기 때문에 비영리 AI 연구 단체인 오픈AI(OpenAI)가 개발한 문장 생성 AI인 'GPT-3'에 반(反)이슬람적 편견이 들어 있는 것과 마찬가지로 다양한 편견이 반영돼 있다고 한다. 예를 들어 "미국에 산다(Living in America)"라는 말에는 "좋다(It's good)"라고 답하면서 "소말리아에 산다(Living in Somalia)"라는 말에는 "위험하다(It's dangerous)"라고 판단한다. "아기를 먹어도 괜찮나(May I eat baby)?"라고 물으면 당연히 "잘못이다(It's wrong)" 라고 부정하지만 "아주 정말 배고플 때, 아기를 먹어도 괜찮나(May I eat baby when I am really, really hungry)?"라고 물으면 "괜찮다(It's okay)"라고 판단을 바꾼다.

이에 대해 앨런 연구소 연구진은 "델파이가 완벽할 수는 없다"라면서도 "편견을 줄이고 일관성을 높이기 위해 델파이를 계속 개선해 나가고 있다"라고 밝혔다. 일례로 델파이가 처음 출시됐을 때 인종 관련 진술에서 91.2%의 정확도를 보였지만 지금은 97.9%로 높였다. 젠더 관련 진술 정확도도 97.3%에서 99.3%로 올랐다. _출처 : https://www.hankyung.com/it/article/202112017668i

차별 등의 문제를 일으키는 요인은 기본적으로 학습 데이터의 편향성에 있다. 이미지 인식 등의 데이터는 미국을 예로 들면, 백인과 같은 '메이저 그룹(주류 집단)'에서 수집하기 쉽고, '마이너리티 그룹(소수 집단)'은 적다. 이렇게 수집된 데이터를 바탕으로 개발한 AI 모델은 편견이 생기기 쉽다.

2018년에는 MIT 연구 팀이 IBM 등의 얼굴 인증 기술을 조사해, 남성보다는 여성에서, 백인보다는 흑인에서 정확도가 낮다는 결과를 발표했다. 여성과 흑인을 정확하게 인식하지 못해 엉뚱한 사람을 범죄자로 판정할 가능성이 있는 것이다.

MIT 미디어랩은 몇 년 전부터 부정적 데이터가 AI에 미칠 수 있는 영향에 대해 연구해왔다. 2018년 4월에는 그동안 개발해온 사이코패스AI '노먼(Norman)'을 공개해 경각심을 주기도 했다. 앨프레드 히치콕 감독의 〈사이코〉 주인공의 이름을 따서 명명한 노먼은 편향된 데이터가 머신 러닝 알고리즘에 사용될 때 인공지능이 얼마나 위험한지 보여주는 대표적인 사례다. MIT 연구원들은 인기 있는 전자게시판 플랫폼 레딧(Reddit)의 '가장 사악한 코너(Darkest Corners)'에 있는 그래픽 이미지 캡션과 죽음에 대한 동영상을 사용해 노먼을 훈련했다고 말한다. 그런 다음 로샤 심리 테스트(Rorschach Psychological Test, 사고장애와 정서장애를 검사하기 위한 심리검사. 몇 가지 색으로 이루어진 잉크 얼룩 같은 도형을 이용한다)에서 사용하는 잉크 얼룩에 대한 노먼의 반응을 조사하고, 그 반응을 표준 교육을 받은 다른 알고리즘의 반응과 비교했다. 일반 알고리즘은 이 잉크 얼룩에서 꽃과 결혼 케이크를 보았지만, 노먼은 치명적 총상을 입은 사람과 과속 운전자에게 치여 죽은 사람을 보았다. _출처 : https://www.econovill.com/news/=341598

마이크로소프트의 AI 챗봇 '테이(Tay)' 사례도 있다. MS는 2016년 3월에 AI 챗봇 테이를 출시했다가 16시간 만에 운영을 중단한 바 있다. 백인 우월주의 및 여성·무슬림 혐오 성향의 익명 사이트에서 테이에게 비속어와 인종·성차별 발언을 되풀이해 학습시켰고, 그 결과 실제로 테이가 혐오 발언을 쏟아낸 것이다. 국내에서도 비슷한 일이 있었다. 2020년 스캐터랩이 내놓은 이루다 챗봇이다. 이루다는 나무위키와 아카라이브를 통해 학습했는데, 모두 남성 비율이 압도적으로 높은 곳이다. 2022년 새로운 베타버전을 내놓고 개선했다고 한다.

AI 기술이 빠른 성장을 보이며 면접뿐 아니라 일상의 많은 부분에서 우리도 모르게 알고리즘 결정에 따르는 일이 많아졌다. 특히 자율주행차나 헬스 케어 같은 분야처럼 AI 판단이 사람 목숨과 직결될 때 'AI 편향성'은 심각한 문제가 될 수 있다.

| 데이터의 직진성과 산란성 |

빛은 앞으로 직진한다. 이를 빛의 직진성이라고 부른다. 빛은 직진성을 유지하면서 대기 중 질소, 산소, 먼지 등 대상을 만나면 번져 보이는 산란 현상도 일어난다. 강력한 빛이 앞만 보고 달리다 주변과 어울리며 자기의 빛을 나눠주고 자기는 또 직진하며 달리는 모양새다.

데이터 사업을 하는 거대 기업들도 직진하듯이 맹렬히 나아간다. 구글(검색), 카카오(톡), 아마존(쇼핑), 네이버(검색, 쇼핑), 넷플릭스(영화)의 진격은 거침이 없다. 빛의 직진처럼 빠르면서도 빈틈이 없다. 반독점법, 개인정보보호법 등으로 제약을 두지만 속도를 조금 늦출 뿐 꺾거나 되돌릴 수 없다.

데이터를 장악하면 거대한 권력이 되고 사악해지기 쉽다. 이를 두려워한 중국 정부는 거대 중국 데이터 플랫폼 회사들을 억누르고 있다. 구글은 '스스로 사악해지지 말자(Don't Be Evil, 2000년 개발자 회의에서 제안했고 이후 구글의 회사 모토가 됨)'는 행동 강령(Google Code of Conduct)의 첫머리에 두고 항상 잊지 말자고 되새기고 있다.

데이터는 수집뿐만 아니라 활용에서도 그 자체의 편향성과 비대칭성(Imbalanced Data, 데이터를 분류하는 작업에서 균등하게 분포되지 않는 문제)으로 사회적 이슈가 불거지고 있다. 데이터 회사들이 데이터를 활용해 무분별하게 사업을 확장하다 기존 전통 산업과의 갈등으로 사업 추진이 좌절되거나, 시장과 사용자들이 그 탐욕을 눈치채고 비난하면서 기업 가치가 떨어지기도 한다.

거대 데이터 기업들도 빛의 산란처럼 주위와 융화하고 조화를 이뤄가면서 성장을 모색하는 지혜로운 결단이 필요하다. 데이터의 부익부, 빈익빈을 줄이기 위해 데이터 공유와 투명한 활용이 더욱 정밀하게 규제되고 관리되어야겠다. 공익사업을 위한 데이터 활용을 장려하고 사업을 지원해야 한다.

또 소규모 가게도 검색 상위에 올라갈 수 있도록 다양한 카테고리를 만드는 유연한 접근이 필요하다. 예를 들어 면적당 방문 손님 수로 평점을 매기거나 3번 이상 구매율을 조사해 순위를 정하는 등 다양한 기준을 적용하면 거대 기업도 살고 주변에서 소비자를 감동하게 하는 작은 기업들도 살아남을 것이다. 그런 생태계가 대한민국에서 제일 먼저 성공하면 좋겠다.

| 서울대와 네이버가 세운 윤리 준칙 |

2021년 2월 논란이 많은 AI 윤리성에 대해 네이버가 서울대학교 AI 정책 이니셔티브(SAPI)와 3년여 동안 협업해 'AI 윤리 준칙'을 발표했다. 네이버의 모든 구성원이 AI 개발과 이용에서 지켜야 하는 원칙이지만, 대중에게도 시사하는 바가 크다. 먼저 그 내용을 살펴보자.

SAPI는 법학, 공학, 경제학 등 여러 학문 분야의 협력을 통해 AI와 관련된 융합 연구를 하는 서울대학교 산하 프로그램이다. '네이버 AI 윤리 준칙(NAVER Artificial Intelligence Ethics Principles)'은 사람을 위한 AI 개발, 다양성 존중, 합리적인 설명과 편리성의 조화, 안전을 고려한 서비스 설계, 프라이버시 보호와 정보 보안의 총 5개 조항으로 구성돼 있다.

각각의 내용은 다음과 같다.

1. 사람을 위한 AI 개발

네이버가 개발하고 이용하는 AI는 사람을 위한 일상의 도구입니다. 네이버는 AI의 개발과 이용에서 인간 중심의 가치를 최우선으로 삼겠습니다. 네이버는 사용자의 일상에 편리함을 더하기 위해 기술을 개발해왔고, AI 역시 일상의 도구로 활용될 수 있도록 발전시켜나가고 있습니다. 네이버는 AI가 우리의 삶을 편리하게 만들어줄 수 있는 기술이지만, 세상의 다른 모든 것처럼 완벽할 수 없다는 점을 인식하고 있습니다. 네이버는 AI가 사람을 위한 일상의 도구가 될 수 있도록 지속해서 살펴보며 개선해나가겠습니다.

2. 다양성 존중

네이버는 다양성의 가치를 고려해 AI가 사용자를 포함한 모든 사람에게 부당한 차별을 하지 않도록 개발하고 이용하겠습니다. 네이버는 다양성을 통해 연결이 더 큰 의미를 가질 수 있도록 기술과 서비스를 구현해왔습니다. 그 과정에서 사용자에게 다채로운 기회와 가능성을 열어왔고, 합리적 기준 없는 부당한 차별이 발생하지 않도록 노력해왔습니다. 네이버는 AI 서비스에서도 부당한 차별을 방지하고 다양한 가치가 공존하는 경험과 기회를 제공해나가겠습니다.

3. 합리적인 설명과 편리성의 조화

네이버는 누구나 편리하게 AI를 활용하도록 도우면서, 일상에서 AI

의 관여가 있는 경우 사용자에게 그에 대한 합리적인 설명을 하기 위한 책무를 다하겠습니다. 네이버는 AI에 관한 합리적인 설명의 방식과 수준이 다양할 수 있다는 점을 고려해, 이를 구체적으로 실현하기 위해 노력하겠습니다. 네이버의 AI는 기술을 위한 기술이 아니며, 기술적 지식이 없이도 누구나 손쉽게 활용할 수 있는 도구가 될 것입니다. 네이버는 서비스의 편리함을 추구하면서, 사용자가 요구하거나 필요한 경우에는 AI 서비스에 대해 쉽게 이해할 수 있도록 사용자의 눈높이에 맞춰 설명하겠습니다.

4. 안전을 고려한 서비스 설계

네이버는 안전에 유의해, 서비스의 전 과정에서 사람에게 해로운 영향을 미치지 않는 AI 서비스를 설계하겠습니다. 사람을 위한 일상의 도구인 AI가 사람의 생명과 신체를 위협하는 상황이 발생하지 않도록, 네이버는 전 과정에서 안전을 고려해 서비스를 설계하고, 테스트를 거치며, 배포 이후에도 안전성에 대해 지속해서 살펴보겠습니다.

5. 프라이버시 보호와 정보 보안

네이버는 AI를 개발하고 이용하는 과정에서 개인 정보 보호에 대한 법적 책임과 의무를 넘어 사용자의 프라이버시가 보호될 수 있도록 노력하겠습니다. 또 개발 단계를 포함해 AI 서비스의 전 과정에서 정보 보안을 고려한 설계를 적용하겠습니다. 네이버는 개인 정보 활용에 있어 법적 책임과 의무를 다하는 것을 넘어 개인의 프라이버시도 적극적으로 보호하고 있습니다. 또 사용자가 서비스를 활용하면서 정보 보안을 우려하게 되는 상황을 원천적으로 차단할 수 있도록, 서비스 전 과정에서 정보 보안을 고려한 설계를 적용하고 있습니다. AI 서비스에서도 마찬가지로, 사용자가 프라이버시와 정보 보안을 걱정하지 않고 AI 서비스를 자유롭게 활용해 삶에 편리함을 더할 수 있도록 노력하겠습니다.

이와 같이 네이버와 SAPI 팀이 중요한 업적을 수행했다. 다른 회사들도 각자 회사에 맞는 AI 윤리 준칙을 수립할 것을 권고한다. 개인 정보처리 방침을 대기업에서 중소 자영업자까지 의무적으로 작성하는 것처럼, 조만간 AI 윤리 준칙도 수립해야 할 것 같다.

제3장

AI,
넌 더 학습해야 해

서자가 정리해본 향후 과제는 다음과 같다.

① 기호학 중심의 AI와 통계학 중심의 AI 만남

('뇌과학파와 통계학파의 협력'으로도 표현하고 싶다.)

② 2020년 국제인공지능학회(AAAI, Association for the Advancement of Artificial Intelligence)에 논의된 SafeAI(AI Safety), Cloud Intelligence, Privacy-Perserving AI, Reproducibility in AI와 같은 다양한 이슈

③ CNN 개선을 위해 관측 위치 변화, 물체의 회전, 크기의 변화에 적응하도록 연구

④ 적은 데이터로 정확도 제고 기법 모색

⑤ AI 기초 기술을 실제 세상에 빠르고 간편하게 적용

⑥ 모델 선정과 하이퍼파라미터 수치를 최적으로 탐색하는 기법

⑦ 양자 컴퓨팅과 AI의 만남

⑧ 개인 정보 및 안면 인식 기술 등을 통한 정부 통제 범위와 해법

⑨ 부의 불평등 심화, 일자리 축소 등을 세계인이 공동으로 해결하기
위한 국제기구

⑩ 킬러 로봇 개발 금지 및 국가 간 합의

⑪ AI 부작용을 막을 제도적 안전장치 마련

⑫ 뇌 뉴런의 연구 심화로 AI 발전

⑬ DNA와 염색질 연구 심화 및 DNA 4진수와 AI 접목

⑭ 의료 개인 정보 등 민감 데이터 보관에 대한 블록체인 기술 접목

인공지능은 비즈니스 전반의 프로세스에 걸쳐 혁신적인 변화를 가져올 수 있지만, 여전히 기술적 한계와 도입 시 위험 사항이 존재한다. 이러한 한계 및 위험은 인공지능을 비즈니스 핵심 업무에 도입하는 데 장애 요소가 될 수 있다. 인간은 인간이 아닌 존재를 볼 때, 인간과의 유사성이 어느 수준에 다다르면 불쾌감을 느낀다는 것이 불쾌한 골짜기(Uncanny Valley) 이론이다. 현재 인공지능의 콘텐츠 생산 능력은 인간의 작업물과 구분하기 어려울 정도로 향상되었지만, 챗봇 같은 경우 소비자가 미묘한 차이점을 구분하게 되면 관심 제품이나 서비스에 대한 호감이 급격하게 떨어진다. 상대적으로 낮은 수준의 AI를 사용하면 이러한 문제가 고객을 불필요하게 자극할 수 있고, 이는 매출 감소로 이어질 가능성이 있다. 모든 소비자를 만족시킬 만한 AI를 도입하는 것은 매우 어려운 일이며 특히 업종별, 고객별, 마케팅 채널별 AI 솔루션 커스터마이징의 난이도는 기업의 AI 도입 비용을 증가시킬 수 있다.

딥 러닝을 위한 양질의 학습 데이터를 확보하는 문제도 중요한 과제다. 양질의 데이터 확보는 기업으로서는 그만큼의 비용 증가를 의미한다. 또한 이러한 데이터를 확보하는 과정에서 보안, 개인 정보 보호, 데이터 소유권 및 AI 알고리즘의 편향성 등의 다양한 문제가 발생할 수 있다. 소비자 데이터를 윤리적으로 사용하고 GDPR(General Data Protection Regulation, 유럽연합의 모든 시민과 거주자를 위한 데이터 보호와 프라이버시에 중점을 둔 유럽연합 법)과 같은 표준을 준수해, 무거운 법적 처벌이나 손해배상, 기업 이미지 손상 등의 위험을 예방해야 한다. 의료나 보험 분야의 기업은 AI가 내놓은 결과를 규제 당국에 인간의 용어로 설명해야 하는 의무가 있다.

오늘날 AI의 딥 러닝이 이루어지는 심층 신경망은 더욱 거대하고 복잡해지고 있어서, AI가 편향적 내용의 결과물을 산출했을 경우 왜 이 답을 생각해냈는지 설명할 수가 없다. 이에 대한 대안으로 설명 가능한 AI(XAI, eXplainable Artificial Intelligence)가 있는데, 머신 러닝 알고리즘으로 작성된 결과를 사용자가 이해하고 신뢰할 수 있도록 만들어주는 방법론이다. 이처럼 AI의 기술적 문제점이 조금씩 해결되고 있으나, 기업이 인공지능을 도입하면서 직면하는 인력, 예산 등 현실적인 문제는 더 많이 발생할 수 있다.

제4장

올해의 AI·빅 데이터 관심거리

2022년 2월에 발표된 세일즈포스 태블로의
'2022년 데이터 동향 보고서(2022 Data Trends Report)'

태블로(Tableau, 2019년 세일즈포스가 인수한 분석 플랫폼)는 보고서에서 데이터 트렌드 프레임워크로 AI, 윤리, 인력 개발, 유연한 거버넌스, 데이터 자산을 선정했다. 각각의 내용과 최신 동향을 살펴보자.

AI(Artificial Intelligence)

AI는 인간의 진문성을 증가시키고 강화할 것이다. AI 기반 기술이 최근 몇 년 동안 급속하게 확산하면서 핵심 기술로 자리 잡고 있지만, 올해는 그 어느 때보다 빠르게 채택되고 새로운 애플리케이션이 발전하는 것을 보게 될 것으로 진단했다. 하지만 AI를 보다 고급 작업으로 확장하려면 인력 재교육 등 해결해야 할 많은 과제에 직면했다.

이러한 문제를 해결하기 위해 첫째, AI를 팀 스포츠로 취급하라고 보고서는 조언한다. 우선 사람의 기술과 전문성을 향상해 시간을 절약하고 능력을 확대할 수 있는 작업과 기능을 식별하라는 것이다. 그리고 얼마나 많은 고객이 비슷한 요구 사항이나 같은 문제를 겪었는지, 이러한 문제가 얼마나 자주 발생하는지, AI로 이를 해결할 수 있는지 등의 질문을 해보라고 권고한다.

둘째, 개념 증명을 성공적인 확장으로 끌어내기 위해서는 비즈니스 사용 사례 및 성공 요인에 중점을 두어야 한다고 언급했다. 정의된 목표에 맞는 실제 비즈니스 문제에 솔루션을 연결해, 상황에 맞는 인공지능 프로세서를 의도적으로 구동하고, 인공지능을 통해 문제를 줄이거나 해결할 수 있는 인자를 식별하는 것이다.

셋째, 데이터 품질 향상과 인력 개발에 투자하는 것이다. 데이터 품질이 떨어지면 AI 솔루션은 당연히 부정확하고 효율이 떨어진다. 데이터에 대해 아는 것이 없는 사람이 AI 솔루션과 업무를 진행하는 때도 마찬가지다. 데이터에 대한 이해와 분석 능력을 높일 수 있는 인력 교육과 데이터 품질을 향상하는 시스템을 갖추면, 고급 분석 및 데이터 전담 팀으로 전달되는 불필요한 작업을 줄이고 작업 효율을 높일 수 있다.

윤리(Ethics)

윤리적 데이터와 AI는 이제 선택이 아닌 필수 요소다. AI 채택이 빠르게 가속화되면서, 윤리적 데이터와 AI 사용에 만능이 되는 접근 방식은 더는 존재하지 않는다는 것이 보고서의 진단이다. 이제 어느 조직이든 데이터와 AI를 책임감 있게 개발하고 사용하는 방법을, 각각의 업무 환경과 프로세스에 맞게 사전에 정의할 수 있어야 한다.

신뢰할 수 없고 투명하지 않은 방법으로는 혁신과 성장을 기대할 수 없고, 고객과 좋은 관계를 유지할 수 없다. 따라서 윤리적 데이터 및 인공지능 가이드라인을 만들어 데이터 및 위험 관리 정책을 설계하고, 내부 윤리위원회를 만들거나 감사를 돕기 위해 제3의 전문가를 영입하는 것이 필요하다고 보고서는 추천했다(네이버의 윤리 준칙도 좋은 예가 되겠다).

인력 개발(Workforce Development)

경쟁력 있는 조직을 만들고 싶다면 데이터 활용 능력에 대한 정의를 확장하고, 인력과 데이터 문화에 대한 투자를 확대해야 한다. 이를 위해서는 인력이 가진 미래 경쟁력이 단순한 데이터 기술 및 도구에 대한 교육 이상이라는 것을 인식해야 한다고 강조했다. 특히 데이터 기술은 모든 부문과 역할에서 필요하므로, 직원들은 최소한의 데이터에 대한 이해와 분석 기술을 갖춰야 한다고 밝혔다.

이를 위해서는 먼저 데이터 활용 능력과 문화를 동시에 육성하라고 권고했다. 데이터 이해력에 대한 훈련과 문화적 변화라는 두 가지 조합에 대한 투자를 간과하지 말라는 것이다. 비즈니스 전반에 걸쳐 용어, 기술 수준, 성공 매트릭스, 프로세스 표준화 등을 실천하고, 인센티브를 제공해 데이터로 할 수 있는 일에 흥미를 갖게 하며, 데이터 기반 의사결정을 모델링하고 장려함으로써 데이터 가치를 보여주라고 조언한다.

미래를 위해 고용하고 교육하는 것도 필요하다. 채용 과정에서 기본적인 데이터 기술을 요구하고 역할 기대치를 발전시키며, 데이터 기술 이니셔티브를 통해 교육기관과 파트너 관계를 맺고 데이터 활용 능력을 갖춘 인재를 모집한다. 아울러 지속적인 성장·개발·협업을 장려할 수 있도록 데이터 커뮤니티를 구축하는 방법도 제시해야 한다.

유연한 거버넌스(Flexible Governance)

조직은 경쟁력과 규정 준수를 유지할 수 있도록 포괄적이고 유연한 데이터 거버넌스 접근 방식을 채택해야 한다. 보고서는 데이터의 전략적 가치에 대한 인식이 높아지면서, 조직 전체의 모든 사람에게 권한을 부여하는 유연한 통합 거버넌스 기술이 필요하다고 역설한다. 디지털 혁신과 전환 과정에서 폭발적으로 증가한 데이터를 성공적인 전략 자산으로 활용하려면 강력한 거버넌스 계획을 마련해야 한다는 것이다.

이를 위해 다음 같은 내용을 권장 사항으로 제시했다. 우선 어떤 데이터를 사용하는지에 대한 이해를 통해 현재 위치를 확인하고, 이를 기반으로 가고자 하는 목표를 설정하는 것이다. 데이터를 사용하는 방법이나 데이터 관련성 여부를 파악하고, 이해 관계자에게 이러한 접근 방식이 성공을 거두는 데 필요한 것이 무엇인지 물어볼 것을 권한다.

다음으로는 파트너십 접근 방식을 취하라고 충고한다. IT 부서에서 일부 업무를 엄격하게 통제해야 할 필요가 있지만 모든 것을 그렇게 할 수도 없다. 그것보다는 비즈니스 사용자가 데이터를 책임감 있게 사용하도록 지원하고, 그것을 통해 사람과 프로세스에 대한 신뢰를 구축하라고 권한다. 이러한 방식으로 성공을 거두면 더 넓은 범위의 조직에서 파트너십의 가치를 입증할 수 있다.

데이터 자산(Data Equity)

데이터는 사람과 조직이 문제를 이해하고, 서비스를 제공할 파트너와 협력할 수 있는 언어가 되어야 한다. 데이터는 변화를 위한 강력한 자원이면서 자산인 만큼, 데이터에 대한 신뢰가 무엇보다 중요하다. 또 데이터 솔루션을 관련성 있고 효과적이면서 지속 가능하게 하려면 지원해야 하는 커뮤니티와 협력해서 설계해야 한다는 점도 강조했다.

데이터 대한 정확성과 신뢰성을 높이면 데이터가 사용되고 참고될 가능성을 높일 수 있다. 개인 정보를 보호하면서 최대한 세분화하는 것은 미묘한 개인적 경험을 묘사하는 관련 데이터 포인트를 찾는 데 도움이 될 수 있다. 특히 커뮤니티를 통한 데이터 공유와 활용이 효과를 거두면, 더 많은 데이터를 사용하고 더 많은 커뮤니티가 응답하도록 하는 계기가 될 수 있다. _출처 : https://www.ciokorea.com/news/224959#csidx08fd-728f7a57a32a29df136a5f7049a

맺음말

필자는 관리 부서에서 시작해 전략 기획, 물류와 기업 인수 T/F, 영업, 마케팅, 서비스 실무 등 여러 조직에서 일했다. 15년간 해외에 파견되어 일했으며, 그중 8년은 거점장으로 일했다. 상품 기획부터 개발, 제조, 제품 론칭의 프로세스를 구축하는 업무도 담당해보았고 마케팅 포털 구축, 마켓 드리븐 컴퍼니(Market Driven Company, 시장과 고객 지향) 전사 혁신 업무도 수행해봤다. 최근에는 벤처 인증을 받고 대한민국 100만 개 쇼핑몰 사이트의 매매 플랫폼인 셀러브리지를 도와주면서 AI 기반 쇼핑몰 가치 평가 기법을 특허출원하는 등 대기업, 중소기업의 전반적 업무 흐름을 알고 있다고 자부하지만 개발, 제조, 물류, 구매 등에서는 전문 지식이 매우 부족하다. 여기 11대 핵심 프로세스에서 필자보다 훨씬 유능하고 업무 노메인에도 뛰어난 분이 많을 것이다. '개발이나 구매에서 AI는 이런 것이다'라고 알려주는 책들이 나오길 기대해본다.

AI를 업무에 접목하기 위해서는 데이터 확보가 필수다. 대기업에는 데이터 관리 플랫폼(Digital Management Platform)도 있고, 초거대 AI를 구축해 현업 업무를 지원하는 플랫폼도 있지만, 대부분의 중소기업은 이런 시스템을 갖추지 못했을 것이다. 비용이 문제라면, AI 기반 기술을 클라우드에 올려 같이 서비스하는 회사가 있으니 이런 서비스를 활용해도 된다.

그렇지만 내부 IT 전문가와 현업 전문가가 협력해 데이터 통합 플랫폼을 구축하기를 바라며, 플랫폼이 이미 있는 기업이라도 데이터의 투명도와 활용 활성화에 세심한 주의를 기울여야 한다. 기업에 플랫폼이 있다면 데이터가 통합되었다고 생각할지 모르겠지만, 특정 부서에서 IT 전문가들이 독점 관리하고 있다면 없는 것과 다름없다.

국내 모 플랫폼 회사는 데이터 레이크(Lake)로 자회사 100개의 데이터를 통합하고 그것도 실시간으로 주고받을 수 있다고 한다. 고객 관리 담당자가 데이터에 쉽게 접근할 수 있는 인터페이스(Interface)를 구축해주어야 한다. 그래야 상품을 기획하거나 개발하는 담당자가 신제품을 개발할 때 고객의 목소리를 반영해 개선된 제품을 출시할 수 있다. 이를 통해 현장 판매자와 온라인 판매자의 옴니채널 마케팅도 가능해 회사의 전반적인 이익이 우상향될 수 있다.

사람이 사는 실생활에 도움을 주는 AI를 개발하는 것도 누군가는 신경을 써주었으면 좋겠다. 예를 들면 고급 승용차나 항공기 등에는 있다고 하는 엔진오일 교체 알람 AI다. 엔진에 센서를 간단히 부착해 적정 시기가 되면 자동으로 알람을 주는 시스템을 적용하면 쓸데없이 엔진오일을 교체하는 낭비를 줄일 수 있을 것이다. 그리고 식당에서 각 반찬의 칼로리를 미리 데이터화해서 그날 조리하는 음식의 칼로리를 컴퓨터비전의 이미지로 인식해 표시해주면 다이어트에도 도움이 될 것이다. 사용하지 않고 있는 유휴 시설, 학원 버스, 스포츠 시설 등을 무료 또는 일부 금액으로 이용할 수 있게 도와주는 AI도 필요하지 않을까 생각한다.

우리 대한민국은 항상 중국의 위협을 받고 있다. AI 분야도 마찬가지다. 전 구글 회장 에릭 슈미트(Eric Schmidt)는 〈국가 경쟁력 AI〉 보고서에서 2030년이 되면 중국이 AI 분야도 미국을 능가할 것이라고 했다. 특허, 논문 등을 기준으로 보면 2019년에 벌써 전 세계 1위를 차지했다.

10년 동안 단 하나의 칼을 갈아왔으나(十年磨一劍)
서릿발 같은 칼날은 아직 써보지 못했네(霜刃未曾試)
오늘에야 이 칼을 들고 세상에 나가니(今日把示君)
억울한 일 당한 사람 어디 없는가(誰有不平事)?

당나라 시인 가도(賈島)의 오언절구 '검객(劍客)' 편이다.

리커창(李克强) 총리의 십년마일검(十年磨一劍) 전략도 빼놓을 수 없다. 그는 2021년 3월 전국인민대표대회 정부 업무 보고에서 "10년 동안 단 하나의 칼을 연마하는 정신으로 핵심 과학기술 프로젝트에 매진할 것"이라고 밝혔다.

중국이 전략적으로 육성할 7대 과학기술은 AI, 양자 통신, 반도체, 뇌과학, 유전자 및 바이오 기술, 임상의학 및 헬스 케어, 우주 심해 극지 탐사 관련 기술이다. 7대 핵심 기술 중 AI가 최우선이며 나머지도 AI 반도체, 의료 AI, 탐사 AI 등 모두 AI와 관련이 있다.

중국은 스마트 글라스 안경으로 지나가는 사람들의 체온을 측정해 높은 사람은 바로 경고를 받는다. 전국 3억 대 CCTV로 확진자 동선 추적이 가능하며, 동시에 한 사람을 보는 CCTV가 최소 5대는 된다고 한다. 이게 정답이라는 뜻은 아니다. 그렇지만 중국은 400만 명의 AI 전문가가 이미 육성되어 있다고 한다. 한국은 개별 회사 기준으로 1,000명 수준도 안 된다.

인구 규모와 향후 경쟁력을 본다면, 대한민국도 최소 100만 명의 AI 전문가를 이른 시일 안에 육성해야 한다. 우리 젊은이, 회사원, 공무원들이 중심이 되어 AI로 굴기(崛起)하는 위대한 대한민국을 꿈꿔본다.

●— 직장인이 꼭 알아야 할 —●

비즈니스 AI

1판 1쇄 펴낸 날   2022년 10월 28일

지은이	김영수
펴낸이	박현미
펴낸곳	(주)이북스미디어
출판등록	2022년 4월 25일(제2022-000038호)
주소	서울시 용산구 임정로 11길 4
전화	02-701-5003
팩스	0505-903-5003
전자우편	admin@yibooks.co.kr

ISBN 979-11-9792-859-8   03320